大连理工大学管理论丛

中国绿色增长政策构成及协同演变研究

周英男　著

国家自然科学基金国际（地区）合作与交流项目“绿色增长理论与实践的国际比较研究”（71320107006）

科学出版社
北　京

内 容 简 介

本书旨在系统介绍中国绿色增长政策构成及其协同演变情况。全书通过回顾绿色增长的理论与实践历程，全面介绍绿色增长政策的起源与变迁，在绿色增长政策国际比较基础上，结合实际国情界定中国绿色增长政策的内涵和外延，从政策目标、措施角度构建中国绿色增长政策数据集，运用数据挖掘科学辨识中国绿色增长政策构成；基于社会网络分析政策主体协同的整体结构特征及主体角色演变规律，立足协同度量化模型研究政策整体、目标和措施的协同演变趋势，从演变动力、特征、方向角度探究中国绿色增长政策协同演变路径，在此基础上提出建议及展望。

本书适用于管理学各专业的研究生、本科生，以及环境管理、公共管理等领域学者和政府机关、企事业单位管理者阅读。

图书在版编目（CIP）数据

中国绿色增长政策构成及协同演变研究 / 周英男著. —北京：科学出版社，2020.9

（大连理工大学管理论丛）

ISBN 978-7-03-061004-1

Ⅰ. ①中… Ⅱ. ①周… Ⅲ. ①绿色经济–经济增长–经济政策–研究–中国 Ⅳ. ①F124.1 ②F120

中国版本图书馆 CIP 数据核字（2019）第 067784 号

责任编辑：郝 悦 / 责任校对：贾娜娜

责任印制：张 伟 / 封面设计：无极书装

科 学 出 版 社 出版

北京东黄城根北街 16 号

邮政编码：100717

http://www.sciencep.com

北京建宏印刷有限公司 印刷

科学出版社发行 各地新华书店经销

*

2020 年 9 月第 一 版 开本：720×1000 B5

2020 年11月第二次印刷 印张：15 1/4

字数：297 000

定价：138.00 元

（如有印装质量问题，我社负责调换）

丛书编委会

总　序

编写一批能够反映大连理工大学管理学科科学研究成果的专著，是几年前的事情了。这是因为大连理工大学作为国内最早开展现代管理教育的高校，早在1980年就在国内率先开展了引进西方现代管理教育的工作，被学界誉为“中国现代管理教育的先驱，中国MBA教育的发祥地，中国管理案例教学法的先锋”。大连理工大学管理教育不仅在人才培养方面取得了丰硕的成果，在科学研究方面同样取得了令同行瞩目的成绩。例如，2010年时的管理学院，获得的科研经费达到2000万元的水平，获得的国家级项目达到20多项，发表在国家自然科学基金委员会管理科学部的论文达到200篇以上，还有两位数的国际SCI、SSCI论文发表，在国内高校中处于领先地位。在教育部第二轮学科评估中，大连理工大学的管理科学与工程一级学科获得全国第三名的成绩；在教育部第三轮学科评估中，大连理工大学的工商管理一级学科获得全国第八名的成绩。但是，一个非常奇怪的现象是，2000年之前的管理学院公开出版的专著很少，几年下来却只有屈指可数的几部，不仅与兄弟院校距离明显，而且与自身的实力明显不符。

是什么原因导致这一现象的发生呢？在更多的管理学家看来，论文才是科学研究成果最直接、最有显示度的工作，而且论文时效性更强、含金量也更高，因此出现了不重视专著也不重视获奖的现象。无疑，论文是重要的科学研究成果的载体，甚至是最主要的载体，但是，管理作为自然科学与社会科学的交叉成果，其成果的载体存在方式一定会呈现出多元化的特点，其自然科学部分更多的会以论文等成果形态出现，而社会科学部分则既可以以论文的形态呈现，也可以以专著、获奖、咨政建议等形态出现，并且同样会呈现出生机和活力。

2010年，大连理工大学决定组建管理与经济学部（2019年3月27日更名为“经济管理学院”），将原管理学院、经济系合并。重组后的管理与经济学部以学科群的方式组建下属单位，设立了管理科学与工程学院、工商管理学院、经济学院以及MBA/EMBA教育中心。重组后的管理与经济学部的自然科学与社会科学交叉的属性更加明显，全面体现学部研究成果的重要载体形式——专著的出版变得必要和紧迫了。本套论丛就是在这个背景下产生的。

本套论丛的出版主要考虑了以下几个因素：第一是先进性。要将学部教师的最新科学研究成果反映在专著中，目的是更好地传播教师最新的科学研究成果，为推进管理与经济学科的学术繁荣做贡献。第二是广泛性。管理与经济学部下设的实体科研机构有 12 个，分布在与国际主流接轨的各个领域，所以专著的选题具有广泛性。第三是纳入学术成果考评之中。我们认为，既然学术专著是科研成果的展示，本身就具有很强的学术性，属于科学研究成果，有必要将其纳入科学研究成果的考评之中，而这本身也必然会调动广大教师的积极性。第四是选题的自由探索性。我们认为，管理与经济学科在中国得到了迅速的发展，各种具有中国情境的理论与现实问题众多，可以研究和解决的现实问题也非常多，在这个方面，重要的是发动科学家按照自由探索的精神，自己寻找选题，自己开展科学研究并进而形成科学研究的成果，这样的一种机制一定会使得广大教师遵循科学探索精神，撰写出一批对于推动中国经济社会发展起到积极促进作用的专著。

本套论丛的出版得到了科学出版社的大力支持和帮助。马跃社长作为论丛的负责人，在选题的确定和出版发行等方面给予了自始至终的关心，帮助学部解决出版过程中的困难和问题。特别感谢学部的同行在论丛出版过程中表现出的极大热情，没有大家的支持，这套论丛的出版不可能如此顺利。

大连理工大学经济管理学院

2019 年 3 月

前言

自工业革命以来，人类活动对资源能源的消耗日益增加，社会生产力大幅提升的同时，生态系统却遭受严重破坏。进入21世纪后，经济危机、环境污染、能源枯竭、生态退化、贫困疾病等全球性问题持续加剧，人类对美好生活的渴望从未像今天这样迫切。对于中国而言，依赖高污染高能耗模式的高速增长，难以规避环境、资源和能源负荷等问题。国际能源署统计资料①显示，2012年中国是二氧化碳排放最大国，占全球总排放量的四分之一；中国气象局数据表明，2013年全国平均雾霾天数为52年来之最②；《2015中国环境状况公报》③指出，城市环境空气质量超标率78.4%、地下水较差和极差占比61.3%；《国务院关于2017年度环境状况和环境保护目标完成情况的报告——2018年4月25日在第十三届全国代表大会常务委员会第二次会议上》④显示个别地区污染仍然严重，汾渭平原优质天数比例逐年下降，臭氧超标问题日益显现，总磷污染更加突出。由此可见，环境问题成为制约中国乃至世界经济发展的重要因素。

党的十九大报告⑤明确提出要加快生态文明体制改革，建设美丽中国。在经济与环境双重压力下，绿色增长被视为打破经济与环境瓶颈的良策，是推动“五位一体”总布局、落实“创新、协调、绿色、开放、共享”五大发展理念的重要举措。绿色增长政策作为绿色增长战略框架的支撑，是实现绿色发展目标的引擎和动力。中国自1979年颁布并执行第一部《中华人民共和国环境保护法（试行）》

---

① Janoska P. Energy transitions indicators. http://www.iea.org.articles/energy-transitions-indicators.2011-11-02.

② 新京报. 13地创雾霾天数历史记录. http://www.cma.gov.cn/kppd/kppdrt/201312/t20131209_233530.html.2013-12-09.

③ 数据来源于中华人民共和国环境保护部于2016年6月2日发布的《2015中国环境状况公报》。

④ 李干杰. 国务院关于2017年度环境状况和环境保护目标完成情况的报告——2018年4月25日在第十三届全国代表大会常务委员会第二次会议上. http://www.npc.gov.cn/npc/c30834/201804/9ea27a8b943d4d25bbfc7f74b8fc9f2b.shtml?utm_source=UfqiNews.2018-04-25.

⑤ 习近平. 决胜全面建设小康社会 夺取新时代中国特色社会主义伟大胜利——在中国共产党第十九次全国代表大会上的报告. http://www.xinhuanet.com/2017-10/27/c_1121867529.htm.2017-10-27.

以来，中央各部门及地方各级政府部门已累计颁布实施了上万部绿色增长政策，对环境问题保持高度关注。

尽管中国绿色增长政策数目极为庞大，但由于政府部门对其政策构成缺乏系统认知，对主体、目标和措施缺少协同管理，导致政策目标分化、政策措施冲突、政策零散，以及法律、权限和治理结构割裂等问题频现。此外，目前国内尚无系统研究中国绿色增长政策构成及相关问题的专著。正是基于上述现实，作者认为有必要编写一本全面界定中国绿色增长政策内涵、构成及要素协同情况的专著。

考虑到“绿色增长政策”这一概念在我国尚属首次提出，为了使本书具有较为广泛的适用性，需要花费一定篇幅详细论述其概念内涵。本书除引言外，核心内容共分为九章，既有本专业理论与方法上的内容论述，又兼顾了政府机关、企事业单位对政策制定和执行的现实需求。“绿色增长：理论与实践”对绿色增长的国内外理论变迁历程展开叙述，结合华电宁夏灵武发电有限公司（简称华电灵武）的绿色增长实例，辨识了绿色增长与可持续发展（sustainable development）、环境保护（environmental protection）、生态文明（ecological civilization）和绿色发展间的区别和联系。“绿色增长政策：起源与变迁”对政策概念界定、实现手段及实施过程等进行探讨，深化对绿色增长政策的理解和认知。“绿色增长政策的国际比较”以经济合作与发展组织（Organization for Economic Cooperation and Development，OECD）成员国为比较对象，从经济发展程度、政治体制、立法模式、政策完备性、政策实施背景、政策行动、战略目标、政策统筹部门共 8 个维度对 OECD 成员国的绿色增长政策展开比较，并从政策环境、政策属性、政策利益相关者三个层次对绿色增长政策的比较结果进行全面的总结。“中国绿色增长政策的内涵和外延”在前一章构建的比较维度下，以绿色增长政策内涵演变、政策目标和政策措施演变归纳为基础，结合中国绿色增长政策实践，从政策目标和政策措施角度归纳出中国绿色增长政策的内涵及外延，构建了理论上的中国绿色增长政策框架。“中国绿色增长政策构成研究”通过对中国绿色增长政策进行文本数据挖掘，识别了中国绿色增长政策主题群，并对中国绿色增长政策主题群内涵进行阐述，确定中国绿色增长政策构成。“中国绿色增长政策主体的协同演变”运用社会网络分析法，绘制不同阶段中国绿色增长政策主体协同网络图谱，构建协同“广度—强度”二维矩阵，分析政策主体协同网络的整体结构特征及主体角色演变规律，探究不同核心主体对网络运行的影响趋势。“中国绿色增长政策目标、措施的协同演变”基于“维度—标准—量化—协同度”的思路，对上述中国绿色增长政策文本展开量化分析，利用协同度测量函数核算中国绿色增长政策整体、政策目标和措施的协同度。“中国绿色增长政策协同演变路径”从演变动力、特征、方向三个角度探究中国绿色增长政策协同演变路径。“中国绿色增长政策：建议与展望”对全书展开总结、提出建议，对绿色增长政策未来研究提出展望，尤其关注中国绿色增长政策扩散研究。

本书作者为周英男，感谢硕士生柳晓露、侯慧、黄赛、李爽、杨丹、郭鹏飞和宋晓曼，他们为本书编写做了大量辅助性工作。最需要感谢武春友教授对本书写作的指导及在修订中的帮助，武教授潜精研思的科研态度值得所有人敬仰和学习。同时，应该真诚感谢的是科学出版社，在写作过程中，本书得到了科学出版社的大力支持，从内容选择到大纲确定，科学出版社的相关编辑都给予了极大的帮助。

需要说明的是，因作者水平有限，加之时间仓促，专著中必有不尽如人意之处，敬请广大读者给予批评指正，也希望国内外同行多提建议。

目　录

第1章 引　　言

1.1 绿色增长的全球化背景

1.1.1 经济与环境矛盾突出

随着社会的进步和科技的发展,尤其是从18世纪后半叶西方工业革命以来，人类开采自然资源的能力不断得到提升，能源消耗量急剧增加，矿产资源被大量开采和冶炼，工农业和生产力得到了快速发展，这为人类带来了巨大的宝贵财富。与此同时，地下矿藏的不合理开采和工农业发展中产生的大量化学物质、废弃物、污染物，严重污染了自然环境，使生态系统遭到严重破坏，给人们的正常生活造成了恶劣影响，直接威胁着人类身心健康和生活幸福。21世纪以来，经济危机、环境污染、能源枯竭、生态退化、贫困疾病等全球性问题持续加剧，成为制约社会进步的重要因素，而传统的可持续发展理念在指导实践方面表现不佳，迫使各国积极寻求新的发展范式。正是伴随全球性危机和对可持续发展理念的批判，“绿色”和“增长”这两个看似难以调和甚至存在内在矛盾的词汇被组合起来，绿色增长作为新的经济增长范式和政策指南，得到国际社会的广泛认同。

1.1.2 绿色增长成为全球趋势

绿色增长本质是一个制度和改革问题，旨在为促进新的、更绿色和更具包容性的增长创造条件。绿色增长的概念最早由联合国亚洲及太平洋经济社会委员会（Economic and Social Commission for Asia and the Pacific，ESCAP）提出，其将绿色增长定义为“为推动低碳、惠及社会所有成员的发展而采取的环境可持续的经济过程”[①]。2008 年全球有 17 个国家拥有与绿色经济或可持续发展相关的国家级战略，2014 年这一数字上升至 49 个。2009 年 OECD 30 个成员国及智利、爱沙尼亚、以色列和斯洛文尼亚 4 个计划加入 OECD 的国家共同签署“绿色增长宣言”，正式授权 OECD 拟定绿色增长战略。2012 年联合国可持续发展大会（又称“里约+20”峰会）上，“在经济范式改革基础上推进绿色增长”这一新理念的提出，再次将“绿色增长”推向了国际战略的新高度。具体来讲，2009 年 4 月日本环境大臣齐藤铁夫发布《绿色经济与社会变革》草案，以强化日本的“绿色经济”；2009 年 6 月德国环境部发表战略性文件，重点发展其生态工业；2009 年 7 月英国公布了《可再生能源战略》和《低碳转换计划》；2010 年 4 月，韩国于李明博执政之际颁布了《低碳绿色增长基本法》，2013 年修订了《低碳绿色增长基本法》，并配套实施相关战略和规划；智利政府于 2013 年 12 月发布由财政部和环境部共同开发的国家绿色增长战略。除此之外，丹麦、澳大利亚等国家也相继制定和出台了与绿色增长政策相关的战略及政策文件。

1.1.3 中国环境问题突出

中国经济近 40 多年的高速增长难以规避环境、资源和能源负荷等问题。我国经济在依赖资源的增长模式下，实现了高速增长的“奇迹”，然而这样的奇迹付出的代价是巨大的，如环境污染带来的经济损失占国内生产总值（gross domestic product，GDP）的比例高达 10%。2015 年由国务院环境保护部[②]编制的《2014 中国环境状况公报》显示，全国开展空气质量新标准监测的 161 个城市中，空气质量达标的城市不足 10%，仅有 16 个城市达标。可见，随着工业化进程的加快，我国的环境污染越来越严重，严重危害了国民的身心健康，随着国民环保意识的逐渐增强，国民对环境有更多诉求，对环保的呼声也越来越高。“先污染后治理”的发展模式在中国已经行不通了，加之 GDP 增速逐渐下滑，使得“绿色”和“增长”变成了我国发展的两大主题。2016 年环境保护部发布的《2015 年中国环境状况公报》显示城市环境空气质量超标率为 78.4%、土壤总的点位超标率为 16.1%、地下水较差和极差占比 61.3%。此外，在 2012 年、2013 年分别用总能耗的 6.47%和 3.90%增长，换来 GDP 10.13%和 9.50%的增长，而 2014 年用总能耗 13.30%的增长，却只换来 GDP11.90%的增长，这意

---

① ESCAP. Shifting towards“green growth”in Asia and the Pacific.

② 2018 年 3 月，根据第十三届全国人民代表大会第一次会议批准的国务院机构改革方案，将环境保护部的职责整合，组建中华人民共和国生态环境部，不再保留环境保护部。本书的资料收集截至 2017 年，故分析中机构名称仍保留了环境保护部。

味着传统的资源消耗型生产方式带来的经济红利已趋于停滞。鉴于我国环境污染的严峻形势和经济增速放缓的态势，实现经济的绿色增长成为解决当前困境的必然选择。

1.2 绿色增长政策的协同演变视角

政策协同的本质是评析政策整体及要素之间的规律性联系，通过深度挖掘政策文本揭示一项（类）政策协同运作的有序程度，因此政策协同不能脱离政策文本这一载体。若单纯以外部辨识或筛选的指标为依据来衡量政策协同现状，无论其构建的指标体系多么完整、流程多么科学，都是不合理的。本书立足于政策文本内容分析政策协同及演变问题，为政策协同研究开拓了新的思路，主要有以下几点意义。

1.2.1 开拓政策研究新视角

（1）通过国际比较研究和文献分析，确立绿色增长政策文本检索标准，结合中国体制改革方向、绿色增长理念、绿色增长实践，对政策文本检索标准做进一步补充，构建一套完善的、科学的绿色增长政策检索标准、流程，并在此基础上搜索、构建中国绿色增长政策集，开拓了政策文本检索的新思路。

（2）以内容分析法为理论依托，按照内容分析法的规范步骤，以“目标—维度、标准—量化赋值—信度检验—政策数据核算”为政策文本量化指南，突破政策文本量化过程中单纯进行词频统计的范畴，重构了政策文本量化新流程。

（3）立足政策文本，测量中国绿色增长政策协同度，并对绿色增长政策协同度随时间的变迁进行演变分析，探析政策协同演变的路径，改变当前政策协同研究中依赖于外部指标的现状，开拓了政策协同研究新视角。

1.2.2 探索中国绿色增长制度建设之路

从政策协同演变视角探讨出一条符合中国绿色增长制度建设的可行之路，可切实为中国发展绿色经济、实现绿色增长提供政策保障。首先，对中国绿色增长政策进行梳理、统计、体系化建构，便于政策主体准确进行政策定位、及时查漏补缺，为绿色增长提供政策层面的支持；其次，通过对中国绿色增长政策协同演变的分析，一方面可以明确不同阶段中国绿色增长政策整体、目标、措施协同度的强弱变化，有助于深入分析不同阶段政策演变的驱动因素及政策执行阻滞的诱因；另一方面可以预测未来中国绿色增长政策协同演变的方向，为政府部门制定绿色增长战略，草拟、修订、颁布相关政策，调整政策要素提供决策参考，为相关企业适时调整经营布局提供方向指导。

第 2 章　绿色增长：理论与实践

2.1　绿色增长的理论变迁

2.1.1　绿色增长国际演变

绿色增长概念及内容的突然复苏以及得到国际上的认可源自 2008 年以来关于经济增长的新叙述[1]。不同国家和组织在不同时期按照不同定义范式对绿色增长的内涵进行探讨，前后经历自然属性、经济与自然属性、经济、自然与社会属性的整合演变历程，如图 2-1 所示。

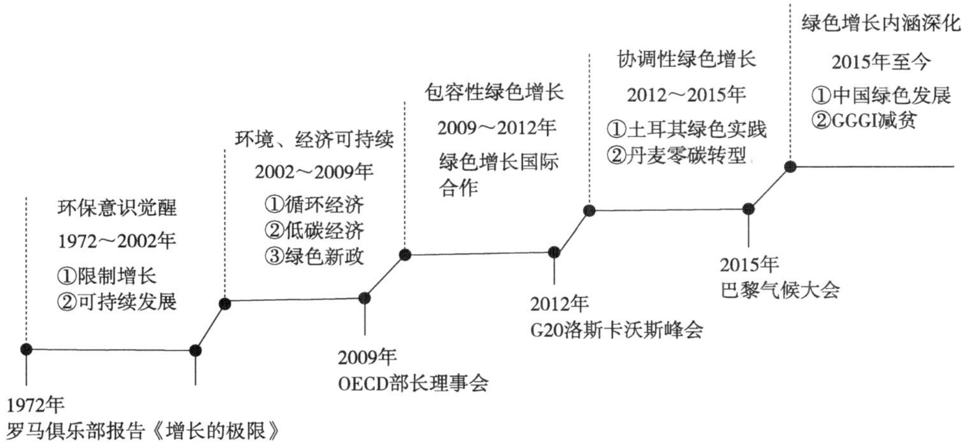

图 2-1　绿色增长理论变迁过程

GGGI 即全球绿色增长研究所（Global Green Growth Institute，GGGI）

1. 环保意识觉醒

20 世纪七八十年代，环境经济学家开始使用与“绿色增长”内涵相近的概念，引起关于环境负荷的讨论和关注，比如1972年提出的限制增长、1987年提出的可持续发展，广泛探讨了人口增长、资源基础和可再生能源等问题，体现全球生态环保意识的觉醒，而珍视自然资本的能力和意愿是转向绿色增长的基础[2]。

1962年，美国人卡逊出版了《寂静的春天》，对传统工业文明造成环境破坏作了反思，引起各界对环境保护的重视。1972年，罗马俱乐部发表了《增长的极限》，对西方工业化国家高消耗、高污染的增长模式的可持续性提出了严重质疑。但在当时，绿色理念主要集中在污染的末端治理方面。1987年，联合国世界环境与发展委员会发表《我们共同的未来》，强调通过新资源的开发和有效利用，提高现有资源的利用效率，同时降低污染排放；1989年，英国环境经济学家皮尔斯等在《绿色经济蓝图》中首次提出了绿色经济的概念，强调通过对资源环境产品和服务进行适当的估价，实现经济发展和环境保护的统一，从而实现可持续发展。

1987年联合国世界环境与发展委员会发表《我们共同的未来》一文，全面论述了可持续发展理念及相关问题，将可持续发展定义为既能满足当代人发展的需求，又不损害后代人发展的需求，标志着可持续发展理论正式诞生。联合国在1992年巴西里约热内卢召开的环境与发展大会上正式提出可持续发展战略，并由178个国家及地区领导人一致通过了《联合国气候变化框架公约》这一里程碑式文件，代表了可持续发展理论开始走向实践。

可持续发展理论的核心内涵是“发展”与“可持续”，发展是理论基础和必要前提，而可持续是实现发展的关键，二者相辅相成。如果可持续不是服务于发展，那么可持续本身就是个伪命题，如果发展离开了可持续，就无法实现长远的进步。由此可知，可持续发展就是通过兼顾近期与远期利益，将经济、社会、资源、人口等方方面面的内容纳入变革，以追求社会的全面进步。可持续发展理论具有公平性、持续性和共同性三大原则。公平性原则强调经济发展的前提是保证代际公平，不应使当前经济发展造成的生态问题对后代人的生存发展产生威胁。持续性原则强调的是资源和环境的承载力问题，只有在合理承载力下才能实现资源、环境的永续利用，这是可持续发展的“本”。共同性原则强调每一个国家和地区都要对可持续发展事务履行必要的义务，其中发达国家有责任承担更艰巨的任务。1994年中国政府编制《中国21世纪议程——中国21世纪人口、环境与发展白皮书》，首次把可持续发展战略纳入我国经济和社会发展的长远规划。1997年中共十五大把可持续发展战略确定为我国现代化建设中必须实施的战略。

随着对可持续发展的进一步探索和研究，2005年亚洲及太平洋环境与发展部长会议上“绿色增长”这一术语首次出现，此时绿色增长及相近的概念只是作为倡导环保理念的政治术语出现，并没有具体的理论内核和实践范式。

2. 环境与经济可持续的思考

美国“绿色增长”可细分为节能增效、开发新能源、应对气候变化等多个方面。2009年2月15日，总额达到7870亿美元的《美国复苏与再投资法案》将发展绿色能源产业作为主攻领域之一，工作重点包括发展新能源，包括发展高效电池、智能电网、碳储存、可再生能源如风能和太阳能等，同时美国还大力促进节能汽车、绿色建筑等的开发[3]。

2009年4月，日本政府公布了名为《绿色经济与社会变革》的政策草案，目的是通过实行削减温室气体排放等措施，强化日本的绿色经济，重点则在于支持政府当前采取环境、能源措施刺激经济，并提出了实现低碳社会，实现与自然和谐共生的中长期的社会目标[4]。2009年5月，日本正式启动支援节能家电的环保点数制度，通过将日常的消费行为固定为社会主流意识，集中展示绿色经济的社会影响力。同时，日本率先提出建设低碳社会，声称欲引领世界低碳经济革命，提出要把日本打造成全球第一个绿色低碳社会。

2008年韩国政府在“低碳绿色增长”倡议中首次将“绿色增长”理论化，随后颁布的《低碳绿色增长基本法》详细解读了绿色增长的基本原则和国家战略，旨在“通过节约并高效利用能源资源减少人类对气候和环境造成的威胁，以清洁能源和绿色技术的研究开发创造新的增长动力并扩大就业，实现经济和环境的协同发展”[5]。2009年7月，韩国公布绿色增长国家战略及五年计划，确定了发展“绿色能源”的一系列指标，计划建立“环境能源城”和“绿色村庄”，2010～2015年韩国将累计投资107万亿韩元发展绿色经济，争取使韩国在2020年年底前跻身全球七大“绿色大国”。

这一时期的绿色增长寄托了发达国家希望通过新技术来推进环保事业，实现经济和环境良性融合的政策布局，一方面延续了绿色增长在生态环保方面的治理理念，另一方面加深了对经济可持续的思考，是绿色增长由概念走向理论的转折点。同时期，“循环经济”“低碳经济”“节能减排”等治理理念也迅速普及，这些政策普遍聚焦“气候”和“产业”领域，强调发展的自然属性跟经济属性协同整合，但忽视了社会领域的福利、公平和分配问题，具有一定狭隘性。

3. 包容性的绿色增长

全球经济的不断扩张带来了繁荣，但也对可持续发展构成了挑战。在过去20年里，经济增长使6.6亿人口摆脱贫困，提高了千百万人的收入水平，但增长往往是以牺牲环境为代价的。各种市场、政策和制度失灵现象意味着，对地球上自然资本的利用方式往往缺乏经济效率，没有充分考虑到资源耗竭的真正社会成本，没有对其他形式的财富进行适当的再投资。这些失灵现象对经济增长和促进社会福祉的长期可持续性造成了威胁。此外，经济增长不具有足够的包容性。

2009年OECD制定了“绿色增长战略宣言”，成为绿色增长的里程碑事件。OECD认为，世界经济正缓慢且不稳定地从最严重的经济危机中复苏。在应对如高失业率、通货膨胀压力或财政赤字等棘手问题时，我们必须展望未来，并寻求能确保经济增长和发展的新方式。传统的常规做法不仅不明智，而且最终将变得不可持续，同时还可能增加成本，抑制经济发展，可能导致更为严重的缺水、资源过度利用、污染、气候变化和生物多样性丧失等不可逆转的问题。因此，OECD认为绿色增长战略需特别关注国内和国际经济绿色化所带来的众多社会问题和公平问题。这对于成功实现绿色增长至关重要。在实施这些战略的同时，还应主动采取各项行动，关注可持续发展的更广泛的社会支柱问题。《迈向绿色增长》报告将绿色增长界定为在确保自然资产能继续为人类幸福提供各种资源和环境服务的同时，促进经济增长和发展[6]，这一概念首次完整叙述绿色增长的自然属性、经济属性和社会属性，特别是将社会公平嵌入到如何实现可持续的讨论中，得到国际社会广泛认可。包容性绿色增长可以改善社会福祉，不仅考虑到当代人之间的公平问题，也考虑到代际公平，以及考虑当代人和子孙后代之间的公平问题。

此外，2012年，世界银行进一步强调绿色增长的“包容性”概念，在《包容性绿色增长：可持续发展之路》报告中敦促各国政府在推行经济增长政策时加强绿色意识，做到经济增长的包容、高效、可负担，旨在通过协同环境可持续发展的需要来促进经济增长，进而实现社会进步[7]，包容性体现在经济增长要惠及更广泛的社会福利。绿色增长并非本质上就具有包容性，但可以将包容性设计在内。虽然改善环境性能一般来说有益于最贫困、最脆弱的人群，但在设计绿色增长政策时必须小心谨慎，要令其对贫困脆弱人群的效益最大化，成本最小化，尤其是在过渡时期。换言之，所有国家无论贫富都有机会在不放慢增长速度的情况下推进经济的绿色和包容性增长。这一时期的“绿色增长”论述，不仅首次实现概念上的完整性，同时提出一系列实施路径，使其真正脱离理论抽象性，开始在指导实践上发挥作用，推动经济增长从污染、排斥的增长向可持续、包容的增长转变。这一时期，无论是国家还是学界都从各个角度对绿色增长做了界定和研究，其基本定义范式如表2-1所示。

表 2-1　绿色增长的定义范式

范式	定义
目标	绿色增长是一个目标，即促进就业和 GDP 增长与环境保护行动相协调
方式	绿色增长是一种方式，即追求经济增长，同时防止环境退化、生物多样性丧失和自然资源枯竭
潜力	绿色增长是一种潜力，即最大限度地促进经济增长，同时避免对自然资源的数量和质量带来不可持续的压力
过程	绿色增长是一个过程，即通过重新配置产业和基础设施，更好地回报自然、人力和经济资本的投资，同时减少温室气体排放、减少对自然资源的使用、减少浪费、缩小社会差距
手段	绿色增长是一种手段，即由当前经济过渡到可持续经济，同时减少污染和温室气体排放，最大限度地减少浪费，更高效地利用自然资源，维护生物多样性，加强能源安全的系列手段
战略	绿色增长是一个战略，即经济增长的战略，该经济增长是以提高生态质量为目标，以最小的环境负担创造更多的就业机会和收入机会

资料来源：Hallegatte S，Heal G，Fay M，et al. From growth to green growth—a framework[P]. National Bureau of Economic Research，Working Paper No.17841，2012

4. 协调性的绿色增长

2012 年，“里约+20”峰会提出加强和提升联合国环境规划署（United Nations Environment Programme，UNEP）职能与作用，并将其作为联合国环境决策的核心机构。2012 年 G20 洛斯卡沃斯峰会将绿色增长作为核心议题，标志着绿色增长正式登上全球化舞台[8]。G20 洛斯卡沃斯峰会制定了更加具体的绿色增长议程，以促进绿色增长在全球范围内的实施。G20 领导人根据《联合国气候变化框架公约》，明确支持和承诺将绿色增长作为 20 国集团议程的重要部分。为了更好地协调全球范围的绿色增长活动，绿色增长知识平台（green growth knowledge platform，GGKP）被建立，并于 2012 年 1 月，在墨西哥召开 GGGI、OECD、UNEP 以及世界银行的首次合作会议，2013 年 4 月在巴黎召开了第二次会议，深入讨论了绿色全球贸易价值链以及对绿色增长的测量和报告。绿色增长知识平台帮助世界各地的研究者和专家学习和交流绿色增长理论和实践，帮助制订明确的绿色增长政策方案或绿色经济条文，使得国际范围内许多国家陆续走上绿色增长道路，尽管实施过程中对绿色增长的解读和优先事项有所不同，但是政府追求环境、经济和社会可持续的目标是一致的。

这一阶段绿色增长更加重视国际范围的绿色增长合作，强调通过加强国际合作创建一个有利于绿色增长的全球架构，这不仅需要加强全球公共品管理的各种安排，尤其是有关生物多样性和气候的安排，同时还需要积极解决协调和激励问题，让资金流既成为增长和发展的发动机，又成为维持全球共有资源质量和数量的激励机制。在为绿色增长创造有利条件方面，官方的绿色增长援助能够发挥重要作用，这需要将其目标指向私人投资积极性有限和流动不足的领域，包括必要的基础设施以及人力资源和机构能力的建设。发展中国家需要采取更加协调的办法着重加强科技合作，加速技术的开发和传播，进行研究能力建设，为促进全球绿色技术的传播提供支持。此外，实现绿色增长还必须确保国内贸易和投资措施的潜在溢出效应不会对低收入国家的发展前景造成损害。如果绿色增长政策议程受制于保护主义利益，则可能会影响到贸易和投资。

5. 绿色增长内涵不断深化

自第21届联合国气候变化大会在巴黎举办之后，世界各国普遍认为绿色增长需要得到深化发展和强力执行。哥本哈根会议成果寥寥，最后只达成了无法律约束力的《哥本哈根协议》，国际社会在思考哥本哈根会议的教训后，对谈判的期望值更趋理性务实。其中以中国最为重视，中国共产党第十八届中央委员会第五次全体会议，于2015年10月26日至29日在北京举行。全会强调，实现“十三五”时期发展目标，破解发展难题，厚植发展优势，必须牢固树立并切实贯彻创新、协调、绿色、开放、共享的发展理念。全会还提出，加快建设资源节约型、环境友好型社会，形成人与自然和谐发展现代化建设新格局，推进美丽中国建设，为全球生态安全作出新贡献①。

这一时期的绿色增长内容也出现了一些新的论述，对绿色增长政策内涵的认知逐步深化，GGGI 在《绿色增长实践》中规定绿色增长要实现资源高效利用、增强应对气候变化能力的基本目标，其中特别提到减少贫困这一具体任务指向[9]。此外，武春友等国内学者在政策建议中提到实现绿色增长要兼顾成本和效益原则，“通过技术创新驱动与制度安排，用最小的资源消耗和环境代价，创造出经济增长与发展的最大效益”[10]。尽管对绿色增长的概念仍有一定争论，但现有学者普遍认同四个核心主题：①环境保护；②减缓气候变化；③投资、技术创新；④创造绿色就业。绿色增长在经济领域通过技术创新和财政投入来培育绿色产业，驱动经济的稳步发展；在自然领域通过技术创新提升自然资源的利用效率，降低碳排放，解决环境问题，创造更好的家庭生活环境和企业制造环境；在社会领域缩小贫富差距，追求社会的公平和自由，提升人类福祉。

6. 绿色增长批判

绿色增长发展过程中有两种批判观点。经济治理视绿色增长为次佳选择，认为“绿色增长既不会减少对环境的影响，也不会减少贫穷”[11]。这种观点普遍存在于政策决策者，他们怀疑绿色增长是否真的是范式的转变，是否能解决当前经济与环境的冲突。环境治理则认为绿色增长是一种理论撤退，倡导“强劲的可持续性”[12]，该观点支持者是一些极端环保主义者，他们深受“绿色无政府主义”和“马尔萨斯主义”学说影响，推崇环境的优先级凌驾于社会经济之上，拒绝把

---

① 中国共产党第十八届中央委员会第五次全体会议公报，http://news.12371.cn/2015/10/29/ARTI1446118588896178.shtml.

经济行为纳入环境治理方式中。这两种批判观点割裂了“环境”和“增长”的协同关系，是唯经济论和唯环境论的思维体现。实际上，“环境”和“增长”并非相互矛盾，而是相辅相成、相互促进的。

2.1.2　中国绿色增长理论变迁

早在2000年之前，我国就开始关注经济的可持续增长。我国从20世纪90年代起引入了关于循环经济的思想，并不断展开循环经济的理论研究与实践探索。1999年从可持续生产的角度对循环经济发展模式进行整合；2002年从新兴工业化的角度认识循环经济的发展意义；2003将循环经济纳入科学发展观，确立物质减量化的发展战略；2004年，提出从不同的空间规模（城市、区域、国家层面）大力发展循环经济；2008年8月29日公布《中华人民共和国循环经济促进法》，并于2009年1月1日起实施。在“回收—再利用—设计—生产”的循环经济发展模式的指导下，我国开始实行生态工业园试点及建设工作。

关于低碳经济理念，随着“低碳”的出现，“低碳社会”“低碳城市”“低碳超市”“低碳校园”“低碳交通”“低碳环保”“低碳网络”“低碳社区”等各行各业统统冠以“低碳”二字，使“低碳”成为一种时尚。为更好地规范“低碳经济”扎实、有序推进，使党中央、国务院提出的降排指标得以实现，使“低碳经济”真正成为促进社会可持续发展的推进器，2010年国家发展和改革委员会积极开展低碳省区和低碳城市建设的试点工作，“低碳经济”从理念走向实践。

关于绿色发展理念，2012年中共十八大首次把“大力推进生态文明建设”独立成章，提出“推进绿色发展”，2015年3月24日中共中央政治局会议将“绿色化”纳入“新四化”的概念中，形成了“新五化”的体系，同年10月，党的十八届五中全会进一步明确“绿色”作为五大发展理念之一的重要地位。2015年《中共中央关于制定国民经济和社会发展第十三个五年规划的建议》中更是提出了“坚持绿色发展，着力改善生态环境”的国家目标。2016年3月5日第十二届全国人民代表大会在北京召开，国务院总理李克强在政府工作报告中明确指出中国在“十三五”期间的主要目标任务和重大举措，明确提出“推动形成绿色生产生活方式，加快改善生态环境。坚持在发展中保护、在保护中发展，持续推进生态文明建设”。[①]《国民经济和社会发展第十三个五年规划纲要》明确指出2015～2020年，单位GDP二氧化碳排放降低18%、单位GDP能源消耗降低15%、万元GDP用水量下降23%，地级以上城市空气质量优良天数比率超过80%。除此之外，绿

① 政府工作报告——2016年3月5日在第十二届全国人民代表大会第四次会议上，http://www.xinhuanet.com//politics/2016lh/2016-03/17/c_1118364353.htm.

色建筑、绿色金融、绿色能耗、绿色生活等细节贯穿始终，由此可见绿色发展对于国家有着重要的战略地位。

关于绿色增长理念，2013 年大连理工大学生态规划与发展研究所所长武春友教授的“绿色增长理论与实践的国际比较研究”获得国家自然科学基金委员会的项目资助，此项目的获得证明绿色增长理论的相关研究目前具有较高的战略高度。2015 年 3 月全国政协委员冯丹龙女士以此项目为依托向全国政协提交“关于促进可持续发展，把绿色增长提升到国家战略高度的提案”，此次提案的通过证明我们国家已经开始从国家层面建立绿色增长战略，将绿色增长从“理念”向社会实践转变，依靠绿色增长实现经济的结构性调整，迈向可持续发展。作为《绿色增长理论与实践的国际比较研究》的一个重要分支，绿色增长政策的相关研究刻不容缓。我国与绿色增长相关的部分法律与政策汇总见表 2-2。

表 2-2　中国与绿色增长相关的部分法律与政策

时间	法律法规与政策措施
2006～2015 年	发布三次《气候变化国家评估报告》
2007 年 6 月	成立国家应对气候变化及节能减排工作领导小组
2007 年 6 月	制订《中国应对气候变化国家方案》
自 2008 年起	每年发布《中国应对气候变化的政策与行动》年度报告
2009 年 12 月	公布修正后的《中华人民共和国可再生能源法》
2011 年 8 月	公布《“十二五”节能减排综合性工作方案》
2013 年 8 月	公布《关于加快发展节能环保产业的意见》
2014 年 4 月	公布修订后的《中华人民共和国环境保护法》
2015 年 5 月	通过《关于加快推进生态文明建设的意见》
2018 年 10 月	公布第二次修正后的《中华人民共和国大气污染防治法》

2.1.3　概念讨论和界定

1. 绿色增长和可持续发展

绿色增长与以往提出的可持续发展等相关概念相比具有更深度的意义。虽然绿色增长与以往相关概念都具有确保环境友好、资源节约、节能减排和生态平衡的基本要求，但是绿色增长更强调增长的效率、质量及对环境的包容性，因此绿色增长是在环保的基础上实现经济增长。而可持续发展则更强调发展的理念，确保子孙后代利益不被损坏。

可持续发展是强调人类长远发展的一种经济增长模式，于 1980 年首次提出，是指既能满足当代人发展的需求，又能满足后代人发展的需求，是人类经济和生态平衡发展的一种要求。经济学家 Edward B. Barbier 将可持续发展定义为“在保

持自然资源的质量和其所提供服务的前提下，使经济发展的净利益增加到最大限度”；有的学者认为可持续发展即指“经济的可持续发展不是传统的以牺牲资源和环境为代价的经济发展，而是以不破坏自然资源和不降低环境质量为原则的经济发展”。关于可持续发展的概念目前国际上比较认可的是指共同的、协调的、公平的、高效的、多维的发展，是经济发展、生态保护和社会和谐三方面的协调统一体，要求我们在发展经济的过程中讲究能源的利用效率、关注自然生态环境的变化，最终达到人类社会的整体协调发展。

总之，在人类社会可持续发展过程中，发展经济是基础、保护生态是前提、社会和谐是目的。只有搞好经济、环境、社会三者之间的关系，人类才能够做到可持续发展。从某种意义上说绿色增长就是可持续发展的延伸和扩展。一方面，可持续发展为绿色增长提供了重要背景，OECD 绿色增长战略充分利用了取材于 2012 年“里约+20”峰会的大量分析和政策举措，为实现“里约+20”峰会可持续发展的一系列抱负制定了一项明确而且重点突出的议程。另一方面，绿色增长并不会替代可持续发展，而应被视为其子集。绿色增长的范畴相对具体，聚焦经济发展目标和环境保护目标间的协同，以推动可持续发展。绿色增长的重点是为各种有利于弹性生态系统的创新、 投资和竞争创造必要条件，为经济发展提供新的来源。

2. 绿色增长和环境保护

环境保护已成为当今世界各国政府和人民的共同行动和主要任务之一。环境保护是指人类有意识地保护自然资源并使其得到合理的利用，防止自然环境受到污染和破坏，对受到污染和破坏的环境必须做好综合治理，以创造出适合人类生活、工作的环境。环境保护是人类为解决现实的或潜在的环境问题，协调人类与环境的关系，保障经济社会的持续发展而采取的各种行动的总称，其方法和手段有工程技术的、行政管理的、创新研发的，也有法律的、经济的、宣传教育的等。中国把环境保护作为中国的一项基本国策，并制定和颁布了一系列环境保护的法律、法规，以保证这一基本国策的贯彻执行。

环境保护这一概念是工业发展导致环境污染问题过于严重，从而引起工业化国家的重视而产生的，这些国家纷纷利用国家法律法规和舆论宣传使全社会重视和处理污染问题，其核心是解决现实的或潜在的环境污染问题。其内容主要有以下三点。

（1）防治由生产和生活活动引起的环境污染，包括防治工业生产排放的“三废”（废水、废气、废渣）、粉尘、放射性物质以及工业生产产生的噪声、振动、恶臭和电磁微波辐射，交通运输活动产生的有害气体、液体、噪声，海上船舶运输排出的污染物，工农业生产和人民生活使用的有毒有害化学品，城镇生活排放的烟尘、污水和垃圾等造成的污染。

（2）防止由建设和开发活动引起的环境破坏，包括防止由大型水利工程、铁路、公路干线、大型港口码头、机场和大型工业项目等工程建设对环境造成的污染和破坏，农垦和围湖造田活动、海上油田、海岸带和沼泽地的开发、森林和矿产资源的开发对环境的破坏和影响，新工业区、新城镇的设置和建设等对环境的破坏、污染和影响。

（3）保护有特殊价值的自然环境，包括对珍稀物种及其生活环境、特殊的自然发展史遗迹、地质现象、地貌景观等提供有效的保护。另外，城乡规划，控制水土流失和沙漠化、植树造林、控制人口的增长和分布、合理配置生产力等，也都属于环境保护的内容。

从环境保护的内涵及内容来看，环境保护是一个宏观的概念，旨在合理利用自然资源，以保证人类社会的发展。环境保护涉及的范围广、综合性强，它涉及自然科学和社会科学的许多领域，采取行政的、法律的、经济的、科学技术的多方面的措施，合理地利用自然资源，防止环境的污染和破坏，以求保持生态平衡。可以这么说，但凡存在环境污染和破坏，相对应的就存在环境保护的问题，涉及土壤破坏、气候变暖温室效应、水资源污染、大气污染、臭氧层破坏、生物多样性减少等。绿色增长概念中的“绿色”延续了“环境保护”对治理污染的重视，但其落脚点更加具体、更具可操作性，绿色增长并不涉及所有环境污染和破坏的议题，其更加关注气候变化和提高能源效率方面。除此之外，绿色增长更加重视“增长”，即“绿色”的目的是服务于经济的“增长”。不同于环境保护的宏观属性，绿色增长制定了一个可操作的政策框架，旨在足够灵活地适应不同国情和发展阶段的需要。

3. 绿色增长和生态文明

生态文明体现了社会主义的基本原则，是中国特有的概念，生态文明建设是中国特色社会主义事业的重要内容，关系人民福祉，关乎民族未来，事关“两个一百年”奋斗目标和中华民族伟大复兴中国梦的实现。党的十七届四中全会把生态文明建设提升到与经济建设、政治建设、文化建设、社会建设并列的战略高度，也就是说生态文明建设是“五位一体”建设目标的重要组成部分。此外，在中共十八大报告中，“环保”“资源节约”“循环经济”等概念被纳入“生态文明”，2015年，中共中央、国务院印发《关于加快推进生态文明建设的意见》，该文件是自党的十八大报告重点提及生态文明建设内容后，中央全面专题部署生态文明建设的第一个文件，生态文明建设的政治高度进一步凸显。

从人类社会发展的历史维度看，生态文明被看成是在反思和扬弃工业文明基础上发展起来的“后工业文明”。基于生态哲学、环境哲学和生态现代化理论，人们提出，生态文明是人类社会继原始文明、农业文明和工业文明之后的一种最高级的新型文明形态。作为对工业文明的超越，生态文明与工业文明的根本区别是人与自然关系价值取向的不同，以及由此决定和衍生的生产生活方式及制度体系的不同[13-15]。生态文明不仅是人类社会的文明，也是自然生态的文明，是二者的有机统一，具有整体性、综合性和协调性，正因为如此，生态文明才是比工业文明更高级、更先进、更伟大的文明。在这个维度下，建设生态文明就是要摒弃工业文明“征服自然”“人类中心主义”的价值理念，代之以人与自然平等相处、和谐共生的价值理念，重塑价值体系，并对工业文明下的生产生活方式及其制度安排进行生态化改造和绿色转型[16]。从人与自然和谐的角度，吸收十八大成果的定义是：生态文明是人类为保护和建设美好生态环境而取得的物质成果、精神成果和制度成果的总和，是贯穿于经济建设、政治建设、文化建设、社会建设全过程和各方面的系统工程，反映了一个社会的文明进步状态，是人类文明发展的一个新的阶段，即工业文明之后的文明形态；生态文明是人类遵循人、自然、社会和谐发展这一客观规律而取得的物质与精神成果的总和，以人与自然、人与人、人与社会和谐共生、良性循环、全面发展、持续繁荣为基本宗旨的社会形态。

生态文明的内容主要有以下四点。

一是要推进绿色发展。加快建立绿色生产和消费的法律制度和政策导向，建立健全绿色低碳循环发展的经济体系。构建市场导向的绿色技术创新体系，发展绿色金融、壮大节能环保产业、推进能源生产和消费革命，构建清洁低碳、安全高效的能源体系，推进资源全面节约和循环利用。

二是要着力解决突出环境问题。坚持全民共治、源头防治，持续实施大气污染防治行动，打赢蓝天保卫战。加快水污染防治，实施流域环境和近岸海域综合治理。强化土壤污染管控和修复，加强农业面源污染防治，开展农村人居环境整治行动。加强固体废弃物和垃圾处置等。

三是要加大生态系统保护力度。实施重要生态系统保护和修复重大工程，优化生态安全屏障体系，构建生态廊道和生物多样性保护网络，提升生态系统质量和稳定性。

四是要改革生态环境监管体制。加强对生态文明建设的总体设计和组织领导，设立国有自然资源资产管理和自然生态监管机构，完善生态环境管理制度，完善主体功能区配套政策，建立以国家公园为主体的自然保护地体系。坚决制止和惩处破坏生态环境行为。

很显然，“生态文明”不单单是涉及环境和经济的问题，还涉及政治、文化等部分。绿色增长的内涵只不过是生态文明的一部分，二者是子集和总集的关系。

4. 绿色增长和绿色发展

从绿色发展的内涵看，绿色发展是在传统发展基础上的一种模式创新，是建立在生态环境容量和资源承载力的约束条件下，将环境保护作为实现可持续发展重要支柱的一种新型发展模式。具体来说包括以下三个要点：一是要将环境资源作为社会经济发展的内在要素；二是要把实现经济、社会和环境的可持续发展作为绿色发展的目标；三是要把经济活动过程和结果的“绿色化”“生态化”作为绿色发展的主要内容和途径。

绿色发展作为一种可持续的发展模式，具有下述特征：一是绿色发展的协调性，即绿色发展兼顾经济发展、社会发展和资源环境承载力，旨在实现绿色富国、绿色惠民。二是绿色发展的系统性。绿色发展涵盖了当前资源能源节约与高效利用、环境污染治理、生态修复、循环经济、清洁生产、国土空间规划等诸多领域，比发达国家倡导的绿色经济内容要丰富很多，这与我国当前所处的发展阶段及面临的复杂资源环境问题密切相关。三是绿色发展的全球性。当前全球面临共同的气候危机和环境危机，积极应对气候变化、保护地球环境、实现全球可持续发展，与每个国家的利益密切相关。当前绿色发展仍处于理论构建和实践摸索阶段，亟须全球共同努力。四是发展中国家绿色发展的后发性。当前全球面临严峻的气候危机和环境危机，每个国家都要承担与其发展能力相对等的责任。发展中国家可充分利用国际市场上的技术资源优势，快速提高本国学习能力和研发能力，加快缩小与发达国家在绿色发展领域的差距，实现“绿色追赶”[17]。

绿色增长与绿色发展其本质是一致的，只是两种不同的表达形式，二者的内涵是极为相近的。绿色发展同样强调实现环境保护、经济增长、社会和谐的协同发展，同样是以传统产业升级改造为支撑，以发展绿色新兴产业为导向，在保持经济稳定增长的同时，促进技术创新，创造就业机会，降低经济社会发展对资源能源的消耗及对生态环境的负面影响。绿色发展观是第二代可持续发展观，强调经济系统、社会系统和自然系统间的系统性、整体性和协调性。

从机制上讲，绿色增长是绿色财富累积和绿色福利提升的必要条件，是绿色发展的核心[18]。能否实现绿色发展，关键在于能否实现有效的绿色增长管理。在经济系统中，经济活动是自然资本、实体资本和人力资本共同作用的结果，经济产出包括消费品（包括产品和服务）、中间投入品（进入生产活动）和投资性投入品（通过投资活动形成实体资本或改善自然资本状况）。绿色增长管理本质上是社会资本的一部分，是指通过技术创新和制度创新实现绿色生产、绿色消费及所对应的外部性管理。其中，外部性管理是指对生产活动和消费活动产生的排放进行有效管理，以降低对生态环境的负外部性，促进资源使用的减量化。

2.2　绿色增长的实践

以电力行业为代表的传统重工业的节能降耗问题受到社会各界的广泛关注。火电作为我国重要电力来源，关系到国家能源安全。可持续发展视域下，火电企业传统粗放型增长模式亟待向绿色增长模式转型。本案例回顾了 2006～2015 年，以煤电为主的发电企业——华电灵武在不断变化的环境中，开展了以绿色电力为中心的绿色企业建设工作，以此展示中国绿色增长实践历程及发展模式。

2.2.1　案例描述

“谁说煤电就不能绿色？谁说煤电厂就不能是绿色企业？华电灵武就要打造煤电中的绿色企业！”华电灵武总经理李总 2011 年的豪言壮语，如今看来几乎成真了……

1. 破茧而出，华电灵武诞生

华电灵武成立于 2006 年 2 月 26 日，是由华电国际电力股份有限公司和中铝宁夏能源集团有限公司共同投资建设的现代化国有特大型火力发电企业，位于宁夏回族自治区银川市所辖灵武市境内。华电灵武的成立引起宁夏社会各界的广泛关注，2006 年 3 月 26 日，华电灵武成立揭牌仪式在宁夏银川市举行，华电国际电力股份有限公司党委副书记及宁夏回族自治区人民政府副主席等出席仪式并讲话。宁夏回族自治区发展和改革委员会等有关部门参加了揭牌仪式，新华网、宁夏日报等媒体对揭牌仪式进行了报道。

华电灵武借助华电集团在超超临界空冷机组方面的技术优势，在建设之初就引进了先进的能耗低、污染小的发电机组。一期工程为两台 600MW 亚临界燃煤空冷发电机组，是宁夏回族自治区首台（套）600MW 级机组，两台机组分别于 2007 年 6 月 8 日、9 月 22 日正式投产发电。二期工程两台 1060MW 超超临界燃煤空冷发电机组为当时国际首台（套）百万千瓦空冷发电机组，属国家西电东送项目，该工程于 2008 年获得国家发展和改革委员会核准并开工建设，两台机组于 2011 年 1 月 1 日、5 月 1 日正式投产发电。

2011 年，新能源的兴起及政策形势的变化，使得华电灵武感受到了从未有过的威胁和挑战。李总审时度势，认为企业必须转变发展思路，其最终目标便是打造绿色企业。自此，华电灵武便开始了绿色企业建设之路。

在这条路上摸爬滚打的几年中，华电灵武发生了很大的变化，如今已成为拥有电力生产装机容量 332 万千瓦时的绿色企业。在节能降耗方面，华电灵武一直走在国内发电企业的前沿。2015 年，华电灵武累计完成发电量 192.6 亿千瓦时；完成综合厂用电率 7.30%，较年度计划降低 0.15%，厂用电中太阳能发电占比逐年上升；发电油耗完成 6.73 吨/亿千瓦时，同比降低 5.07%；发电水耗完成 3.30 吨/万千瓦时，同比降低 0.55 吨/万千瓦时，降低了 14.3%。2015 年机组供电煤耗完成 310.72 克/千瓦时，较 2012 年下降 6.04 克/千瓦时，2012～2015 年累计节约标煤 25.1 万吨。秉承打造国内一流空冷煤电示范基地的理念，华电灵武所有机组均采用大型直接空冷技术，相对于常规湿冷机组节水率达 80%。华电灵武一期工程年节水量超过 1700 万吨，二期工程年节水量达 2664 万吨，同步建设、投运环保工程，是典型的节水、节能、环保型发电企业。具体节能降耗量如图 2-2 所示。

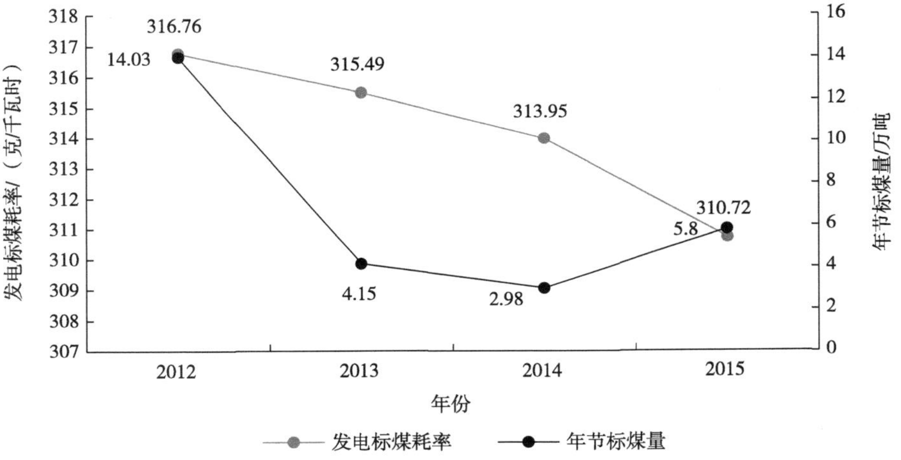

图 2-2　2012～2015 年华电灵武发电标煤耗率和年节标煤量折线图

2. *发展桎梏，谋求转变*

就在华电灵武建设时期，煤电行业就经历了前所未有的挑战。2008 年，国家提出“调整结构、清洁发展”，以扭转 2002～2008 年以环境成本为代价的“先发展后环保、先污染后治理”的发展模式。自此，各项政策纷纷出台以限制煤电污染物排放，如碳税、排污权管制等。整个电力行业正处于“转方式、调结构”时期，主要表现为注重价值创造、绿色低碳发展，着力调整电源结构、产业结构、区域布局及管控模式等。自 2008 年之后全行业出现经营风险大、亏损企业多且亏损比重连年上升的情况。资产负债率持续上升，由 2009 年的 72.71%上升到 2014 年的 89.25%，全国发电企业累计亏损 3783 亿元，每年亏损企业数均在 1000 家以上。

这些惊人的数字背后也揭示出了煤电行业面临的巨大挑战。“市场煤”与“计划电”这一矛盾体仍然牵制着煤电行业的发展。受到进口煤的影响，煤炭价格很不稳定。同时，煤电行业又面临新能源发电抢占市场份额、计划电下煤电上网量受限、煤电收购价格不断下调等窘境。为达到排放标准，煤电企业必须安装脱硫脱硝等减排设备，这导致单位煤电成本大幅上升。但如果企业不安装这些设备造成排放不达标，就要承受巨额的罚款。

华电灵武的节能减排工作绝不是被动地服从政策、避免罚款。作为一家央企的下属公司，作为一家关系国家能源安全的煤电企业，相比盈利的企业目标，华电灵武要更多地承担国家、社会赋予的责任，为当地创造就业、提供电能的同时，也要承担起保护环境的责任、履行节能减排的义务。随着民众环保意识的提高，社会日益关注高能耗、高污染的企业，对煤电企业的节能减排要求也达到空前高度。

此外，国家逐步将新能源产业作为重点产业大力发展。自《中华人民共和国可再生能源法》出台，国家相继颁布了可再生能源价格全国分摊政策、可再生能源增值税减免政策、太阳能光电建筑应用财政资金补助办法等政策。新能源发电呈现出高速度、大规模发展的趋势。各项优惠政策大力扶植新能源发电，对煤电企业造成了一定程度的冲击。

对于华电灵武来说，这也是一段不平凡的时期，两期工程均已投产发电，电厂初期建设扩张的阶段完美收官，发展战略也从扩张转变为运营。面对这样的局势，李总与华电灵武的管理层一同思考着未来的发展方向，凭借李总和管理层在电力行业多年摸爬滚打的经验，他们笃定能在未来有好的发展的电厂一定是环境友好、能耗低、成本低的电厂。这一切似乎都指向了节能降耗，因为节能降耗不仅能够满足国家政策对电厂的要求、实现电厂承担社会责任的愿望，同时节能降耗本身就是降成本，而低成本就是煤电厂的核心竞争优势。仅仅是发电机组的优化已不能满足现今的节能降耗的需求，全厂各个运行环节的节能优化才是当今形势下节能降耗的正道。考虑到这一层面，李总决心将节能降耗、环境友好的理念落实到华电灵武的每个细节，将华电灵武打造成电厂中的绿色企业。“谁说煤电就不能绿色？谁说煤电厂就不能是绿色企业？华电灵武就要打造煤电中的绿色企业！”李总立下豪言壮语。

3. 革故立新，进退维谷

建设绿色企业说起来容易，但如何落实到实践中却是个问题。李总和华电灵武的管理层最终将目光集中到电力本身上。李总在管理层大会上表态，“绿色企业首先就要有绿色产品！”市场运营部赵部长一跃而起，“但是我认为咱们电力产品过于特殊，不能直接对其进行设计和包装，而是要通过电力生产过程中的各环节来实现电力的绿色化。”赵部长话音刚落，计划经营部的钱部长便站了起来：“赵部长的一席话倒是点醒了我，以前我们总是认为降低生产过程中的排污量就可以了，现在看来更要降低单位电力生产能耗值啊！这样我们的电力才能算得上绿色嘛！”“两位部长说得很有道理！”说话的是生产技术部的孙部长，“为了能够尽快生产绿色电力，那就要实施‘两条腿走路’的技改方针，既要加快引进新技术，又要坚持自主创新，提高机组性能，降低煤耗。”“好！就这么办！咱要做到破旧立新！”李总定下基调。

李总的话尤萦绕于耳畔，华电灵武的技改项目已经如火如荼地开展了起来。2011 年开始华电灵武就不断引入新的技改项目，之后更是加大了技改投入力度，积极采用节能新技术，倡导环保技术创新。公司按照节能降耗计划有序地推进项目实施，截至目前华电灵武已有多个技术改造项目提上了日程。在引进新技术的同时，对厂内能耗高的辅助设施实施自主技术创新能降低厂用能耗，从而间接降低单位电力煤耗。在明确建设绿色企业的目标后，华电灵武积极寻找技改机会，努力推进华电灵武与学术研究单位的合作。2012 年，华电灵武投入 180 万元，与浙江大学合作，开展入炉煤掺配掺烧研究，拓宽了机组的适烧煤种，节约了燃料成本。

发电过程中产生的大量热能也是一笔巨大的财富，华电灵武因此进行了发电端的技术改造。自热能综合利用项目启动以来，工程厂内总投资接近 1 亿元，规划供热面积 600 万平方米。通过综合利用热能，华电灵武用管道把电厂的高温蒸汽引出来，输送给周围的工厂、医院、小区使用，再次降低了单位电力能耗，而灵武市能耗高、污染大的分散小锅炉因此逐步关停。可以说技术引进和技术创新使华电灵武的节能减排工作取得了实质性的进展，华电灵武平均每年减少二氧化碳排放 204 吨、二氧化硫排放 0.64 万吨、烟尘 0.82 万吨，每年减少烟尘排放 12 993 吨，节约标煤 315 万吨。

虽然华电灵武节能减排工作进展顺利，公司蓬勃发展，但技改带来的效益是有限的。

虽然现在企业的排污量已经远低于国家标准，但是成本也大大提升了，企业绩效并没有显著提高。李总望向这位刚过不惑之年的得力干将，他知道这段时间他的这位老部下为公司的技术改造是拼了命的。“你看看技术上面还可以怎么动刀子？”“李总啊！技术层面已经无法再压缩了。”孙部长顿了顿说，“怕是要在‘人’的问题上找原因了。”

“人啊……”

4. 大刀阔斧，改弦更张

在经过一段时间的技术改造后，华电灵武的设备装置已处于行业前列，电力生产过程中的排污量得到了有效控制，能源利用效率显著提高。但企业效益却未见明显提升，员工的浪费行为随处可见。可以说现在的华电灵武离当初设定的目标相去甚远。一想到这，李总便又愁上眉梢，不觉想起前段时间孙部长提到的“在‘人’的问题上找原因”，自言自语道“看来这次会议要从自身找毛病喽!”

1）渐入佳境

“技术改造已经基本完成，也取得了一定的成绩，但是大家也看到了有些问题还是存在的。”李总清了清嗓子，抬眼看了看参加管理层大会的各部门负责人，“要我说，接下来就是‘人’的问题了。”会场一阵骚动。“大家都有什么想法?都说说。”

经过这次管理层会议之后，华电灵武的氛围也渐渐变得不一样了，原先单调的车间、厂区挂起了带有“绿色”“环保”“节能”字样的条幅，墙上多了许多节能管理办法，以往粗放浪费的工作方式渐渐改变了。宣传部积极开展丰富的节能宣传月、宣传周活动，组织节能知识讲座，利用公司网站、多媒体等各种形式宣传节能降耗工作的紧迫性、必要性和相关知识。企业内部大力开展节能宣传，在照明、用水点设置“请使用自然光”“请节约用水”等温馨提示。

生产技术部在深入分析年度节能形势的基础上认真制订年度节能计划，并将计划分解到月、到部门，由部门再将月度计划分解到班组和岗位，实现责任到人、压力到人。同时，规定了每位员工的节能学习计划及必须达到的最低学时和成绩，节能专责人及时上传、更新节能培训知识，确保主要岗位人员每周 4 小时的随机和脱机培训。主要耗能设备的操作人员经过培训才能上岗，能源计量、统计等重点岗位均需持证上岗，以避免高能耗操作。

人力资源部将节能工作与激励机制相结合。为确保完成年度目标，每月下达月度节能计划，并根据月度能耗完成情况对所属企业进行奖惩。所属企业对上级下达的年度和月度计划进行分解，落实到部门，每月根据计划完成情况对部门进行奖惩。公司内部每年都会至少安排专项资金 200 万元进行对标奖惩，并开展“节能型”班组创建等活动，还会安排 40 万元专项资金开展运行岗位小指标竞赛。针对机组检修，安排专项奖励资金对完成节能目标的检修项目及个人进行奖励。此外，各部门积极开展各类小指标竞赛、检修管理节能监督等活动。

2）恰中肯綮

为了加强人员管理措施的效果，李总草拟了“华电灵武节能降耗领导小组名单”的文件，并召开了临时会议。

“之前的经验告诉我们，从管理中节能是咱们企业进行绿色化建设的重要途径，这不仅是因为通过管理手段降耗比技术改造的成本要低，更是因为通过管理手段降耗，各个部门可以参与到打造绿色企业当中来，能够营造良好的节能氛围。”

李总顿了顿，“当前的首要任务就是建立一个节能管理组织体系，完善我们的管理制度。我的想法是咱们公司要建立以总经理为组长的节能降耗领导小组，负责定期研究部署企业节能工作，推动各项节能工作落实。具体来看就是咱们建立一个三级节能结构，公司为一级，由总经理，也就是我担任组长，负责对全公司节能工作进行宏观管理、监督和考核，设置节能工作专责人作为公司专职能源管理人员，负责节能领导小组的日常工作；部门为二级，由各部门负责人担任组长，负责对部门的节能工作进行监督、落实和考核、总结；班组为三级，由班组长担任组长，负责落实部门安排的具体的节能管理工作。你们有什么意见吗？”

“我同意李总的观点！我们各部门之间的工作确实应该衔接好，不能孤军作战。”孙部长站起来发言，“接下来我们生产技术部将建立涵盖全公司的节能管理组织体系，明确各部门、各岗位在节能管理中的职责。同时我们要形成严格的能源管理负责人任命和培训机制，每月召开节能运行分析例会，定期开展节能自查自评工作。我看之前发布的《节能工作管理标准》《入炉煤计量管理办法》等一系列规章制度取得了不错的效果，接下来我们将和其他部门一起进一步完善能源管理方面的基础性工作”。

孙部长话音刚落，李总就接上话茬说道：“我插一句啊！刚刚孙部长的话提醒了我，咱们可不可以建立一个独立的小组来协调各部门的工作，提高咱们组织系统的效率。”

“我同意加强各部门协助！”钱部长一跃而起，“李总，我们计划经营部打算组织能源对标活动，将能耗的大指标分解成温度、压力这些小指标，这在实际操作中需要生产技术部的配合。运行人员对指标进行优化调整，与先进值进行对标，每月召开对标分析会，找差距、订方案，使各项指标不断向标杆值靠近。实际操作中生产技术部的参与能够让对标活动更加完善和有效”。

钱部长刚坐下，人力资源部的吴部长就举手发言：“既然要组建节能领导小组，那就要依据规章制度来明确节能优化运行方式，以规章制度作为抽查公司日常节能工作开展情况的依据，奖优罚劣。我们要形成公司、部门、班组、个人层次清晰的节能责任体系，完善长效管理与抽查相结合的节能约束激励机制，促进节能降耗工作的有力开展。”

“李总，我们信息技术部自主开发的生产报表管理系统可每天以日报的形式对全厂生产指标进行统计发布，同时建立了厂级监控信息系统（supervisory information system for plant level）、厂级信息系统（information system for plant level）等指标实时在线监控系统。这些可以帮助其他部门开展能耗监督等相关工作，实时监控机组的反平衡煤耗，评估机组能耗状况。”说话的是信息技术部的郑部长，他环顾下四周，继续说道，“我们也计划运行‘节能环保监控平台’和‘能耗管控系统’，以实现能耗指标的在线监控和实时统计排名，这将提高公司能耗指标的管控水平，也为其他部门的工作提供数据支持。”

“……”

“各位说的都很好！我希望各部门回去之后能够尽快落实！”

5. 山重水复，柳暗花明

就在华电灵武绿色企业建设成果日益显现之时，2015年中共中央、国务院发布《关于进一步深化电力体制改革的若干意见》，揭开了新一轮电力体制改革的序幕。新电改预示着计划配电的时代已经过去，发电企业从此进入了竞价上网的阶段，而煤电上网额度受到限制，发电企业再次遇到危机。新电改中电网独立、市场开放，未来的趋势是售电侧放开，原本不必担心销路的发电企业将加大市场营销投入，争取用户。电力本身就是同质化的产品，因此价格就成为竞争的唯一因素。在这一年，煤电行业产能过剩的弊端浮出水面，有专家预计煤电将出现全行业亏损，能耗高的电厂将面临关停。这段时间，李总一直愁眉不展。

“李总，这是2015年煤电行业报告。”孙部长递上文件，“从2015年煤电行业的表现来看，全国同类发电厂的设备利用小时数普遍较低，行业出现了严重产能过剩。”“这样来看，十三五期间甚至到2030年，整个行业都无须再增建火力发电，现有发电厂设备的利用率即可满足电力需求。”李总不禁眉头紧锁。“您看，这是2016年4月发展改革委的通知，这里提出十三五期间将严格控制煤电新增规模，取消、缓建一大批煤电项目。”[①]孙部长说着又递上一份文件。“看来煤电投入的边际效益是越来越低了，既然发电本身节能降耗的空间已经不大了，那咱们就要转换思路来谋发展。我们的营销需要走出去了。这一方面要增加与大企业的合作洽谈，推动核心供电业务面向大企业直供，优化配置电力资源；另一方面要能够提供更加智能化的增值服务。”顿了顿，李总突然发问：“你看这个新能源怎么样？”“李总，我正打算跟您说这个事儿呢！”孙部长兴奋了起来，“您看啊，灵武市周边的农作物收割后形成的废料大都存在无人处理的情况，最后被农民低效焚烧，严重污染了环境。灵武市每年都花大力气处理这些废料，但是效果还不好。而这些废料正是发电燃料的好来源，可以成就生物质发电的地域优势啊！我咨询过专家了，这生物质发电与煤电还有一定的协同作用，可以将发电设备闲置的能力发挥出来，对锅炉的排放和燃烧也会有一定的改善。”“好！我们马上开个会讨论下，你去着手操办这个事情！”经开会决议，管理层一致同意开展生物质发电项目。

① 2016年4月21日，国家发展和改革委员会、国家能源局以急件形式下发了《关于进一步做好煤电行业淘汰落后产能工作的通知》《关于促进我国煤电有序发展的通知》《关于建立煤电规划建设风险预警机制暨发布2019年煤电规划建设风险预警的通知》3份保障煤电行业有序发展的文件，封堵煤电过剩风险。要求电力冗余省份要对现有纳入规划及核准（在建）煤电项目（不含革命老区和集中连片贫困地区煤电项目）采取“取消一批、缓核一批、缓建一批”等措施，适当放缓煤电项目建设速度。

6. 精进不休，乘风破浪

如今，华电灵武已经成为行业中的佼佼者。“谁说煤电就不能绿色！”面对日趋严峻的煤电行业环境，华电灵武开辟了煤电企业绿色发展的新思路。建设绿色企业能否帮助华电灵武在未来动荡的行业环境里谋得生存和发展？华电灵武的绿色企业建设之路尚未完结……

2.2.2 案例分析

1. 火电企业绿色转型内涵

通过对华电灵武绿色转型实践分析发现，转型动力来自内外两方面。外部驱动因素主要包括政府驱动、竞争者驱动和消费者驱动等，而内部驱动因素主要包括管理者与员工驱动、内部资源及技术创新驱动等。因此，本书将火电企业绿色转型表述为：在绿色发展理念指导下，通过火电企业内部绿色能力建设，对生产、管理、运营等全过程中的组织方式和资源配置进行变革，从高能耗低效率、产品结构单一的传统发展方式向低能耗高效率、产品多元化的绿色发展方式转变，提升企业竞争力、实现可持续发展。同时定义火电企业绿色转型模式为：指导火电企业绿色转型的方法论和理论体系。

2. 火电企业绿色转型模式的逻辑框架

华电灵武绿色转型的本质就是从传统发展模式走向绿色发展模式。传统发展模式多追求经济效益，投入产出效率较低，对环境污染极为严重；而绿色发展模式协调经济效益与环境效益，在环境允许的条件下降低能耗、提高效率，从而提高经济效益。本书提取火电企业绿色转型模式的逻辑框架如图 2-3 所示。

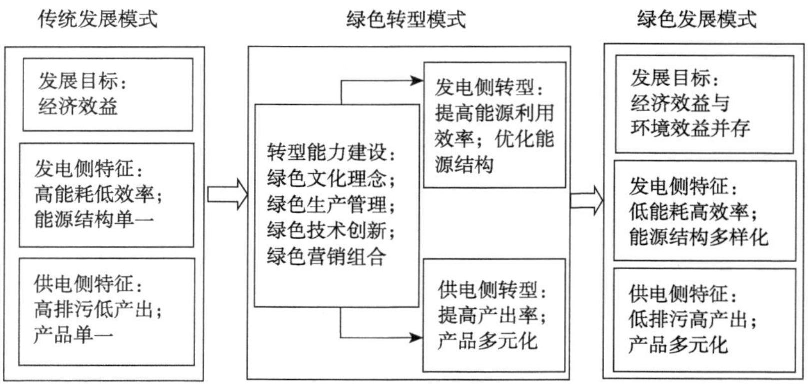

图 2-3　火电企业绿色转型模式的逻辑框架

火电企业向绿色发展模式转型过程中，一方面需要通过提高能源利用效率，调整优化能源结构，实现发电侧绿色转型；另一方面需要通过产品多元化输出，提高产出率，实现供电侧绿色转型；此外，要以企业绿色转型能力建设作为支撑，在企业内部开展文化、管理、技术、营销等方面能力建设，保障企业顺利实施绿色转型。

3. 火电企业绿色转型模式的要素分析

基于案例分析，绿色转型的实施是一项系统工程，既需要有战略意识和全局观念，又需要有在全产业链上实施转型的能力。本书从案例中最终提取到火电企业绿色转型模式的战略、生产管理、产业链和能力建设等四个要素。

1）企业绿色发展战略

从案例中可以发现，无论内外环境如何变化，华电灵武始终在战略层面积极寻求绿色转型。战术层面的频繁“出招”包括升级产业链、布局新能源等，都紧紧围绕着绿色发展战略。

对于传统火电企业来说，实施绿色转型的先决条件是在战略层面上实施变革，在充分分析内外部环境和自身实力的基础上制定企业绿色发展战略，让员工明确绿色企业的建设目标，确保所有部门坚定目标、协调运作。为了充分发挥绿色发展战略的导向作用，还需将其以企业文化和规章制度的形式固化。

2）生产管理全过程

案例中，华电灵武正是通过对火电生产全过程中的人、机及系统进行绿色变革，对管理和技术进行绿色创新，才能够有效落实绿色发展战略。在发电侧换用低能耗、高效率的百万机组，通过技术改进优化燃烧系统结构，能够提高煤粉燃烧率，同时发挥生物质能、风能和太阳能的发电能力。在供电侧对排气口的烟气进行脱硝、除尘、脱硫处理，在输出电力的同时，开展高温气体和精细煤灰的再利用。此外将生产过程中产生的工业废水和生活污水再处理后重复循环利用，做到无废水排放。

火电企业绿色转型需要贯穿生产全过程，以发电、供电各阶段节能降耗为目标，综合利用系统观念整合各环节资源使用能力，提高生产链的能源效率，激发各部分的绿色转型潜力。企业内部需要对生产过程中各部门员工进行绿色培训，提高节能降耗意识及技能。同时，开发基于生产链的智能化操作系统，对节能降耗各项指标进行实时监控和调整。基于火电企业生产全过程的绿色转型，就是在发电侧、供电侧及其生产链上进行绿色变革，实现绿色发电、绿色供电。

3）产业链延伸和升级

从案例中看出，华电灵武在向产业链上游延伸时，选择参股煤矿企业，以获得优质的煤来提高机组效率；也可以布控新能源企业，开发风能、太阳能及生物质能。在向产业链下游延伸时，可以选择为社区供暖；也可以参股建材厂、化工厂等，高效利用废渣。此外，在进行产业链升级时，可以选择通过技术创新、提高设备水平，降低发电过程中的能源损耗；也可以通过电力装备制造与研发，为大企业提供定制化智能电网服务来进行产业升级。

火电企业进行产业链延伸与升级不仅取决于自身核心竞争力，还与企业的区位优势、政策环境等因素有关。产业链延伸的主要方式是控股煤矿、生物质等能源企业，提供供暖、废渣回收利用等服务。而产业链升级的方式主要有工艺升级、产业升级，在其基础上进行技术创新和产业重塑。火电企业在进行产业链延伸与升级时，需要认清风险与收益是并存的，综合考虑自身实力与所处环境后谨慎选择。

4）绿色转型能力建设

基于案例发现，华电灵武绿色转型的成功离不开企业绿色转型能力建设，绿色转型能力建设主要由以下四方面构成。

A. 绿色文化理念

华电灵武在将“实现绿色转型，打造绿色企业”确定为转型目标之后，全公司积极开展节能宣传教育。相关部门利用公司网站、多媒体等各种形式宣传节能降耗工作的紧迫性和必要性。公司内部高度重视员工的节能培训，制订每位员工的节能学习计划，并确保主要岗位人员每周的培训量。主要耗能设备的操作人员均需培训上岗，尤其是能源计量、统计等重点岗位，以避免高能耗操作。

绿色文化是一种生态文化和价值观，火电企业要注重塑造绿色生存环境和绿色企业形象，坚持把绿色管理思想融入企业文化理论中去。要建设绿色文化，火电企业需加强环保与可持续发展意识，创造良性循环的生态品牌。火电企业建设绿色文化理念的能力主要体现在：一是在战略层面明确绿色转型目标，从战略高度推动绿色转型。二是绿色环保理念贯穿企业生产、经营、运营等全过程，将绿色文化融入生产经营的方方面面，将全员绿色文化培训贯穿始终。

B. 绿色生产管理

华电灵武的生产管理能力建设体现为通过管理降耗，协调各部门生产管理工作，构建节能降耗管理体系和规章制度。各部门内部形成严格的能源管理负责人任命、备案和培训机制，每月召开节能运行分析例会，定期开展节能自查评审工作。生产技术部自主建立了涵盖全公司的能源管理体系，明确各部门、各岗位在能源管理中的职责。计划经营部开展能耗对标活动，将能耗的大指标分解为多项小指标，由运行人员对指标进行优化调整，与先进值进行对标。人力资源部以规章制度作为抽查公司日常节能工作开展情况的依据，奖优罚劣，形成公司、部门、班组、个人层次清晰的节能责任体系，建立并完善长效管理与抽查相结合的节能约束激励机制。制订年度节能计划，并将计划分解到月，由部门再将月度计划分解到班组和岗位，实现责任到人。

企业管理者的决策能否落实，很大程度上取决于企业的生产管理能力。火电企业的绿色生产管理是将环保观念融入企业的生产管理中，利用制度创新和组织变革等手段，通过对生产全过程进行生态审计和绿色监督，组织协调各部门的节能降耗工作，最大限度地防止污染的产生和影响。进行绿色生产管理能力建设，就是加强企业的制度化管理，构建节能减排的监管、评估和反馈体系。

C. 绿色技术创新

华电灵武的绿色技术创新能力建设主要表现为技改降耗。企业面向内部，通过研发创新对机组本身及厂内能耗高的辅助设施进行技术改进，降低煤耗和厂用能耗。企业面向外部，引进利用新技术，提高节能水平。除了硬件上的技术创新，企业还自主完成了生产报表管理系统的应用，实现了能耗指标的在线监控和实时统计排名，调动员工对指标对标工作的积极性。

绿色技术创新是企业在生产过程中实现节约资源、降低污染的技术能力，它是火电企业绿色转型的关键。火电企业进行绿色技术创新能力建设，不仅需要研发和引进新技术等措施来提高硬件设备的利用效率，而且需要在软件系统层面进行创新。针对企业技术储备不足的问题，可以通过与学术机构的合作来实现技改降耗。

D. 绿色营销组合

华电灵武绿色营销主要体现为：一方面增加核心供电业务向大企业直供的机会，减少能源损耗，优化电力资源配置；另一方面提供更加智能化的增值服务。

绿色营销组合是通过销售绿色产品、变革绿色渠道、提供绿色服务等组合方式，将节能减排的生态环保原则贯穿营销活动的始终。火电企业进行绿色营销组合能力建设，是将市场和消费者需求反作用于电力生产经营，在营销过程中减少能源损耗，在电力主营业务基础上提供智能化、个性化服务，向服务型制造企业转化。火电企业绿色营销组合能力建设的核心在于强化企业内部员工的服务意识。

基于上述分析，火电企业绿色转型能力建设既要考虑设备、技术等硬件能力，又要考虑文化、管理等软实力。其中，绿色文化理念是由组织层面的绿色愿景、价值观和使命，内部构建层面的行为规范及社会关系层面的企业形象构成[19]，具有内塑凝聚力、外塑竞争力的作用[20]，贯穿于企业运营全过程。绿色生产管理是将环保观念融入产品生产过程中，整合和变革价值链，提升和改变公司职能和组织方式，降低能源使用成本，实现效益增长[21]。绿色技术创新强调绿色产品、绿色工艺的研究开发与应用，以实现整个产品生命周期的绿色化[22]，是企业运作基本和必要活动的转型引擎。而绿色营销组合是站在消费者角度考察电力市场，辨识消费者需求，将其反作用于电力生产活动，实现企业利润、消费者需求和社会效益的协调统一[23]。火电企业绿色转型能力架构如图 2-4 所示。

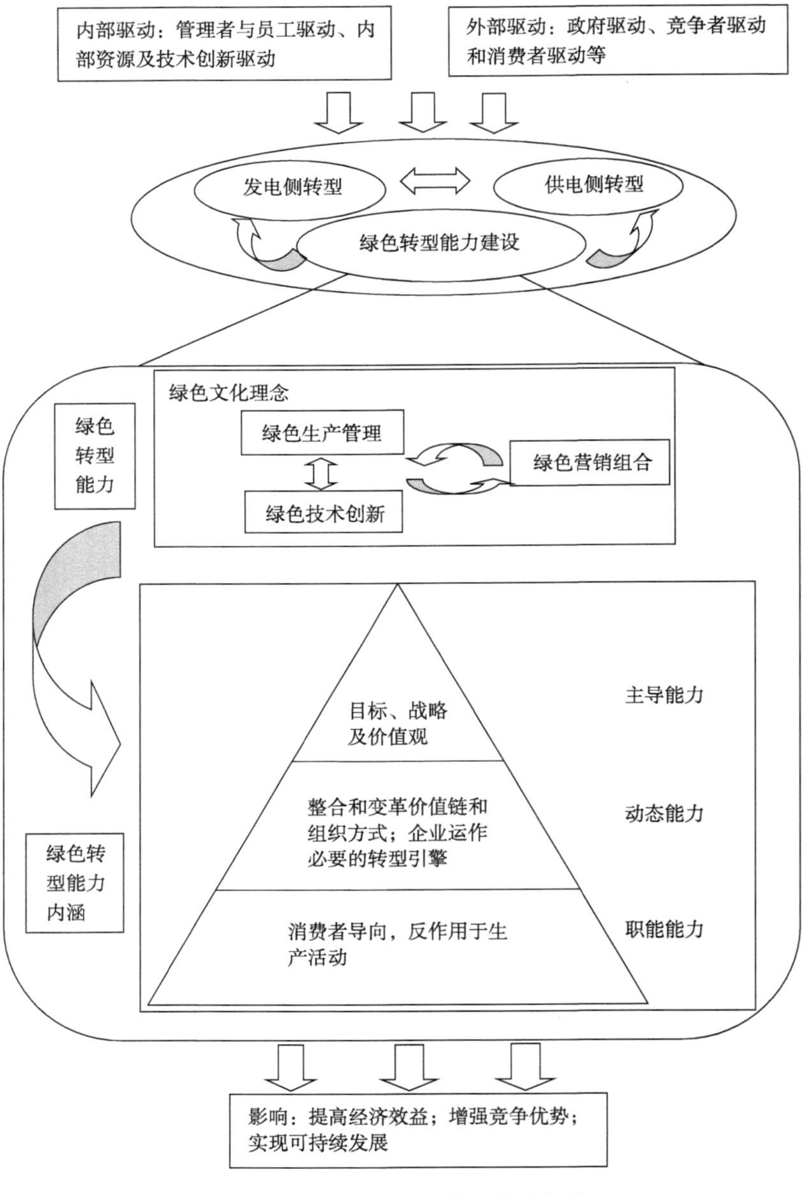

图 2-4　火电企业绿色转型能力架构

4. 火电企业绿色转型模式精炼

基于上述分析，提炼火电企业绿色转型模式为：以企业绿色发展战略为导向，将绿色转型价值观以规章制度的形式确定下来，明确企业发展目标，强化绿色文化理念宣传；以火电生产全过程为对象，将绿色转型贯穿其中，深刻变革各阶段技术设备及生产管理，提高生产链条上各部分的节能减排效率；以产业链延伸和升级为重点，将原火电产业链向上下游延伸，布局煤矿、化工厂等企业，积极开展技术创新，拓展服务型业务，实现产业升级；以绿色转型能力建设为保障，着重建设绿色文化理念能力、绿色生产管理能力、绿色技术创新能力和绿色营销组合能力，同步提升企业软实力与硬实力，确保火电企业绿色转型能够顺利实现，如图 2-5 所示。

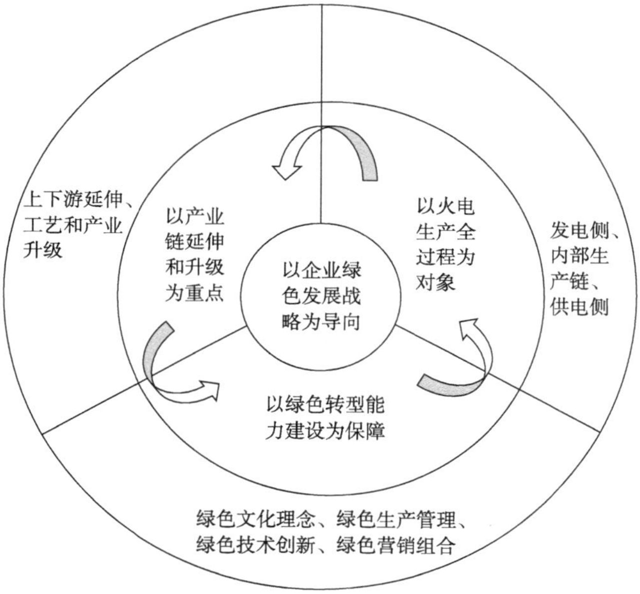

图 2-5　火电企业绿色转型模式

2.3　本 章 小 结

通过对绿色增长的国内、国外理论变迁历程展开详述，结合国内绿色增长实例，本章界定了绿色增长与可持续发展、环境保护、生态文明和绿色发展间的区别和联系，指出绿色增长是强调实现环境保护、经济增长、社会民生福利的协同发展，以传统产业升级改造为支撑，以发展绿色新兴产业为导向，在保持经济稳定增长的同时，促进技术创新、创造就业机会、降低经济社会发展对资源能源的消耗及对生态环境的负面影响。

2.4 参考文献

[1] Park J. The evolution of green growth policy: an unwelcome intrusion on global environmental governance?[J]. East Asian Economic Review，2013，17（2）：207-241.

[2] 牛文元. 可持续发展理论的内涵认知——纪念联合国里约环发大会 20 周年[J]. 中国人口 · 资源与环境，2012，22（5）：9-14.

[3] 伍巧芳.《2009 美国复苏与再投资法案》及其对我国的启示[J]. 江西社会科学，2010，（7）：186-190.

[4] 日提出“绿色经济”政策草案[J]. 节能与环保，2009，（7）：7.

[5] 郑彤彤译，魏丽娇校. 韩国低碳绿色增长基本法（2013 年修订）[J]. 南京工业大学学报（社会科学版），2013，12（3）：23-36.

[6] OECD. Towards green growth[R]. Paris：OECD Meeting of the Council，2011.

[7] World Bank. Inclusive green growth：the pathway to sustainable development[R]. Washington：World Bank，2012.

[8] 约翰·柯顿，朱杰进. G20 与全球发展治理[J]. 国际观察，2013，（3）：13-19.

[9] 柳晓露. 中国绿色经济增长政策协同演变研究[D]. 大连：大连理工大学，2018.

[10] 武春友. 绿色化能力提升是可持续绿色增长的途径[R]. 大连：绿色增长理论与实践国际研讨会，2015.

[11] Lorek S，Spangenberg J H. Sustainable consumption within a sustainable economy-beyond green growth and green economies[J]. Journal of Cleaner Production，2014，63（2）：33-44.

[12] Bina O. The green economy and sustainable development：an uneasy balance?[J]. Environment and Planning C：Government and Policy，2013，31（6）：1023-1047.

[13] 刘登娟，黄勤. 环境经济政策系统性与我国生态文明制度构建——瑞典的经验及启示[J]. 国外社会科学，2013，（3）：12-18.

[14] 周宏春. 生态文明建设的路线图与制度保障[J]. 中国科学院院刊，2013，28（2）：157-162，172.

[15] 王毅. 推进生态文明建设的顶层设计[J]. 中国科学院院刊，2013，28（2）：150-156.

[16] 黄勤，曾元，江琴. 中国推进生态文明建设的研究进展[J]. 中国人口 · 资源与环境，2015，25（2）：111-120.

[17] 王海芹，高世楫. 我国绿色发展萌芽、起步与政策演进：若干阶段性特征观察[J]. 改革，2016，（3）：6-26.

[18] 胡鞍钢，周绍杰. 绿色发展：功能界定、机制分析与发展战略[J]. 中国人口 · 资源与环境，2014，24（1）：14-20.

[19] 王艳，阚铄. 企业文化与并购绩效[J]. 管理世界，2014，(11)：146-157，163.

[20] Hogan S J，Coote L V. Organizational culture，innovation and performance：a test of Schein's model [J]. Journal of Business Research，2014，67（8）：1609-1621.

[21] Wagner M. Innovation and competitive advantages from the integration of strategic aspects with social and environmental management in European firms[J]. Business Strategy and the Environment，2009，18（5）：291-306.

[22] 雷善玉，王焕冉，张淑慧. 环保企业绿色技术创新的动力机制——基于扎根理论的探索研究[J]. 管理案例研究与评论，2014，7（4）：283-296.

[23] Dangelico R M，Vocalelli D. "Green marketing"：an analysis of definitions，strategy steps，and tools through a systematic review of the literature[J]. Journal of Cleaner Production，2017，165：1263-1279.

第3章　绿色增长政策：起源与变迁

3.1　绿色增长政策概念

3.1.1　政策概念辨析

“政策”是国家机构针对某具体的公共问题，以权威形式标准化地规定在一定时期内应该达到的目标、遵循的行动准则、采取的具体措施等。不同学者在对绿色增长政策进行相关研究的过程中，都会对绿色增长政策进行比较清晰明确的定义。研究初期，学者将主要的定义点立足于可持续发展政策与环境政策，也有学者将绿色增长政策划归于经济政策领域，但随着研究的不断深入，绿色增长政策的概念在整体上呈现归一化的趋势。

部长级理事会会议（Ministerial Council Meeting，MCM）在官方声明中对绿色增长政策下了比较明确的定义，指出绿色增长政策在短期内代表鼓励实现经济复苏的绿色投资政策，在长期内代表建设环境友好型的基础设施政策[1]。绿色增长政策的制定及执行是可持续发展过程中至关重要的部分，因为其在确保经济增长的同时考虑了环境变量。从资源经济学的角度而言，绿色增长政策需要引导行业从原有的经济或销售增长模式中脱离出来，以实现资源使用效率的提高，并将能源和材料的使用保持在一个可持续的水平，实现可持续的增长。由此可以推导出，绿色增长政策可以驱动企业重组和劳动力的重新部署[2]，进而推动资源的重新分配和产业结构的调整。

绿色增长政策因其连通环境质量与经济增长而成为国家政策中的新范式。绿色增长政策以一系列的目标为导向，从国家和社会层面来讲，绿色增长政策追求效率的提升，重构企业之间的竞争规则，以避免未来较高的生产和生活成本；从技术层面来讲，绿色增长政策追求资源节约和污染防治技术的进步，以增加收入和减少污染[3]；从经济核算的层面来讲，绿色增长政策将自然资本的价值纳入经济核算体系[4]，以实现金融体系创新；从国民生活的层面来讲，绿色增长政策致力于科学地改善居民的生活与生产条件，从经济、环境和文化等方面提升社区生活福祉[5]，并最终形成环境友好、经济稳定、社会持续发展的和谐空间。

3.1.2　政策概念界定

2011 年，OECD 在《迈向绿色增长》报告中将绿色增长界定为“通过催化投资和创新来促进经济增长和社会发展，同时确保自然资产能继续提供人类幸福所依赖的资源和环境服务”[6]。2012 年世界银行进一步强调，绿色增长的“包容性”体现在绿色增长要惠及更广泛的民生福利。两个国际权威组织对绿色增长的定义得到了世界范围内最广泛的认同。本书承接 OECD、世界银行对绿色增长的概念界定，将绿色增长政策界定为“国家和地方政府为应对环境危机、适应气候变化、实现以创新和投资驱动产业发展、保障民生而制定的各种直接或间接的政策集合，包括环保、创新、产业等各个方面的政策”。

3.2　绿色增长政策的演进历程

对绿色增长政策演进历程的研究有助于揭示绿色增长政策的演进规律和供给特征（包括政策类别、政策内容、政策效力与政策目标等），探寻绿色增长政策实现过程的动力因素和障碍因素，从而为制定绿色增长政策体系提供全面优化方案。各国也相继将绿色增长提上国家战略高度，并进行不同程度的法制化建设，但是由于各国的政治体制和社会发展程度不同，各国在绿色增长领域所制定的政策有不同的侧重点及发展方向。例如，2009 年 4 月日本发布了《绿色经济与社会变革》的政策草案；2009 年 7 月英国公布了《低碳转换计划》和《可再生能源战略》的战略文件；2013 年韩国修订了《低碳绿色增长基本法》，并且建立了相关发展战略和发展计划，成为其国内首部以“绿色增长”命名的国家法律文件；除此之外，德国、智利、丹麦、澳大利亚、中国等国家也相继制定和出台了与绿色增长政策相关的战略及政策文件。

在此政策立法背景下，针对绿色增长政策演进历程的研究，学者主要从两个方面着手：一方面以某一国家的政策制定为研究对象，从立法角度、立法背景、立法阻力等方面阐述政策的演进过程，如王东等[7]、Andrews-Speed 和曹霞[8]；另一方面则从某一具体政策入手，如苏明[9]、王小聪[10]分别从财税政策角度及绿色产业角度进行立法进程的分析。从一定程度上来讲，这是绿色增长政策研究的缺失。专业的研究能够使读者对某个专业领域有更深刻的认识，但是学者更应该综合分析各国绿色增长政策的制定和发展过程，研究政策的演进阶段、规律与特点，总结绿色增长政策的供给特征，对不同阶段制定并实施的绿色增长政策进行比较分析，解释绿色增长政策的研究路径。另外，目前学者的研究主要集中于定性分析，简单的文字罗列缺乏相对科学的依据，主观判断的程度稍大，因此在未来的研究中应该加入具有科学技术的研究方法，绘制绿色增长政策的演进技术路线图。

3.3　绿色增长政策的实现手段

国家主体在制定具体的政策内容时，需要以国家目前所处的政治环境为背景，将最终的政策目的作为根本目标，根据目前所处的政策阶段进行有针对性的政策手段的选择。各个国家的绿色增长政策多处于起始阶段，同时由于各国情况不同，尚无可完全借鉴的成功经验。在学术领域，学者们根据环境政策、经济政策等其他相关政策的经验，对绿色增长政策的实现手段进行研究，虽各有侧重，但整体趋势集中在政策框架的制定及政策工具的选择上。

3.3.1　政策框架制定

虽然从政策制定和政策评估的角度讲，生态创新在不同的国家所代表的模式及其所包含的子集是不同的[11]，但是总结学者们的观点可以得出以下结论：①生态创新的实施对象主要为产品、生产工艺、服务、管理方法[12]及创新社会和社会制度等[13-14]；②生态创新的实施方法主要是对原有技术的吸收和再创造、对环境技术工艺及科技社会[15]的创新等；③生态创新最终的目的是在不阻碍经济增长的情况下减少环境污染及资源使用造成的其他负面影响[11-15]，最终实现可持续的发展。以此为理论背景，Kemp 和 Pearson 等[16]综合考虑生态创新领域的目标、机制和影响，得出指导生态创新政策改进的政策框架，主要分为渐进性创新和系统性创新，并认为政策制定者应广泛应用生态创新的概念，以提高生产和产品的有效性。Jones 和 Yoo[17]以韩国绿色增长中的生态创新政策为例，得出了目标、策略、政策建议的三级框架，并指出生态创新政策需要在逐步废弃传统政策的基础上，做到有的放矢的宣传。在此基础上，Rozkrut[11]认为在框架的制定及分析过程中，应该有效利用自然资本，同时应该加强辨别绿色增长政策有效性问题的分析[17]。

由以上的论述可以看出，在对生态创新框架的分析中，学者们主要将关注的重点集中在行业和产业领域，因此得出的结论带有行业属性，对整体经济环境缺乏足够的代表性。同时作者认为生态创新框架的分析应该将人为因素作为其重要考虑因素，绿色增长政策可能会影响人们对污染的态度，消费者意识和需求动机也被归纳为绿色增长领域的关键因素之一，其他因素还包括：环保的公共服务和购买行为、工业产品的生态效率、对绿色技术的研究支持和创新应用[18]，与此同时，人类关于政策创新领域的创新驱动[11]可以被看成绿色增长政策有效转型的一个纽带。

3.3.2　政策工具的选择

价格机制政策属于市场工具的范畴，基于市场工具得到的合理价格将是价格机制政策的核心要义。税收政策作为价格机制政策的一个有效子集，是目前学者们研究的热点问题。OECD 调查报告[5]显示税收是解决收入不平等的有效手段，增长不能解决的问题可以用税收解决。但是 Hallegatte 等[19]、Schmalensee[20]则认为，实施严格的税收标准及排放限制将导致本国企业在国际竞争中处于不利地位。与此同时，包括社会、经济和环境指标的绿色会计[21]有待成为一个新兴的绿色增长政策工具。价格机制不能解决问题或产生负向影响时，应考虑非市场工具等配套政策。例如，为刺激国内对清洁能源的需求，需要采取监管和补贴同时作用[22]的方法。另外，激励性的政策承诺[23]将是确保私营部门参与政策制定的必要条件；公共咨询类政策在实施的过程中需要专业技术与政治方面的权衡，同时需要知识和问责制等相关配套政策的使用，并在使用的过程中注意灵活性。

但是值得注意的是，绿色增长政策工具的选择必须权衡社会效益、环境效益与经济效益。由于政策之间具有重复性，政策工具的选择要注意各类政策的协调配合，以防双重规制的现象[20]。同时，不同的政策工具之间会相互干扰，甚至会破坏各自的政策目标和可行性，因此要考虑政策工具之间的兼容性[24]问题。在政策工具的选择过程中，学者的评价标准主要体现在其是否能够诱导经济主体忽略短期内经济的非快速增长，而将关注重点放在其对环境的有责性方面。作者认为更务实的政策选择应从基础抓起，如更多地倡导教育与培训[3]。同时，学者应该深刻认识到在不同的政策阶段选择不同政策工具的重要性，针对不同的政策工具，政策执行者选择的政策执行方法及面对的政策执行阻力问题目前还缺乏深入研究，可以作为未来的一个研究方向。在研究过程中，学者及政策制定者都应坚持一个原则，即在绿色增长过程中政策应该扮演一个中立的角色[25]，其最终的目的是在转变传统政策的基础上促进绿色增长。

3.4 绿色增长政策的实施过程

3.4.1 政策效果评估

有效的政策评估能够使政策制定者及时发现政策偏差并对其进行科学合理的调整。现有绿色增长政策效果评估仍停留于宏观范围，并集中于理论层面。de Serres 等[2]提出了绿色增长政策的评估模型，将企业中的劳动力因素、新企业的进入和原有企业的退出、政策工具的选择、环境内部性及外部性等作为考虑变量，得出绿色科技需要创新型政策等一系列政策的支持的结论。但定性分析带有很大程度的主观色彩，因此在政策效果评估的研究中，我们更倾向于看到具有数学根据的定量及模型研究。孙文博[26]利用 CGE（computable general equilibrium，可计算一般均衡）模型对中国的绿色增长政策进行模拟研究，基于企业与政策的不同选择方案，构建政策模型框架，模拟出不同政策选择下的政策结果，并提出适当可行的政策建议。同样应用模型方法对绿色增长相关政策进行研究的还有 Buddelmeyer 等[27]，但其研究中包含大量假设，因此需要谨慎对待政策模拟结果，在得出结论之前需要对各种假设做敏感性检验。

由此我们可以看出，学者们对未来政策的制定和实施情况进行模拟，并为政策制定者提出理论上的可行方案，但是对政策评估模型的设计及研究依然停留在比较宏观的范围，同时过去的分析主要集中在理论层面，且以定性分析为主，即使有学者采用不同的数学或经济学模型对绿色增长政策进行模型分析，但缺乏基础性的数据，且绿色增长政策实施时间较短，导致数据获取困难，因此现阶段的模型分析和定量分析还需要以准确的实证分析及案例分析为基础。

3.4.2 政策实施的挑战

绿色增长政策目标的长效性和利益相关者的短期目标存在冲突，导致政策实施面临成本增加的挑战。政策的利益相关者除了国家以外，还有私营部门、公共部门及公民。学者们对于企业及公民的参与度抱有不同的看法。悲观主义者认为，企业主们普遍认为任何的社会规划都属于内在化问题[11]，即使使用良好的技术保证环境受到保护，甚至催生很多绿色岗位[22]，但是企业主依然不会接受较低的增长率。乐观主义者则认为，正确的环境政策可以改善公共关系、激励员工，并最终得到很好的经济效果。但大家普遍认同的是，无论在环境还是经济方面，绿色增长政策的效果都不会在短期内实现，短期内市场经济的发展可能因绿色增长政策的实施而走下坡路。除绿色增长政策本身固有的属性外，政策成本[17]、政策实践过程中无效政策造成的生态环境恶化和生态成本增加[20]等一系列问题都需要政策制定者去面对。从国家的角度考虑，“绿色增长”是一个长期的概念[28]，Hallegatte[19]认为绿色增长政策最好的制定和实施应该发生在2017～2022 年，因为在这段时间，世界经济格局将会因越发昂贵和复杂的生产模式而陷入僵局，良好的政策会应运而生[26]。对发展中国家而言，保持经济的高速增长是提高其国际竞争力的有效途径，而绿色增长政策可能会减缓经济增长，因此从国际竞争的角度考虑，绿色增长政策的制定及实施都将面临潜在的挑战。对贫困国家而言，脱贫致富仍然是国家的主要战略议题，谈绿色增长为时尚早。

绿色增长政策实施的挑战还表现为严重的政策执行阻滞问题，包括纵向阻滞、横向阻滞、政策碎片化、信任缺失四个方面。政治体制的结构性分层导致政策纵向主体存在治理逻辑的差异，引起政策目标的分化、背离，从而产生了政策执行的纵向阻滞问题[29]。政策执行横向阻滞则主要是政策评价标准及监控机制的缺失，导致的不同政策之间功能、长短期效应的摩擦。此外，政策碎片化表现为政策分布的零散化及法律、权限和治理结构的割裂等问题，给政策执行带来很大的局限性[30]。此外，体制背后的信任缺失也是政策执行阻滞的关键因素，政策主客体对政策选择缺乏信心，严重影响政策的执行效率。

政策协同是利用协同思维解决政策阻滞问题的新兴政策管理模式，被视作政府科学决策的基本思维范式。政策协同一方面表现为统筹不同的职能主体，或利用不同的政策措施来实现政策目标的一致性，可以有效降低政治体制结构性分层带来的政策外部性效应；另一方面表现为对政策的评估、监督、多方参与的程序性安排和技术手段，实现对碎片政策的有效诊断、清理、整合，实现政策之间的一体化、整体性和一贯性，同时增强政策主客体对政策的信心。

目前，学者对政策协同的内涵、类型、方法、实践等方面做了初步探索，但政策协同的测度和演变分析等方面乏善可陈，停留在定性分析的层面。本书立足中国绿色增长政策文本内容，基于内容分析法研究范式设计的政策量化流程，通过对政策目标、措施量化赋值测量政策协同度，探析政策协同演变情况及协同演变的路径问题，从制度层面为政府解决绿色增长问题提供新的思路。

3.5　绿色增长政策研究展望

3.5.1　现有研究的不足

综合以上内容分析，我们可以发现目前学者研究问题的视角主要侧重于经济学和政治学的角度，缺少社会学及环境生态学的研究角度。同时，在分析的过程中更多的是对绿色增长政策领域中某一具体政策的分析，缺少整体性的分析概念。虽然某项政策的研究能够帮助我们深入地了解该政策的全貌，但无法呈现目前绿色增长政策的完整图景。目前绿色增长政策的研究对象与样本量较少，导致定量分析与模型分析研究的匮乏，在分析过程中缺乏必要的理论依据，导致研究结论的主观色彩太强，因此在未来的分析中应重点考虑如何获取准确的研究样本和数据，并对经济学、政策学的分析工具加以利用。除此之外，目前学者对绿色增长政策的过程研究不足，即上文强调的演进路径问题，在此不再赘述。

3.5.2　未来研究的展望

目前绿色增长政策的研究处于新兴的发展阶段，还有很大的研究空间供学者们研究思考。例如，目前我国在绿色增长政策领域具有哪些相关的政策（包括法律、法规和规章制度）？我国目前绿色增长政策的供给特征？如何在样本量匮乏的情况下进行较准确的实证研究，进而获取科学的基础数据以进行定量分析和模型分析？不同的历史背景和文化背景下，各国的政策重点之间是否存在显著性的差异，如何对该差异性进行分析？如何对政策实施之后的质量效果进行有效的评估？不同的政策机构对政策的实际需求有何不同，应以何种方式进行解决？如何对目前已经形成文件的政策内容进行完善等？

绿色增长政策是中国对世界的绿色承诺，正如《中美元首气候变化联合声明》对中国行动的阐述："中国正在大力推进生态文明建设，推动绿色低碳、气候适应型和可持续发展，加快制度创新，强化政策行动。"[①]本书以绿色增长政策为分析对象，对近几年学术价值较高的学者研究进行系统分析，以绿色增长政策制定和实施的过程作为本书的整体脉络，从绿色增长政策的演进历程、绿

① 中美元首气候变化联合声明. 人民日报，2015-09-26（03）.

色增长政策的实现手段、绿色增长政策的实施过程三个方面对现有文献进行梳理，并针对目前研究现状，提出研究不足及未来的研究建议，为未来相关领域的学者提供理论借鉴。

3.6 本章小结

本章通过对绿色增长政策的起源和变迁过程展开研究，对政策概念、绿色增长政策实现手段及实施过程进行探讨，深化对绿色增长政策的理解和认知。

3.7 参考文献

[1] Machiba T. Eco-innovation for enabling resource efficiency and green growth：development of an analytical framework and preliminary analysis of industry and policy practices[J]. International Economics and Economic Policy，2010，7（2）：357-370.

[2] de Serres A，Murtin F，Nicoletti G. A framework for assessing green growth policies[R]. OECD Economics Department Working Papers，No. 774，2010.

[3] Lee J. Examining a green growth model for policy implications[J]. Seoul Journal of Economics，2012，25（1）：57-87.

[4] 黄山，宗其俊，吴小节. 低碳转型的驱动机制——研究现状及评述[J]. 科技管理研究，2013，33（13）：38-43.

[5] OECD. OECD Economic Surveys：New Zealand 2011[M]. Paris：OECD Publishing，2011.

[6] OECD. Towards green growth[R]. Paris：OECD Meeting of the Council，2011.

[7] 王冬，权赫凡，王荻. 韩国《绿色增长基本法》立法过程研究[J]. 价值工程，2013，32（13）：313-316.

[8] Andrews-Speed P，曹霞. 迈向低碳经济的艰难历程——英国可再生能源政策考察及对中国的启示[J]. 中国环境法治，2014，（1）：121-159.

[9] 苏明. 构建有利于减贫和绿色增长的财税政策[J]. 国家行政学院学报，2013，（3）：44-50.

[10] 王小聪. 丹麦 绿色产业走过 35 年[N]. 经济日报，2009-01-22（15）.

[11] Rozkrut D. Measuring eco-innovation：towards better policies to support green growth[J]. Folia Oeconomica Stetinensia，2014，14（1）：137-148.

[12] Charter M，Clark T. Sustainable innovation：key conclusions from sustainable innovation conferences 2003-2006 organised by The Centre for Sustainable Design[R]. The Centre for Sustai-

nable Design，University College for the Creative Arts，2007.
[13] Rennings K. Redefining innovation—eco-innovation research and the contribution from ecological economics[J]. Ecological Economics，2000，32（2）：319-332.
[14] Reid A，Miedzinski M. Eco-innovation-final report for sectoral innovation watch[R]. Systematic Eco-Innovation Report，2008.
[15] OECD. Environmental innovation and global markets，report for the working party on global and structural policies[R]. Environment Directorate Environment Policy Committee，2008.
[16] Kemp R，Pearson P. Final report MEI project about measuring eco-innovation[R]. Project NO. 044513，2008.
[17] Jones R S，Yoo B. Korea's green growth strategy：mitigating climate change and developing new growth engines[P]. OECD Economics Department Working Papers，2011.
[18] Piacentini M. Rationale and policies for the green growth of cities and regional economies[J]. International Economics and Economic Policy，2012，9（2）：129-146.
[19] Hallegatte S，Heal G，Fay M，et al. From growth to green growth-a framework[R]. National Bureau of Economic Research，2012.
[20] Schmalensee R. From "Green Growth" to sound policies：an overview[J]. Energy Economics，2012，34：S2-S6.
[21] Jupesta J，Boer R，Parayil G，et al. Managing the transition to sustainability in an emerging economy：evaluating green growth policies in Indonesia[J]. Environmental Innovation and Societal Transitions，2011，1（2）：187-191.
[22] Schmalensee R. Evaluating policies to increase electricity generation from renewable energy[J]. Review of Environmental Economics and Policy，2012，6（1）：45-64.
[23] Eizenstat S. US role in solving climate change：green growth policies can enable leadership despite the economic downturn[J]. Energy Law Journal，2009，30（1）：1.
[24] 嵇欣. 国外气候与能源政策相互作用的研究述评[J]. 中国人口·资源与环境，2014，24（11）：42-50.
[25] Morris A C，Nivola P S，Schultze C L. Clean energy：revisiting the challenges of industrial policy[J]. Energy Economics，2012，34：34-42.
[26] 孙文博. 基于 CGE 模型的中国绿色增长政策模拟研究[D]. 大连：大连理工大学，2014.
[27] Buddelmeyer H，Herault N，Kalb G，et al. Linking a dynamic CGE model and a microsimulation model：climate change mitigation policies and income distribution in Australia[P]. Melbourne Institute Working Paper，No. 3/09，2009.
[28] Heal G. Reflections—defining and measuring sustainability[J]. Review of Environmental Economics and Policy，2012，6（1）：147-163.

[29] 蔚超. 政策协同的纵向阻力与推进策略[J]. 云南行政学院学报，2016，(1)：107-111.

[30] Ostry J D，Ghosh A R. On the obstacles to international policy coordination[J]. Journal of International Money and Finance，2016，67 (10)：25-40.

第 4 章　绿色增长政策的国际比较

4.1　本章研究脉络

4.1.1　研究方法

比较分析法是对研究对象的宏观特征进行判断和总结的一种研究方法。在对研究对象进行比较前需要建立一定的比较维度，对存在联系的比较对象加以比较。一方面可以归纳比较对象的异同，另一方面可以概括比较对象的发展模式，得出规律性的结论。在政策领域，肖美丹和张伟萍[1]在政策文本计量的基础上，采用比较研究法归纳广东省与河南省政策演进路径的异同；邓剑伟等[2]运用比较研究法从多维视角归纳政策移植、政策扩散与政策创新三个概念之间的关联关系，促进了政策实践。

比较研究法是研究中国绿色增长政策构成的基础性方法。本章运用比较研究法梳理国际绿色增长政策实施状况，按照比较研究法的思路确定以 OECD 35 个成员国为研究对象，归纳比较维度，按照比较维度分析比较结果①。

4.1.2　逻辑框架

本章首先对国际组织层面和国家层面的绿色增长政策实施概况展开概述；其次对选择比较对象和确定比较维度的理由展开阐述；最后从政策环境、政策属性、政策利益相关者三个核心角度分析比较结果。本章对绿色增长政策的国际比较及基础分析展开研究，本章研究国际比较的维度是第 5 章中国情境下绿色增长政策

① 在作者对国际绿色增长政策实施状况进行梳理研究时，OECD 只有 35 个成员国，故本书只对当时的 35 个国家进行了研究。2018 年 7 月 5 日，立陶宛正式加入 OECD，成为其第 36 个成员国。2020 年 4 月 28 日，哥伦比亚正式加入 OECD，成为其第 37 个成员。2020 年 5 月 15 日，哥斯达黎加为该组织第 38 位成员国。

比较的维度来源，同时本章比较研究的结果是第 6 章分析中国绿色增长政策构成的原因解析，逻辑框架见图 4-1。

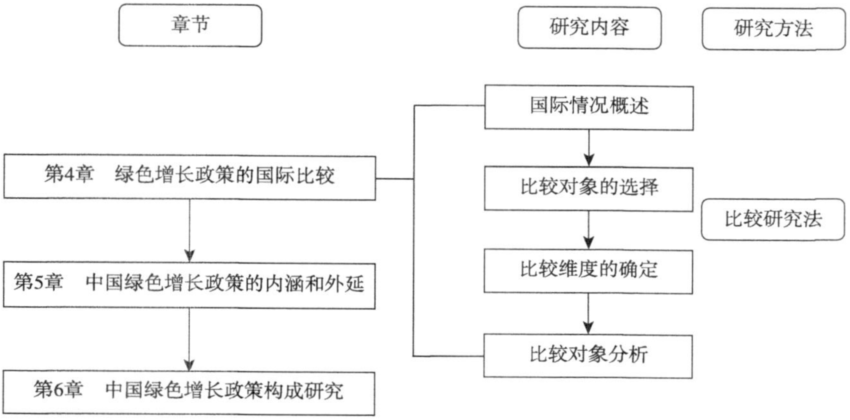

图 4-1　第 4 章逻辑框架图

4.2　国际绿色增长政策概述

2001 年明确提出“绿色增长”后，国际组织和各国政府在全球气候变化、环境质量退化、经济增长速度低迷的背景下，将绿色增长理念纳入国家的政策议程中，致力于找到适合本国背景的绿色增长模式，实现绿色增长战略目标。

4.2.1　国际组织层面绿色增长政策概述

为了转变全球经济社会的发展模式，国际组织和各国政府做出了不懈努力。一方面召开国际性会议，探讨全球面临的环境、经济、社会问题，根据各国国情协调国家利益，采取政策行动应对全球环境问题。例如，以可持续发展为核心议题的联合国气候变化大会，会议建立了框架性公约、达成了减排目标的一致协议、讨论了政策实施细则等，具体成果见表 4-1；另一方面，条约缔约国根据条约内容将绿色增长纳入国家的政策行动中，从环境、资源、技术、税收、金融等方面开展绿色增长政策行动，实现绿色增长目标。

表 4-1　联合国气候变化大会成果

召开年份	召开地点	重要会议成果
1992	里约热内卢	《联合国气候变化框架公约》

续表

召开年份	召开地点	重要会议成果
1995	柏林	《共同履行公约的决定》
1996	日内瓦	尽快缔结有法律效力的文件，减少2000年后工业化国家温室气体的排放
1997	东京	《京都议定书》：提出具体的减排目标，且从2005年开始生效
1998	布宜诺斯艾利斯	敦促《京都议定书》生效，并制订落实相关的工作计划
1999	波恩	通过了商定《京都议定书》有关细节的时间表
2001	马拉喀什	《马拉喀什协定》：通过了《京都议定书》履约问题的一揽子高级别政治决定
2002	新德里	《德里宣言》：指出应对气候变化的途径，为发展中国家减排提供技术支持
2005	蒙特利尔	通过了双轨路线的“蒙特利尔路线图”，会议最终达成40多项决定
2006	内罗毕	利用“适应基金”帮助发展中国家减排
2007	巴厘岛	通过里程碑式的“巴厘岛路线图”，并决定于2009年出台新协议代替到期的《京都议定书》
2009	哥本哈根	发表《哥本哈根协议》
2011	德班	《京都议定书》延长5年；启动绿色气候基金
2012	多哈	通过长期气候资金、《联合国气候变化框架公约》长期合作工作组成果
2015	巴黎	《巴黎协定》出炉
2016	马拉喀什	针对《巴黎协定》草案进行谈判
2017	波恩	为2018年完成《巴黎协定》实施细则进行谈判

绿色增长成为全球政策议题后，国际组织围绕气候变化、能源安全、经济增长、环境友好等目标展开绿色增长政策行动。2012年联合国可持续发展大会将绿色增长纳入全球政策议程，确定绿色增长在减贫和经济发展、气候变化层面的绝对性地位。基于经济、社会和环境背景，欧盟委员会以成员国发展概况为背景积极探索绿色增长路径。为在2020年前实现可再生能源在能源结构中占比20%，2050年占比达到75%，欧盟于2010年颁布了《能源2020：具有竞争力的、可持续的和安全的能源战略》，在能源角度以具体目标约束成员国进行能源结构转型，保障能源安全和减少温室气体的排放。为应对气候变化，在《京都议定书》的基础上发布“欧盟碳排放交易体系”，在国际交往中占据领先地位。为实现低碳转型于2011年颁布《欧盟2050低碳经济路线图》，投资环保、技术创新领域，以高效的资源利用和更低的生态环境承载力实现经济低碳绿色转型。OECD发布的绿色增长战略报告以全球环境挑战为背景，是迄今为止引导我们实现绿色增长目标的相对权威、明确的政策框架，为各国政府解决环境产品和服务市场失灵问题提供了政策指导，通过克服现有政策障碍、促进绿色增长轨迹转变、支持过渡、促进

绿色增长的国际合作四个维度的政策行动实现绿色增长战略目标。

4.2.2　国家层面绿色增长政策概述

在国家层面，已有许多国家将绿色增长政策纳入国家政策框架中。韩国为了在 2020 年前降低 30%的碳排放，由总统牵头率先推出《低碳绿色增长基本法》，是世界上第一个出台“绿色增长法”的国家，将绿色增长政策纳入国家战略目标和政策行动范畴，为其他国家将绿色增长纳入政策议程提供借鉴。韩国的《低碳绿色增长基本法》是韩国绿色增长战略的法律保障，有利于促进温室气体减排、实现能源安全、科技驱动绿色增长、倡导绿色生活方式和提升国际地位战略目标的实现。此外，韩国设置由总统牵头的绿色增长委员会，为绿色增长目标的实现提供组织保障，并在扶植绿色产业、鼓励绿色科技、提倡绿色生活、应对气候变化、改革财税、金融支持等方面进行详细的规定。柬埔寨发布《绿色增长路线图》，通过绿色增长政策实现发展和环境目标，同时将社会的包容性聚焦于关注弱势群体、实现男女平等，着重于提高女性的社会地位。圭亚那制定“低碳绿色发展战略”，投资能够促进经济增长的战略部门，帮助其实现减排目标，通过建设低碳基础设施使国民共享发展福祉并扩大就业。埃塞俄比亚的绿色增长战略聚焦于气候变化和温室气体减排，致力于 2025 年步入中等收入国家行列。墨西哥在 2009 年制订气候变化计划，通过温室气体减排措施和技术创新实现长期的气候变化目标。2002 年新加坡发布了“绿色规划”，此后每隔三年进行一次更新，依托于国内的清洁生产和环保形象吸引投资，保持国民生活水平和保障国家资源安全。自 2009 年以来，土耳其依靠绿色经济改革实现强大的经济复苏，取得了举世瞩目的成绩。土耳其当前的经济发展模式跟中国有很多相似之处，都依靠体制改革取得巨大经济发展驱动力，都处于经济结构的转型期，都面临十分严峻的生态环境恶化问题，土耳其的绿色增长实践和经验为实施绿色增长政策的国家提供了借鉴。

自从绿色增长理念成为热点后，各国积极地将绿色增长理念纳入国家政策框架中，探索绿色增长路径，致力于实现各国的绿色增长战略目标。因此，在众多实施绿色增长政策的组织和国家中选择有代表性的对象展开研究，具有重要的现实意义和理论意义。

4.3　比较对象选择

各国已将绿色增长纳入政策范畴中，本书基于 OECD 成员国特点、OECD 主旨、OECD 对绿色增长演进的推动作用等原因，选择 35 个 OECD 成员国家为绿色增长政策国际比较的研究对象。

OECD 成立于 1961 年，总部设于法国巴黎。前身是由美国和加拿大发起的用于执行马歇尔计划的欧洲经济合作组织，为第二次世界大战后的欧洲提供技术、资金等支持，使第二次世界大战后的欧洲经济能够迅速恢复，与以苏联为核心的社会主义阵营对抗。后来随着非洲和南美洲成员国的加入，欧洲经济合作组织在 1961 年更名为经济合作与发展组织。

4.3.1 研究对象广泛性

OECD 的 35 个成员国遍布五大洲，欧洲国家共有 25 个、亚洲 4 个、北美洲 3 个、大洋洲 2 个、南美洲 1 个。在经济维度，OECD 的 35 个成员国中，共有 12 个发展中国家，23 个发达国家。绿色增长政策实施过程中，经济发展程度是重要背景因素，比较对象兼顾发达国家和发展中国家，能够满足本书对不同经济发展背景的对比需求。OECD 成员国能满足本书对研究对象广泛性的要求。

4.3.2 研究问题针对性

OECD 旨在帮助成员国实现经济可持续性增长和扩大就业，秉承非歧视性原则为国际社会提供援助，致力于世界经济和贸易的稳定性增长。OECD 以各国的共性问题为基础，提供解决问题的平台，促使政府间达成解决某一类问题的标准或模式，如形成环境问题建议或纲要性文件。将 OECD 成员国的政策数据作为比较对象，与绿色增长的环境友好性、经济增长持续性、社会包容性目标相对应，有助于本书有针对性地对比绿色增长政策相关维度。

4.3.3 研究结果权威性

OECD 在绿色增长政策的演变过程中起到重大推动作用。从概念界定角度，2011 年 OECD 在《迈向绿色增长》中给出迄今为止最为权威的绿色增长定义；在政策框架角度，OECD 发布的《绿色增长战略》是迄今为止指导绿色增长最权威的政策框架，从克服政策障碍、促进绿色增长轨迹转变、支持过渡、促进绿色增长国际合作四个关键维度建立绿色增长战略框架；从绿色增长政策评估角度，OECD 未给出具体的绿色增长政策评估指标，但指出绿色增长政策的评估可以从外部性和市场失灵两个维度展开，外部性聚焦于实施绿色增长政策的福祉，市场失灵从绿色增长政策之间的关联性、执行和监测实施效果的成本、市场信息不对称和激励机制、市场滞后性等维度对绿色增长政策进行评价。鉴于 OECD 在绿色增长政策议题中主要以 OECD 成员国为研究对象出版了系列权威研究成果，因此本书以 OECD 成员国为国际比较对象。

4.4　比较维度的确定

通过文献研究法归纳出绿色增长政策的政策环境、政策属性、政策利益相关者三个核心要素后，基于政策环境和政策属性、政策利益相关者的内涵，从比较对象的经济发展程度、政治体制、立法模式、政策完备性、政策统筹部门、政策实施背景、战略目标、政策行动 8 个维度对 OECD 35 个成员国的绿色增长政策展开比较，具体见表 4-2。

表 4-2　国际比较维度及解释

核心要素	具体维度	维度解释
政策环境	政治体制	政治机构和政治制度，政治机构即代表一个国家行使治理权利的组织机构总称，政治制度即关于社会政治统治体系的阶级性质、组织形式
	立法模式	考虑一个国家政治体制情况下，推进政策议程过程中立法机构、立法程序上的特点
	经济发展程度	指一个国家经济发展的规模，根据经济、技术、人均 GDP 等指标可以划分为发展中国家与发达国家
政策属性	战略目标	政策制定部门为了解决一类政策问题采取行动、措施期望达到的对国家发展产生长远影响的目标
	政策完备性	主要指一个国家迄今为止颁布的绿色增长政策，可以归纳出绿色政策体系框架
	政策实施背景	制定特定政策的原因，即政策需要解决的问题
	政策行动	政策制定部门为了解决一类政策问题采取行动、措施
政策利益相关者	政策统筹部门	负责政策的制定、执行、监督和反馈的职能部门

绿色增长政策的核心要素包括：政策环境、政策属性、政策利益相关者[3, 4]。政策环境即绿色增长政策制定议程需要考虑一个国家的经济发展程度、政治体制和立法模式等因素；政策属性包含绿色增长政策的战略地位、绿色增长政策行动等因素；政策利益相关者即政策制定、执行、评估过程中产生利益关联的所有组织、个体，在制定绿色增长政策全过程中，绿色增长政策的统筹部门是最核心的利益相关者。因此，本书将绿色增长政策的环境、政策属性、政策利益相关者三个要素作为绿色增长政策国际比较维度的来源。

比较对象的经济实力存在明显区别，而经济发展与民生改善和环境外部性相辅相成，因为随着经济发展会产生新的政策问题，因此经济发展程度是本书展开国际比较的重要维度之一；一个国家的政治体制是指国家的政治机构和政治制度，政治机构即代表一个国家行使治理权利的组织机构总称，政治制度即关于社会政治统治体系的阶级性质、组织形式[5]，政治体制之间的差异是区分国家的根本，因此政治体制是绿色增长政策的重要比较维度之一；立法模式以国家政治体制为基础，推进政策议程中立法机构、立法程序上存在的特点，是政策制定的重要特征；政策背景是国家需要解决的政策问题，鉴于国情的差异，同类政策的背景也存在差异；政策统筹部门即一个国家设置的政策组织机构，负责政策的制定、执行、监督和反馈；战略目标和政策行动是政策属性的内容，也是政策的重要组成部分，政策属性的差异是政策存在区别的本质原因，因此绿色增长政策的战略目标和政策行动是国际比较的重要维度；政策的完备性主要考虑一个国家迄今为止颁布的绿色增长政策，通过政策的完备性可以归纳出一国的绿色政策体系。

4.5 比较对象分析

4.5.1 政策环境比较分析

通过梳理 OECD 35 个成员国文献资料，政策环境基本信息见表 4-3。

表 4-3 OECD 35 个成员国政策环境信息

国家	经济发展程度	政治体制	立法模式
韩国	发达国家	总统制共和制	
美国	发达国家	总统制共和制	以美国国会为例说明：国会为最高立法机构，由众议院和参议院组成；议案的提出需要经过审议和讨论；总统有权拒绝签署经过审议的议案
瑞士	发达国家	总统制共和制	
墨西哥	发展中国家	总统制共和制	
智利	发展中国家	总统制共和制	
法国	发达国家	半总统共和制	以法国议会为例进行说明：法国议会由国民议会和参议院组成；由议会行使立法权；总统经参议院同意后有权解散议会，将法案直接交由民众讨论
波兰	发展中国家	半总统共和制	
日本	发达国家	议会制君主立宪制	以日本为例进行说明：日本国会由众议院和参议院组成，国会多数党组成内阁；由议员或内阁提出法案，议长委托委员会审查；随后由全体会议审议后表决
英国	发达国家	议会制君主立宪制	
澳大利亚	发达国家	联邦制君主立宪制	澳大利亚联邦议会由女王、众议院和参议院组成；众议院在立法权上比参议院多了财政收入与支出方面的权利；立法走三读程序

续表

国家	经济发展程度	政治体制	立法模式
奥地利	发达国家	联邦制和议会民主制下的总理负责制	奥地利议会实行两院制，由国民议会和联邦议会组成；国民议会享有主要立法权，联邦议会负责审议国民议会通过的法案；20 万选民或 3 个州各一半选民联名，可提出立法动议；议会通过的法案，须总统签署，由总理公布[6]
加拿大	发达国家	议会民主制	加拿大议会由女王（由总督代表）、参议院和众议院组成；参众两院通过的法案由总督签署后成为法律，总督有权召集和解散议会；一般说来，所有的议案都要经过以下审议阶段：提交、一读、二读、委员会审议、报告、三读、交另一院审议、总督签署；议员不允许提交财政相关议案
芬兰	发达国家	共和制和“议会代表”民主体制	芬兰议会是国家最高立法机关，实行一院制，由多党组成；国家立法权由议会和共和国总统共同行使；议案一般分为普通议案和宪法议案；法案经议会通过后，须经总统批准方可生效
土耳其	发展中国家	议会制共和制	
德国	发达国家	议会制共和制	以德国议会为例说明：一般由议院中最大的党团议员担任议长；涉及联邦州议案须先提交联邦参议院审议；随后由联邦议院辩论、表决形成决议；由联邦参议院表决批准，完成立法，最后由总统签署完成
希腊	发展中国家	议会制共和制	
匈牙利	发展中国家	议会制共和制	
冰岛	发达国家	议会制共和制	
爱尔兰	发达国家	议会制共和制	
以色列	发达国家	议会制共和制	
意大利	发达国家	议会制共和制	
拉脱维亚	发展中国家	议会制共和制	
爱沙尼亚	发展中国家	议会制共和制	
葡萄牙	发展中国家	议会制共和制	
斯洛伐克	发展中国家	议会制共和制	
捷克	发展中国家	议会制共和制	
斯洛文尼亚	发展中国家	议会制共和制	
卢森堡	发达国家	议会制君主立宪制	
比利时	发达国家	议会制君主立宪制	
荷兰	发达国家	君主立宪制	
新西兰	发达国家	议会制君主立宪制	以新西兰议会为例说明：政府对议会负责，接受其监督；议会不能引入内容实质相同的议案；议案到最终确立需要经过三读程序，法案很少在三读阶段被撤回；三读后，法案经过总督签署（皇家授意）后即正式成为法律
挪威	发达国家	议会制君主立宪制	
西班牙	发达国家	议会制君主立宪制	
瑞典	发达国家	议会制君主立宪制	
丹麦	发达国家	议会制君主立宪制	

资料来源：根据 35 个国家文献资料整理

整理归纳 OECD 成员国的政策环境，发现它们存在以下特征。

1. 议会是最高立法机构

在 OECD 35 个成员国中，可以发现议会是最高立法机构，但基于宪法规定内容的不同，议会权力有所差别。新西兰议会中政府对议会负责，并接受议会的监督。在加拿大议会中，女王是议会职权的重要组成部分，不同国家女王或总统的权力不同，有的总统根据宪法规定掌握重要的实际权力，但是有些总统实际权力由其他组织机构控制。例如，美国总统可以拒绝签署经过议会统一审议后的法案，导致法案的搁置。

议会作为最高立法机构，按照法律出台的流程制定最高级别的法律。对于绿色增长政策，议会作为立法模式的重要组成部分，决定了绿色增长政策的出台。

2. 三读立法程序保证科学性

OECD 35 个成员国从议案提出到法律颁布一般需要经过三读程序，经过议会多个下属机构的反复辩论和投票后才能由总统签署出台。OECD 35 个成员国绿色增长政策的立法过程类似于中国的三审程序，从程序上保障政策的科学性。

3. 政党制是立法重要因素之一

OECD 35 个成员国主要采用多党制，而议会一般由执政党掌控，在绿色增长政策出台的过程中利益集团在自身利益的驱动下控制政策的出台进程和结果，最终影响公众的利益。因此，根据 OECD 35 个成员国政党和议会体制可以看出绿色增长政策的制定是以执政党为核心的利益团体博弈的结果。

4. 经济实力是政策进程的重要背景

在 OECD 35 个成员国中，共有 23 个发达国家，12 个发展中国家。经济的发展，带来了社会的进步，同时也会产生新的社会问题，因此需要出台新的政策解决经济和社会发展过程中的问题。OECD 成员国中发达国家居多，产生的社会环境问题较多，一定程度上能率先出台绿色增长政策，因此在政策的不断完善过程中会更早建立完善的绿色增长政策体系。

4.5.2 政策属性比较分析

梳理比较对象绿色增长政策属性相关文献[7-32]，政策属性基本信息见表 4-4。

表 4-4 OECD 35 个成员国政策属性信息

国家	政策完备性	政策实施背景	战略目标	政策行动
韩国	《低碳绿色增长基本法》《国家能源基本计划》《可持续发展基本法》《气候变化对策基本法（草案）》	应对能源危机；温室气体减排压力；经济增长的要求	温室气体减排、保障能源和资源安全；科技驱动绿色增长动力；改善国民生活，提升韩国的国际地位	能源与资源管理对策；碳排放交易制度；低碳交通体系；环境与能源税；绿色科技创新；企业绿色经营；绿色产业与产业园区；生态旅游业；绿色消费；绿色增长教育；绿色财政；绿色增长国际合作；绿色建筑
瑞士	《山区投资援助法》“绿色水电认证”	资源匮乏和经济欠发达的农牧业国家	实现产业跨越式、差异化发展战略；改善居民生活	绿色产业；循环经济；绿色产业结构调整；绿色生活；绿色财政，绿色补贴；绿色水电
美国	《绿色复苏计划》《美国复苏与再投资法案》	国民环保意识提高；全球“绿色新政”趋势的带动	公共投资提升就业；开发清洁能源，降低资源依赖性；创造绿色能源市场，弥补传统市场不足；提升国际竞争力，扮演世界经济领导者的角色	清洁能源产业、新能源开发；气候变化：碳排放、绿色技术、交易许可证；绿色投资；基础设施投资；绿色技术创新；清洁生产；绿色建筑、绿色增长国际合作绿色就业
日本	《绿色经济与社会变革》《能源环境技术创新战略 2050》	人口老龄化问题严重；经济增长压力	保障能源安全，调整能源结构；增加就业和经济增长	应对气候变化：低碳行动；绿色技术创新；绿色就业；节能减排；绿色财税；绿色教育；绿色消费；绿色用能
英国	《气候变化法》《低碳转换计划》《可再生能源战略》	应对气候变化；向低碳经济转型	开发可再生能源；加强低碳城市建设；鼓励生态技术创新；培育全民环保意识	排放权交易；碳捕获和存储；节能减排；开发可再生能源；绿色技术创新；污染防治；绿色税收；环境税
土耳其	《旅游产业促进法》	国内经济增长和环境保护面临严峻压力	实现经济与环境的协同效应；战略部门以政策工具驱动经济效益；绿色投资提升就业，共享发展福祉	应对气候变化：排放交易计划；清洁生产；绿色财政；排放税；污染防治；绿色技术；污染治理技术；绿色投资；绿色金融；绿色农业；教育宣传
澳大利亚	《绿色技能协议》	经济生产率增长放缓；面临经济转型压力	增加就业；绿色技术创新驱动经济增长	绿色畜牧业行动：废物清洁能源化；绿色技能政策；绿色建筑；绿色产业；绿色教育；绿色经济投资；可再生能源计划；生态旅游业
西班牙	《可持续经济法》《2013— 2016 年国家空气质量及环境保护计划》	资源匮乏、经济发展疲软、依靠旅游业等第三产业发展	有效应对气候变化，保护自然资源，维护海洋及淡水物种多样化	绿色能源开发；绿色补贴；绿色投资；绿色税收；绿色交通；绿色建筑
奥地利	《生态电力法》《清洁技术计划》	经济复苏动力不足，就业增长不明显	发展绿色环保产业和绿色技术，保持国际竞争力	可再生能源产业；绿色建筑；清洁生产；绿色技术；气候变化；绿色财政；绿色产业

续表

国家	政策完备性	政策实施背景	战略目标	政策行动
比利时	《环境政策法（草案）》	经济发展为比利时带来了严峻的环境压力	改善环境，促进经济不断增长	绿色金融；清洁交通；清洁能源；循环经济；绿色建筑；绿色技术；气候变化；绿色金融；绿色教育
加拿大	《加拿大绿色基础设施导则》《环境责任采购法案》《气候变化信息法》《加拿大绿色规划》《环保产业发展战略》	应对气候变化；提升国内环境质量	转变经济发展模式，应对经济增长带来的环境问题，把家园建成世界上最适合人类居住的地方	绿色建筑；绿色技术绿色投资；绿色采购；绿色产业；绿色教育；绿色城市
智利	《2012—2020 年能源效率行动计划》《2012—2030 年能源发展战略》	应对经济增长的压力	提升能源效率；解决影响智利经济发展的瓶颈（能源问题），提供清洁、安全和经济的能源	新能源战略；绿色基础设施建设；绿色税收；绿色补贴
捷克	《至 2020 年国家研发创新政策》《新能源战略方案》	欧盟推行温室气体减排政策的压力	通过绿色工业、智能化布局、技术创新应对全球气候变化、社会老龄化及安全领域存在的挑战	绿色税收：能源税；绿色建筑；绿色投资；可再生能源
丹麦	《丹麦能源政策协议》《能源科技研发和示范规划》《绿色增长协议》	应对能源危机	采取一系列措施降低对传统能源的依赖，转变能源消费结构，拉动经济的增长和实现减排的目标	绿色税收：能源税；绿色补贴：环保补贴；绿色投资：节能环保投资；清洁生产：绿色产品；绿色消费；绿色建筑；绿色交通
爱沙尼亚	无	经济增长速度持续低迷；国内贫困和不平等状况严重	在国际经济复苏的背景下，通过发展重点领域激发经济长期发展的潜力	可再生能源；绿色财政；绿色出行：公交免费行；绿色财政：能源税
芬兰	《绿色矿业计划》《生物经济发展战略》《明智的、负责任的自然资源经济》	在资源高效利用、环境友好的背景下，保障经济和社会的可持续发展	依托自然资源，通过技术创新和研发，提高能源利用效率，解决资源和环境问题，实现经济的复苏	绿色产业；绿色技术创新；绿色建筑；可再生能源；生态旅游；气候变化；绿色国土
法国	《全民环境共识与行动法》《可再生能源计划》《城市绿色框架》《绿色增长能源转型法》	经济增长速度低迷，国际竞争力下降	发展可再生能源，满足国内需求；发展绿色产业，促进经济增长；通过绿色增长转变现有劳动力结构；凭借技术优势，提升国际竞争力；推进国内能源转型，引领全球气候治理立法	可再生能源计划；节能减排措施；绿色建筑；交通运输业减排；绿色金融；绿色财政；绿色技术；气候变化；绿色投资；城市绿色基础设施；绿色城市；绿色产业；发展清洁交通；绿色补贴；绿色债券
德国	《垃圾处理法》《能源节约法》《能源方案》《建筑节能法》《供暖成本条例》《能源和气候综合计划》《可再生能源法》《电力输送法》《生物能发展法规》	人口密度大，经济发展带来的环境污染极其严重	以发展可再生能源为核心，追求"经济合理、供方安全、环境友好"的高度统一；将自然资源的代际公平纳入经济发展过程中	绿色建筑；绿色技术；绿色消费；绿色金融；绿色财政；绿色信贷；新能源开发及利用；绿色教育；绿色电力；绿色产业

续表

国家	政策完备性	政策实施背景	战略目标	政策行动
希腊	《国家发展法》	陆地面积狭小，岛屿密布，能源、资源十分有限；政策不稳定，投资低迷	控制温室气体排放总量，解决能源问题，促进经济发展	绿色交通；生态旅游；绿色建筑；新能源开发；绿色补贴
匈牙利	《国家农业环境计划》	国土面积狭小，农业发达	使资源与地区发展相协调，使经济发展适应于自然生态环境	绿色建筑；绿色技术；绿色农业；绿色交通；新能源
冰岛	《森林法》	自然资源匮乏，生态系统脆弱，国土面积狭小	实现氢能源社会，达到 CO_2 零排放	新能源开发；绿色教育；绿色补贴，绿色投资；绿色就业
爱尔兰	《农产品丰收 2020》	国土面积狭小，以农牧业为主	增强经济竞争力，促进自然资源和气候的可持续管理，高效利用土地资源	绿色电力；绿色能源；绿色就业；绿色农业；绿色税收，绿色补贴
以色列	《公害减少法》	沙漠覆盖比例大，水资源匮乏；政治环境不稳定，战争	实现绿色经济转型，创造高额的经济效益	绿色技术创新，清洁技术；绿色产业，绿色工业园区；绿色就业；绿色建筑；绿色税费
意大利	《国家能源战略》《统一环境法》《自然环境保护法》《废物处理及污染防治法》	经济社会生活成本高	摆脱能源危机，提高工业竞争力	绿色技术；可再生能源开发；绿色补贴；绿色投资；绿色金融
拉脱维亚	《森林法》	森林资源丰富，市场狭小	保护生态多样性、保障森林再生、在不破坏生态环境的前提下，发挥资源的经济和社会效益	绿色交通；绿色投资
卢森堡	《国家可再生能源行动计划》	市场狭小，经济对外依赖性大	保障能源安全，确保经济可持续发展	绿色投资；绿色税费；绿色建筑；生态创新；清洁能源技术
墨西哥	《国家气候行动战略》《墨西哥气候变化法》《气候变化国家战略》	地缘属性与文化特征撕裂，能源难以市场化	提升国际影响力，追求经济利益和安全利益	清洁技术；新能源开发；绿色财政；绿色补贴；绿色消费
荷兰	《荷兰能源政策》《杀虫剂法》《废弃物污染防治法》《核能法》	经济的高速增长引发严重的环境问题	促进经济可持续发展，保护生存环境	绿色交通；绿色电力；可再生能源研究；绿色消费；绿色补贴
新西兰	《乳业与河流清洁指令》《新西兰资源管理法》《新西兰生物安全法》	地广人稀，畜牧业发达	保护生态环境，控制和减低污染	绿色畜牧业；绿色技术；生态旅游；资源管理
挪威	《污染防治法令》	环境污染严重；经济受到制约	在经济增长和保护资源、人类健康和福利间寻求平衡	绿色交通；绿色税收，绿色补贴；新能源技术；绿色教育
波兰	《可再生能源法》《可再生能源领域的国家行动计划》	不可再生资源匮乏；水资源丰富；生态系统脆弱	提高可再生能源在国民经济中的占比	绿色投资；绿色交通；新能源开发利用

续表

国家	政策完备性	政策实施背景	战略目标	政策行动
葡萄牙	《葡萄牙共和国宪法》《国家能源政策战略》	人口稀少，污染严重制约经济发展	保障人类享有健康的生态平衡或免受现实侵害的权利；支持可再生能源，促进经济可持续发展	绿色能源；绿色建筑；绿色交通；绿色投资
斯洛伐克	无	资源匮乏、人口稀少、国土狭小	无	绿色建筑
斯洛文尼亚	《环境保护法》《全国环境行动计划》	资源匮乏、人口稀少、国土狭小	保护生态环境，实现可持续发展	绿色经营；绿色生产；环保税收；绿色交通
瑞典	《瑞典可持续发展国家战略》《环境和气候问题政策——瑞典发展合作》《关于气候和空气政策目标与措施的新建议》	资源能源匮乏、国土面积狭小、经济增长陷入瓶颈	协调经济、社会和环境发展使下一代的社会重大环境问题得到解决，不增加其他国家的环境成本	新能源开发及利用；节能技术；循环经济；生态农业；环保建筑，生态城市；环境教育；绿色补贴；绿色投资

资料来源：根据35个国家文献资料整理

归纳比较对象有如下特点。

1. 政策广泛性

不论是发展中国家还是发达国家都在一定程度上将绿色增长纳入国家政策范畴中，说明绿色增长政策行动在世界范围内存在广泛性。在OECD成员国中，韩国是35个成员国中最早建立绿色增长法的国家，一些国家的绿色增长政策仍停留在能源、环保政策层面，一些国家的绿色增长政策只是侧重于绿色增长的单一目标。例如，美国的《绿色复苏计划》侧重于通过绿色增长政策改善国内就业状况。日本出台的《绿色经济与社会变革》侧重于经济增长和社会结构的改善，以应对日本国内的人口老龄化状况。德国的绿色增长政策侧重于能源结构的改善和调整，以应对全球气候变化环境问题。

2. 政策实施背景存在相似性

首先，全球金融危机导致经济低迷现象是各国转变经济发展方式、寻找经济增长新模式的起点。2008年金融危机后，全球各国的经济增长速度都面临瓶颈，亟待寻找新的模式驱动国内经济的发展。其次，资源和能源是经济发展过程中重要的原材料，但是日常消耗的资源和能源中多数是不可再生能源，各国在经济发展过程中面临资源和能源持续供给的压力，同时资源和能源在经济环境发展背景下价格起伏比较明显。因此，国内自然资源和能源供给状况及国际资源和能源价格波动使各国重视国内能源资源安全与经济稳定性增长间的关联性。最后，经济发展带来的气候变化问题已在一部分国家显示后果，比如生物多样性缺失、水污染和大气污染、气候变化带来全球变暖等环境问题已经在许多国家显现出来，因此环境问题已经成为全球共同应对的挑战。

3. 在政策框架方面

通过绿色增长政策完备性维度可以看出，发达国家建立了相对完善的绿色增长政策框架，在能源和资源利用、温室气体减排方面有具体的绿色增长政策行动。而发展中国家出台的绿色增长政策数量较少，绿色增长政策行动也相对较少，因此绿色增长政策框架相对薄弱。

政策框架的成熟性与绿色增长政策的完备性呈现出正相关关系，一定程度上，绿色增长政策越完备，说明一个国家出台的绿色增长政策数量越多，能规制的绿色增长问题越全面，建立的绿色增长政策框架越完善。多数国家是以国内政策挑战为背景，以能源、环境相关的法律为基础整合出一部绿色增长法，而不是重新出台新的绿色增长政策。因为绿色增长政策范畴涉及经济、环境、社会属性，而环境问题由来已久，各国已有相对成熟的环保政策体系，新出台的绿色增长政策在一定程度上与已存在的环保政策有共性，所以环境政策是绿色增长政策体系中重要的组成部分。

4. 绿色增长战略目标

通过整理 OECD 35 个国家的绿色增长政策信息，可以看出各国的绿色增长战略目标是以应对绿色增长政策问题为核心，聚焦于经济增长、环境保护、应对气候变化、社会福祉的共享四个层面。各国采取了丰富的绿色增长政策行动，从财政、金融、能源、产业、交通、建筑等各个方面实现绿色增长战略目标。

4.5.3　政策利益相关者比较分析

政策利益相关者包含政策制定、执行、评估过程中产生利益关联的组织、个体，而政策统筹部门是最为核心的利益相关者，且其他利益相关者数据不易获取，因此，本书仅从政策统筹部门维度展开研究。通过分析 35 个国家的政策统筹部门，发现 25 个国家的绿色增长政策是由该国环保部门统筹，奥地利和瑞士是由联邦政府统筹，有 3 个国家在现有资料下无明确绿色增长政策统筹部门，只有韩国是由绿色增长委员会全权负责绿色增长政策制定，英国是由气候变化委员会负责气候变化政策相关工作，比利时是由可持续发展委员会负责绿色增长相关政策，澳大利亚是由绿色建筑委员会负责绿色建筑政策的制定工作，土耳其是由农业部、交通部、能源部等各个部门负责绿色增长政策相关工作。

从 35 个国家设立的绿色增长政策统筹部门可以看出，只有韩国设立绿色增长委员会制度用来统筹绿色增长政策所有工作，而英国、比利时、澳大利亚等国的统筹部门只负责绿色增长政策的一个方面。一个国家设立绿色增长政策统筹部门一方面体现该国对绿色增长政策的重视，另一方面有利于绿色增长政策体系的完善。韩国设立了绿色增长委员会，同时韩国出台了世界上第一部绿色增长方面的法律《低碳绿色增长基本法》，制定了绿色增长战略，并采取了一系列绿色增长政策行动和措施致力于绿色增长战略目标的实现，在一定程度上建立了完善的绿色增长政策体系。表 4-5 是 OECD 35 个成员国政策利益相关者信息。

表 4-5　OECD 35 个成员国政策利益相关者信息

国家	韩国	美国	日本	英国	土耳其	澳大利亚
政策统筹部门	绿色增长委员会	环保部	环境省	气候变化委员会	各个战略部门	绿色建筑委员会
国家	奥地利	比利时	加拿大	智利	捷克	丹麦
政策统筹部门	奥地利联邦政府	可持续发展委员会	环保部	环境部	环境部	环境部
国家	爱沙尼亚	芬兰	法国	德国	希腊	匈牙利
政策统筹部门	环保部	环保部	环保和可持续发展部	环境部	环境部	环境保护部
国家	冰岛	爱尔兰	以色列	意大利	拉脱维亚	卢森堡
政策统筹部门	环保部	环境保护局	环保部	环境、领土和海洋部	无	无
国家	墨西哥	荷兰	新西兰	挪威	波兰	葡萄牙
政策统筹部门	环境和自然资源部	环保部	环境保护局	环境部	环保部	葡萄牙环境署
国家	斯洛伐克	斯洛文尼亚	西班牙	瑞典	瑞士	
政策统筹部门	无	环境和空间部	西班牙农业食品及环境部	瑞典环境保护部	联邦政府	

资料来源：根据 35 个国家文献资料整理

4.6　本章小结

本章对国际绿色增长政策展开梳理，以 OECD 成员国为国际比较对象，从经济发展程度、政治体制、立法模式、政策完备性、政策实施背景、政策行动、战略目标、政策统筹部门共 8 个维度对 OECD 成员国的绿色增长政策展开比较，并从政策环境、政策属性、政策利益相关者三个层次对绿色增长政策的比较结果进行全面的总结。本章研究国际比较的维度是第 5 章中国情境下绿色增长政策比较的维度来源，本章比较研究的结果也是第 6 章分析中国绿色增长政策构成的原因解析。

4.7 参考文献

[1] 肖美丹，张伟萍. 河南、广东两省科技创新政策演进比较[J]. 科技管理研究，2016，36(23)：49-53.

[2] 邓剑伟，田慧琳，李雅欣，等. 政策移植、政策扩散与政策创新的比较研究[J]. 中国公共政策评论，2016，(2)：132-148.

[3] 王冬，权赫凡，王荻. 韩国《绿色增长基本法》立法过程研究[J]. 价值工程，2013，32(13)：313-316.

[4] 周英男，杨文晶，杨丹. 中国绿色增长政策影响因素提取及建构研究[J]. 科学学与科学技术管理，2017，38(2)：12-19.

[5] 孙铭. "政治体制"概念探析[J]. 党校科研信息，1987，(10)：7-8.

[6] 王洪宇. 奥地利宪法和宪法法院简介[J]. 人大研究，2011，(4)：42-43.

[7] Gliedt T，Parker P. Green community entrepreneurship：creative destruction in the social economy[J]. International Journal of Social Economics，2007，34(8)：538-553.

[8] 陈新平. 低碳经济发展模式下的财税政策——发达国家的经验及启示[J]. 宏观经济管理，2010，(4)：39-41.

[9] 张东明. 浅析韩国的绿色增长战略[J]. 当代韩国，2011，(2)：11-22.

[10] 单吉堃. 韩国应对气候变化的政策与行动[J]. 学习与探索，2010，(6)：151-153.

[11] 闫彦明，许来宾. 奥地利维也纳新城环保治理的经验借鉴[J]. 环境保护，2016，44(8)：72-75.

[12] Williams J. Adaptation to climate change：from resilience to transformation[J]. Scottish Geographical Journal，2012，128(1)：83-86.

[13] 秦天宝. 比利时弗拉芒地区《环境政策法(草案)》述评——兼谈对中国的借鉴意义[C]. 兰州：2007 年全国环境资源法学研讨会，2007.

[14] Gliedt T，Parker P. Green community entrepreneurship 2.0[J]. International Journal of Social Economics，2014，41(7)：609-625.

[15] Mercer K L，Perales H R，Wainwright J D. Climate change and the transgenic adaptation strategy：smallholder livelihoods，climate justice，and maize landraces in Mexico[J]. Global Environmental Change，2012，22(2)：495-504.

[16] 车巍. 丹麦绿色发展经验对我国生态文明建设的借鉴意义[J]. 党政视野，2015，(12)：39.

[17] 朱秋睿，冯相昭. 丹麦何以成为全球绿色低碳发展的翘楚?[J].世界环境，2015，(5)：20-23.

[18] Truffer B，Markard J，Bratrich C，et al. Green electricity from alpine hydropower plants[J].

Mountain Research and Development，2001，21（1）：19-24.
[19] 田丹宇，徐华清. 法国绿色增长与能源转型的法治保障[J]. 中国能源，2018，40（1）：32-35.
[20] 胡宏，彼得·德里森，特吉奥·斯皮德. 荷兰的绿色规划：空间规划与环境规划的整合[J]. 国际城市规划，2013，28（3）：18-21.
[21] de Roo G. Integration report on spatial planning and environmental policy[J]. International Journal of Emergency Medicine，2004，8（1）：1-11.
[22] Linda Condon，赵鹏飞. 澳大利亚的绿色技能政策和实践[J]. 职业技术教育，2015，（15）：30-38.
[23] 金起文. 冰岛：因地制宜抓环保[J]. 中国青年，2010，（17）：30-31.
[24] 侯志阳. 加拿大绿色社区企业家精神：理论、经验与启示[J]. 东南学术，2017，（1）：112-119.
[25] 邱邝都，夏维. 波兰环保金融体系简况[J]. 全球科技经济瞭望，1997，（8）：44-45.
[26] 李华友，杨姝影，李黎. 绿色信贷加快德国转入绿色发展轨道[J]. 环境保护，2010，（7）：67-69.
[27] Sunikka M. Policies and regulations for sustainable building：a comparative analysis of five European countries[J]. Delft University Press，2001，53（2）：145-153.
[28] Rugani B，Marvuglia A，Pulselli F M. Predicting sustainable economic welfare—analysis and perspectives for Luxembourg based on energy policy scenarios[J]. Technological Forecasting and Social Change，2018，137：288-303.
[29] Gnatowska R，Moryń-Kucharczyk E. Current status of wind energy policy in Poland[J]. Renewable Energy，2019，135：232-237.
[30] 介贺彤. 葡萄牙推动可再生能源发展分析[J]. 江西电力，2019，8：59-62.
[31] Mondol J D，Koumpetsos N. Overview of challenges，prospects，environmental impacts and policies for renewable energy and sustainable development in Greece[J]. Renewable & Sustainable Energy Reviews，2013，23：431-442.
[32] 曲峻岭，董晓霞. 新西兰奶业发展概况及环境保护政策[J]. 中国食物与营养，2014，8：20-23.

第5章 中国绿色增长政策的内涵和外延

5.1 本章研究脉络

5.1.1 研究方法

扎根理论是一种质性研究方法。质性研究方法是一种将研究者本人融入研究环境，用多种方法收集资料，研究社会现象，通过归纳法分析资料以便形成理论，获得解释性理解的研究方法。作为最具科学性的质性研究方法，扎根理论在其研究过程中将定性和定量方法相结合，通过定性的方法设计研究方案并搜集原始数据资料，通过数据运算及模型构建对原始资料进行定量分析。决定扎根理论的应用是否科学与成功的关键在于原始数据资料的搜集及译码过程是否科学、准确。基于理论抽样的开放式编码、主轴编码和选择性编码的三级编码过程是扎根理论的主要步骤，本书将由此最终抽象出核心范畴并建构理论。

第一，扎根理论源于资料，资料源于实践；资料可以是新闻报道、内外部文件等，也可以是访谈文本数据、实地观察记录等。扎根理论强调对事物本质的认识是日积月累的，是一个从现象到本质再到抽象理论的循序渐进的过程。通过扎根理论方法建构而来的范畴、概念及其相互之间的关系，不仅是从数据资料中分析而来，更是被这些资料暂时性的验证过了。第二，与实证研究相比，扎根理论的研究是一个从具体到抽象的过程，是一个理论假设、变量定义、变量测量、资料、概念、范畴、关系及理论彼此之间互相对应的研究过程。第三，扎根理论研究方法的原始资料的收集与分析工作是同步的，并且是持续不间断的，即首先要通过过程研究对原始数据进行初始译码，概括得到初步的、短暂性的结论，并以此为依据，不断审视现有资料的丰富度，不断调整研究的目标、方向，不断增补新的数据资料以验证当前的结论。第四，扎根理论强调自然呈现，所得出的抽象概念不受地点、时间及人物限制；扎根理论要求研究者所具备的基本条件之一就是，通过对不断补充的新资料的充分关注，研究者时刻保持开放的思维与视野来对待研究问题，而不是局限于研究者本人的专业领域。第五，扎根理论主张可以把有关研究者的任何东西作为数据，从而不断进行对比分析，高度抽象概括并最终挖掘出概念之间的内在关系。第六，扎根理论要求研究者具有较强的理论敏感性，理论敏感性是研究者的一种特质，指的是一种能从繁杂资料中去粗取精，去伪存真，辨识事物的内在关联，察觉资料本质内涵及奥妙之处的能力。

扎根理论的研究过程具体包括五个步骤：第一，对原始资料进行逐行或逐句概括，产生初始概念，并对原始资料语句进行逐级编码；第二，连续对比分析原始数据与初始范畴，深入探究或质疑与初始范畴相关的理论性问题，生成或补充初始概念和范畴；第三，高度抽象凝练出范畴化概念，构建范畴与范畴之间的关联关系并予以分析；第四，基于理论抽样对资料执行开放式编码、主轴编码和选择性编码过程；第五，建构理论，分析理论概念的关联度、差异度和契合度。扎根理论最核心的环节是对原始数据资料的三级编码过程。

1. 开放式编码

开放式编码是一个将搜集到的混乱的原始数据，逐一概括并凝练为初始范畴，然后再以崭新的关系再次连接起来的编码过程。它要求研究者保持一种开放的心态，搁置个人意见和业界的刻板印象，抛开先入为主的观念，将所有资料按其所呈现的状态进行编码。编码过程需要遵循以下几个基本原则：第一，对原始数据逐行逐句编码，在保证不遗漏任何数据的情况下，编码越细化，理论效果越好，直至没有出现新的概念和范畴为止，即为达到饱和状态；如果出现新的概念，必须在下一阶段继续搜集增补原始数据。第二，着重探究原始数据资料中的词句，尤其是具有高度概括性的、可以作为初始概念和范畴的词句。第三，给初始概念进行自由定义，原则上没有限制，可引用原始资料中的词句，也可自行界定，而不用在意这个命名是否恰当。第四，对资料进行细致分析，就有关的细节（如词语、短句、行动等）询问具体问题。第五，随时分析那些与资料有关的概念的维度。第六，随时将编码范式中的有关条目罗列出来。

2. 主轴编码

主轴编码的目的是理顺初始概念、范畴及其之间的关联作用及影响，这些作用和影响可以体现在时空维度、等价替换、直接决定、间接影响、反作用、特例、差别对待、词义关联、特定情景等层面上，通过对初始概念之间相关性的反复分析与归纳，抽象概括出更高级别的范畴。主轴编码的目的并非建立系统的理论框架,而是把开放式编码得出的初始概念和范畴进一步抽象凝练为一系列次要范畴,从而更好地发展主范畴。建立各概念类属的关联关系之后，研究者还要能分辨出主类属和次类属，从而通过比较的方法把不同类属之间的关系联结起来；当所有的主类属和次类属的关系都建立起来以后，研究者就可以采用新的方式对原始资料进行重新整合。

3. 选择性编码

选择性编码是指在以上两种编码过程中所形成的众多概念类属中，发现一个或几个核心概念和范畴，这些核心概念和范畴具有较强的概括能力、高度的抽象性和较强的关联能力，能够将许多相关的概念汇集在更加宽泛的理论范畴之内。选择性编码的具体步骤如图 5-1 所示。

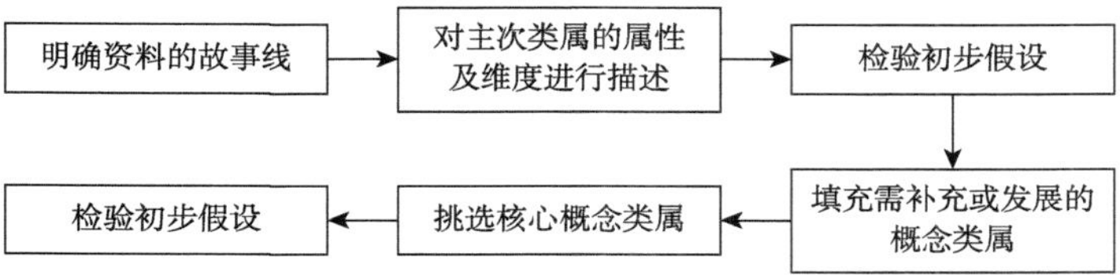

图 5-1　选择性编码过程

5.1.2　逻辑框架

因为中国绿色增长政策内涵和外延的确定需要考虑中国国情，因此本章以绿色增长政策内涵演变、政策目标和政策措施演变归纳为基础，承接第 4 章绿色增长政策的国际比较的三个核心维度：政策环境、政策属性、政策利益相关者对中国绿色增长政策展开概述，并对 OECD 35 个成员国的绿色增长政策实施概况展开对比，从政策目标和措施角度对中国绿色增长政策内涵进行归纳。本章在对绿色增长政策文献资料分析的基础上归纳出中国绿色增长政策的外延，并构建理论上的中国绿色增长政策框架。本章中国绿色增长政策内涵的界定是第 6 章、第 7 章、第 8 章解读中国绿色增长政策文本的基础。中国绿色增长政策外延的归纳是构建中国绿色增长政策理论框架的基础，同时中国绿色增长政策理论框架的建立是第 6 章对比现实中中国绿色增长政策主题群的基础。图 5-2 是第 5 章逻辑框架图。

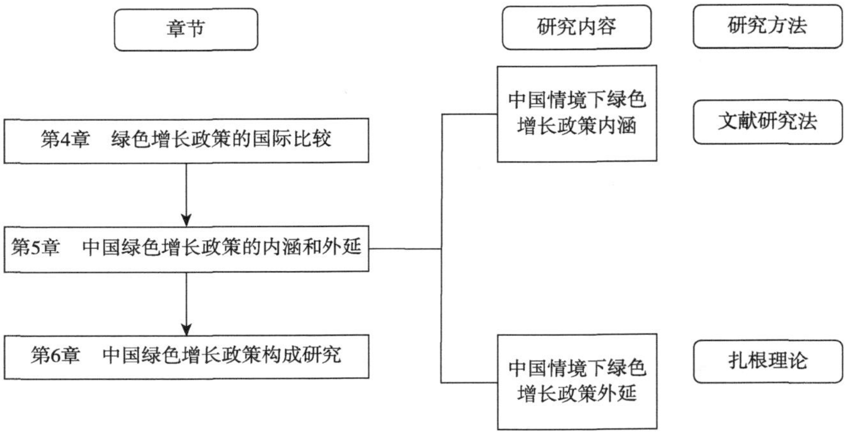

图 5-2　第 5 章逻辑框架图

5.2　中国情境下绿色增长政策内涵界定

5.2.1　绿色增长政策内涵界定的理论支撑

陈振明在《公共政策分析》中指出，一个完整的政策包括问题认定、政策规划、政策执行、政策效果评估四个阶段。其中，问题认定、政策规划、政策执行阶段，分别通过设定政策目标和设计、组合政策措施为政策行动梳理出一个基本框架，即对于一项政策而言，其政策目标、政策措施是居于政策的核心地位，因此政策目标和政策措施是界定绿色增长政策的核心维度。

OECD 从全球视野出发，为绿色增长政策设定的目标旨在克服现有政策障碍、实现经济绿色转轨、促进绿色增长的国际合作，强调通过国际交流合作来催化投资和创新，实现经济的转型升级[1]。UNEP 领导的绿色增长政策目标包括“增加绿色工业投资”和“针对环境污染经济区的绿化工作”两部分[2]，其绿色增长目标的一个核心假设就是更有效地利用环境资产来实现经济和环境的双赢。

韩国实施绿色增长政策的主要动机之一就是找出应对当时经济危机的出路，促进经济增长。作为绿色增长概念的起源之一，韩国《低碳绿色增长基本法》规定了韩国绿色增长政策的“三个主题，四个方面”[3]。韩国绿色增长政策的长期目标旨在实现经济和环境的协同发展，实现韩国国际地位的提升，提出适应气候变化、创建新经济增长点和改善社会民生三大主题，涵盖能源独立、发展绿色技术、培育绿色文化、创造绿色就业四个方面。

5.2.2　绿色增长政策的内涵演变

1. 绿色增长政策属性演变

绿色增长被引用为一种范式或创造新增长来源的政策指南[4]。2005 年，ESCAP 首次将绿色增长界定为“惠及社会成员的一种低碳、环境可持续的经济过程”，是经济社会实现可持续发展的重要环节，但因其缺乏指导性实施路径未引起国际社会的广泛关注。2008 年，金融危机爆发，世界经济增长速度持续放缓，各国都寻求摆脱现有经济模式的新出路，同时气候变化等环境问题成为各国寻找新经济增长点必须要面临的挑战，此时绿色增长作为经济增长的新机遇得到 OECD 和世界银行等权威机构的关注与支持[5]，随后 OECD 从生态环境破坏、气候变化、生物多样性丧失和自然资源使用、经济增长和发展的角度界定绿色增长，这一界定将环境成本纳入经济增长的核算体系内，但仍缺乏全局观和公平观，需要进一步完善。2011 年 OECD 在《迈向绿色增长》报告中明确阐述，绿色增长包含经济增长、环境保护、社会福祉三个维度[6]，成为至今国际上最为权威的绿色增长界定。2012 年“里约+20”峰会上，提出经济范式改革应纳入绿色增长理念，此后绿色增长成为促进经济与环境协同发展的一种政策工具[7]。图 5-3 展现了绿色增长政策内涵属性的演变。

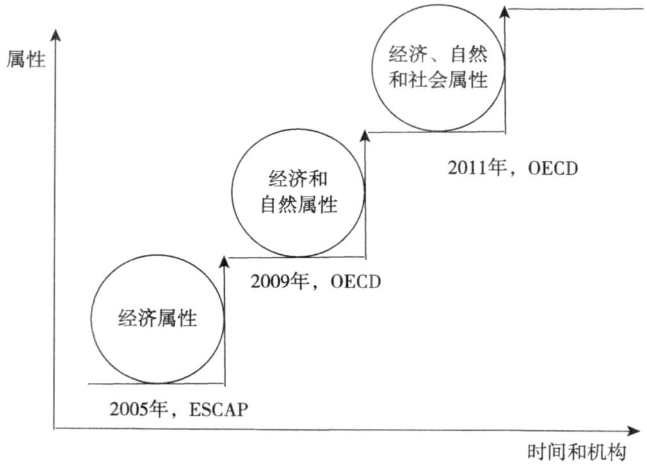

图 5-3　绿色增长政策内涵属性演变

2. 绿色增长政策目标演变

可持续发展代表了将经济、社会和环境联系起来的目标，而绿色增长则提出了一个可操作的政策框架。在这个意义上，绿色增长更具体，更注重结果。韩国提出绿色增长政策服务于适应气候变化、创建新经济增长点和改善社会民生三大目标，涵盖能源独立、发展绿色技术、培育绿色文化、创造绿色就业四个方面[3]。土耳其的绿色增长政策目标集中在实现经济和环境的互补效应、高效利用能源资源、以绿色投资带动就业三方面[8]。关于国内绿色增长政策的目标，胡鞍钢和周绍杰[9]认为中国绿色增长旨在通过进步性的制度安排提升社会资本，鼓励绿色技术创新和制度创新，降低自然资本的消耗，提升人力资本，进而提升实体资本的生产率。张旭和李伦[10]认为中国绿色增长通过"政策支持、技术变革和投资保证"实现经济增长和环境保护两大基本目标。渠慎宁等[11]通过对国外绿色增长理论的研究，特别指出绿色技术创新是实现中国绿色增长追求的重要途径。

虽然关于绿色增长政策目标并未有一致的规定，但其涵盖的基本内容是一致的，都由环境、经济、民生三大主题构成。基于国际绿色增长政策目标比较和中国绿色增长相关文献，中国的绿色增长政策目标包括：第一，适应气候变化，应对环境危机，调整宏观经济政策和产业结构，缓解温室气体排放，发展和使用清洁资源、能源，以及提高资源、能源效率。第二，通过创新、投资来驱动产业改革，创建新的经济增长极。发展新兴产业、环保产业、服务业等，依靠绿色投资、清洁技术实现全要素生产率增长和集约增长，实现投资与产业结构的平衡。第三，在社会民生环节，重点转向绿色建筑、绿色交通等基础建设项目，逐步发展绿色就业、扶贫及生态旅游项目，促进绿色消费，倡导绿色生活。据统计，2006 年中国建筑领域中的高耗能建筑占比高达 95%，单位建筑面积能耗特别高，是发达国家的 2～3 倍。据估计到 2020 年底，全国新增城市建筑面积将会超过 130 亿平方米，假设这些新增的城市建筑实现 50%的节能，即可为中国每年节省 1.6 亿吨标准煤[12]，这无疑会大大优化当前高污染化石能源的利用结构。同样，交通基础设施投资也是绿色增长的重要推动力。中国交通基础设施对区域经济增长的产出弹性为 0.05～0.06[13]，对经济增长具有很强的拉动作用。绿色建筑和绿色交通体系的建设和发展，不仅有利于全面推进社会公众追求绿色的生活方式，降低住房和城乡建设部、交通部门的能源消耗和污染物排放，还将为绿色增长提供持续稳定的发展动力。此外，在中国实现绿色增长目标的过程中，生态环境友好是重要的组成目标。转变经济增长方式，为人类社会创造生态环境良好的生活环境，是绿色增长政策的重要目标。

3. 绿色增长措施演变

国际组织 OECD 建议绿色增长政策措施以市场化工具为主，涉及财政税收、金融投资、碳排放交易等，而各国在具体的政策执行上，除了核心的市场化政策措施外，还积极纳入人才培养、公众参与、教育宣传等社会化措施予以辅助。政策措施有多种分类形式，Woolthuis 等[14]将政策措施划分为权威型、组织型、信息型、财政型措施。Phaal 等[15]将政策措施分为自愿型、强制型、综合型。在分类基础上，土耳其将实现绿色增长的政策措施分为监管类措施、市场类措施、信息技术类措施[16]。韩国将绿色增长政策措施归纳为技术创新类、财政税收类、文化建设类及制度建设类[4]。国内学者通过文献研究归纳出命令–控制型、经济激励型和自愿型三大类城市绿色增长政策措施。本书通过研究大量法律法规及相关文献，参考以上国家、组织、学者对绿色增长政策措施的归纳和总结，借鉴 Elmore“命令性、激励性、能力构建、系统变迁”四种政策措施分类形式[17]，并在绿色增长政策领域专家的建议下进行适当增删、重分类，按照政策的工具属性将中国绿色增长政策措施分为五种类别，分别是“命令–控制型”“市场激励型”“能力构建型”“引导辅助型”“其他”。

5.2.3　绿色增长政策的中外情境对比

本书的研究核心是中国绿色增长政策，而国际上其他国家的绿色增长政策实施概况是中国绿色增长政策的立法渊源之一，因此对绿色增长政策的中外情境展开对比是凸显中国绿色增长政策特征的基础。绿色增长政策的中外情境对比承接第 4 章绿色增长政策的国际比较维度，将中国绿色增长政策情况与 OECD 35 个成员国绿色增长政策展开对比，并归纳中国绿色增长政策在政策环境、政策属性、政策利益相关者三个核心维度的特点，将其作为界定中国绿色增长政策内涵的基础。

1. 中国绿色增长政策环境对比分析

中国绿色增长政策环境展开维度同国际比较研究对象：经济发展程度、政治体制、立法模式，具体结果如表 5-1 所示。

表 5-1　中国绿色增长政策环境概况

国家	经济发展程度	政治体制	立法模式
中国	发展中国家	人民代表大会制度、中国共产党领导的多党合作和政治协商制度、民族区域自治制度、基层群众自治制度	中国立法模式的特点是在中国共产党领导下形成的；人民代表大会是中国的立法机关；根据宪法的规定各级机构有不同的立法权限；中国的政策层级从中央和地方两个层次展开；中国的立法草案实行三审制

1）经济发展程度

中国是世界上最大的发展中国家，近几年综合实力不断提升。根据世界银行经济数据，2017 年中国经济总量在世界上的排名仅次于美国。从经济发展角度来看，中国作为世界第二大经济体，与 OECD 35 个成员国相比，经济总量上存在绝对优势，但是从经济的其他维度比较来看，中国的经济只具有总量上的优势，不具备质量上的优势。中国仍未进入发达国家的行列，说明中国经济发展过程中仍存在一些亟待解决的问题，需要在现有经济增长模式下寻找新的经济增长点。

随着中国经济的发展、物质生活水平不断提升，公众开始将焦点置于环境、社会公平发展等方面，这促使中国政府不断地出台绿色增长相关政策，驱动中国经济持续发展，在出现新的经济增长点的同时创造生态良好的社会环境。

2）政治体制

中国的政治体制为人民代表大会制度、中国共产党领导的多党合作和政治协商制度、民族区域自治制度、基层群众自治制度。中国的政治体制与 OECD 35 个成员国相比，最大的特色是中国共产党领导，历届国家主席或主要领导人都是由中国共产党党员担任，保证了中国共产党对中国经济、社会、环境发展的核心领导地位，在选举和决定重大事项时，中国主要由人民代表大会讨论决定，最大限度地保证人民当家作主。而 OECD 成员国的政治体制是多党制或两党制，国家领导人或者主要执政团体由民众根据各个党派反复辩论和演讲投票决定，选举过程中可能存在时间长和各党派贿赂选票的问题，最终会影响公众的利益。

《中华人民共和国宪法》(以下简称《宪法》)第一条明确提出“社会主义制度是中华人民共和国的根本制度。中国共产党领导是中国特色社会主义最本质的特征。禁止任何组织或者个人破坏社会主义制度”。中国在《宪法》中确定了中国共产党的领导地位，最大限度地保证了民主，因此中国政治体制与 OECD 35 个成员国相比具有明显的优越性。

3）立法模式

立法机关是制定、修改和废除法律的国家机关，OECD 35 个成员国的立法机关是议会或国会。中国的立法机关是全国人民代表大会及其常务委员会，省、自治区、直辖市的人民代表大会及其常务委员会可以制定地方性法规。

《宪法》中明确地规定了各级立法机关的立法权限，《宪法》第五十七条明确规定“中华人民共和国全国人民代表大会是最高国家权力机关。它的常设机关是全国人民代表大会常务委员会”。《宪法》第八十九条明确规定国务院“根据宪法和法律，规定行政措施，制定行政法规，发布决定和命令”。《宪法》第九十条明确规定国务院的“各部、各委员会根据法律和国务院的行政法规、决定、命令，在本部门的权限内，发布命令、指示和规章”。《宪法》第九十九条明确规定“地方各级人民代表大会在本行政区域内，保证宪法、法律、行政法规的遵守和执行；依照法律规定的权限，通过和发布决议，审查和决定地方的经济建设、文化建设和公共事业建设的计划”。

根据《宪法》对各级立法机关及立法权限的规定，可以看出中国的政策共分为：法律、行政法规、部门规章、地方性法规、地方政府规章、地方规范性文件。

对于立法程序：提案。全国人民代表大会主席团、全国人民代表大会常务委员会、全国人民代表大会各专门委员会、一个代表团或者三十名以上的代表联名，可以向全国人民代表大会提出法律案，由主席团最终决定是否可以列入会议议程或者先交有关的专门委员会审议、提出是否列入会议议程的意见，再决定是否列入会议议程。在法律案审议的过程中，专门委员会审议的时候，可以邀请提案人列席会议，对议案进行说明和发表意见，其后由其他代表团发表意见和提出问题，并最终决定是否列入全国人民代表大会会议议程。列入全国人民代表大会会议议程的法律案，由法律委员会根据各代表团和有关的专门委员会的审议意见，对法律案进行统一审议，向主席团提出审议结果报告和法律草案修改稿，对重要的不同意见应当在审议结果报告中予以说明，经主席团会议审议通过后印发。法律案在审议中有重大问题需要进一步研究的，经主席团提出，由大会全体会议决定，可以授权常务委员会根据代表的意见进一步审议，做出决定，并将决定情况在全国人民代表大会下次会议中报告；也可以授权常务委员会根据代表的意见进一步审议，提出修改方案，提请全国人民代表大会下次会议审议决定。法律草案修改稿经各代表团审议，由法律委员会根据各代表团的审议意见进行修改并提出法律草案表决稿，由主席团提请大会全体会议表决，由全体代表的过半数通过，全国人民代表大会通过的法律由国家主席签署主席令予以公布。

OECD 35 个成员国的立法程序与中国的人民代表大会立法程序有类似之处。以美国国会立法流程进行说明：第一步，提出议案。议案可以由在众议院的一名或多名众议员提出，参议院提出的议案只要能被主持人认可，就可宣布议案。总统在国会只能提出立法建议，无权直接提出议案。第二步，由委员会审议。议案提出后，众议院议员或参议院主持人按照议案的审议流程将议案提交给主管常设委员会审议，在进行小组委员会审议时，就议案邀请政府官员，利益集团代表，其他议员或公民到会作证，进行公开的或秘密的听证会。由各方利益相关者反映情况，陈述意见，回答各种问题。审议，只有完成审议后才能向全体委员会报告，全体委员会有时又举行听证会，再审改议案，才进行表决。如果表决拒绝该议案，则议案很可能就此停止，事实上绝大多数议案在此关就停止了。第三步，全院辩论和表决，委员会表决通过的议案，再由议员们对该项议案进行辩论，提出修正案，最后进行表决。议案在一院通过后，即送另一院审议，再经过一套以上程序，最后再次表决。第四步，两院协商，如果第二院对议案又加修改，则需要专门成立临时两院联合委员会协商解决，两院协商一致并均表决通过后送总统签署。第五步，总统签署，总统接到两院通过的议案后签署，即成为法律。但是总统也可否决或搁置。否决后议会两院各以三分之二多数再次通过，则无须总统签署即成为法律。如搁置 10 天，议会并未休会，议案自动生效。如果 10 天内议会休会，则议案作废。搁置否决不需要理由，也不能被推翻。

中国效力级别最高的法律由全国人大及其常务委员会制定，全国人民代表大会制定和修改刑事、民事、国家机构的和其他的基本法律。全国人民代表大会常务委员会制定和修改除应当由全国人民代表大会制定的法律以外的其他法律；人民代表大会制度决定了中国效力最高的绿色增长政策的制定和颁布。在 OECD 35 个成员国中，总统在立法方面的作用非常大，对于总统否决的议案，需要两院以三分之二的多数才能否决无效，而三分之二多数很难做到，因此会影响公众利益，同时在 OECD 35 个成员国立法过程中，一项法律的产生是利益相关者博弈的结果。因此，中国共产党领导下的人民代表大会制度在立法模式方面存在一定优势。

2. 中国绿色增长政策属性对比分析

1）中国绿色增长政策完备性

中国的绿色增长理念由来已久，进入 20 世纪 90 年代，中国共产党的十五大报告正式提出在现代化建设中必须实施可持续发展战略的理念[18]，在经济发展的基础上保护生态环境，在此期间中国绿色增长相关政策不断得到完善，如修订《中华人民共和国森林法》《中华人民共和国大气污染防治法》；党的十七大报告提出“深入贯彻落实科学发展观”“必须坚持以人为本”“必须坚持全面协调可持续发展”[19]，并将科学发展观写入党章，科学发展观与可持续发展观一脉相承，但科学发展观提出更具执行性的政策方向，同时发展环保产业和循环经济，并在 2008 年颁布《中华人民共和国循环经济促进法》，虽然可持续发展观提出许多具体性政策措施以促进生态目标的实现，但是经济社会发展目标仍是核心；2012 年党的十八大报告明确提出“全面落实经济建设、政治建设、文化建设、社会建设、生态文明建设五位一体总布局”“大力推进生态文明建设”[20]，将生态文明发展的战略高度等同于经济、社会、文化、政治发展，致力于从局部协调发展实现全面协调可持续发展的跨越，中国更加重视生态环境保护；2015 年党的十八届五中全会上明确提出“坚持绿色发展”的理念，其基本内容包括“促进人与自然和谐共生”“加快建设主体功能区”“推动低碳循环发展”“全面节约和高效利用资源”“加大环境治理力度”“筑牢生态安全屏障”六个方面[21]。中国出台一系列政策，如于 2014 年修订，2018 年修正了《中华人民共和国环境保护法》，2016 年颁布《中华人民共和国环境保护税法》向环境污染企业和个人征税。通过归纳中国绿色增长政策演变历程，可以看出中国的绿色增长理念由来已久，中国出台的一系列与绿色增长相关的法律、法规，不断完善中国绿色增长政策体系，致力于中国绿色增长道路的实现。

中国绿色增长政策完备性与 OECD 35 个成员国相比，已经形成了相对完善的绿色增长理念，但是绿色增长政策集中于环境保护、能源和低碳层面，并未出台一部绿色增长法，同时也并未建立完善的绿色增长政策体系和框架。

2）绿色增长战略背景

首先，面临经济增长速度持续放缓的压力。中国统计年鉴数据显示，2006 年以来中国的 GDP 总量呈现逐年增长的趋势，但增长速度自 2011 年开始呈现明显的下降趋势。2010 年中国第 1 季度 GDP 增速为 12.2%，全年的 GDP 增长速度为 10.6%，而 2017 年全年 GDP 增长速度下降为 6.9%。经济增长速度与国民生活水平的提高息息相关，经济增长速度持续平缓与国内人民生活水平持续提升的需求给中国经济社会发展带来严峻的挑战。

其次，资源消耗的压力。2017 年《世界能源统计年鉴》发布的数据显示，1990 年中国的一次性能源消费占世界比重为 8.39%，2000 年中国的一次性能源消费占世界比重为 10.73%，2015 年中国的一次性能源消费占世界比重为 16.46%，2016 年，中国一次能源消费量 30.53 亿吨油当量，同比增长 1.3%，占世界的比重为 23%，中国的一次性能源消费量在世界上占比呈现逐年上升的趋势。根据中国统计年鉴数据，中国的单位 GDP 能耗变化见表 5-2。虽然中国的单位 GDP 能耗强度及能耗成本逐年降低，但从世界范围看，中国的能耗强度与世界平均水平及发达国家相比仍然偏高，具体数据见表 5-3。

表 5-2　2010～2016 年单位 GDP 能耗变化

年份	单位 GDP 能耗/（吨标准煤/万元）	能耗强度同比速度
2010	0.88	−3.0%
2011	0.86	−2.0%
2012	0.83	−3.5%
2013	0.80	−3.7%
2014	0.76	−4.7%
2015	0.72	−5.6%
2016	0.68	−5.0%

资料来源：厦门节能公共服务网.2010—2016 年我国单位 GDP 能耗情况.http://www.xmecc.com/html/2017/11/1/20171101091107404516851 63.html[2017-02-23]

注：GDP 价格按 2010 年不变价格计算

表 5-3　单位 GDP 能耗国际比较

地区	单位 GDP 能耗/（吨标准煤/万美元）
世界	2.6
发达国家	1.8
中国	3.7
美国	1.8
德国	1.6
日本	1.4
英国	1.0

最后，国内环境污染压力。党的十八届五中全会提出绿色发展理念，党中央、国务院对生态环境保护做了一系列战略部署，以改善环境质量为核心，着力解决突出环境问题。与 2014 年相比，2015 年化学需氧量排放量下降 3.1%、氨氮排放量下降 3.6%、二氧化硫排放量下降 5.8%、氮氧化物排放量下降 10.9%①，取得有效的进展，但中国各项污染排放指标仍处于严重超标阶段，环境质量短时间内很难有明显改善。国内经济发展面临经济增长速度持续放缓、人口基数大、国民物质生活水平提升、资源能源消耗量持续上升、环境质量持续改善的压力和挑战，而解决这些挑战是中国经济实现顺利转型的必经之路，也是 2020 年全面建成小康社会的必经之路，凸显了中国实施绿色增长政策的现实紧迫性。

将中国绿色增长战略背景与 OECD 35 个成员国相比，可以发现中国的绿色增长政策战略背景与 OECD 35 个成员国的绿色增长战略背景相似，都是从经济、环境、社会角度出发，采取绿色增长政策行动，解决绿色增长政策问题，实现绿色增长战略目标。

3）中国绿色增长政策战略目标

中国在《宪法》第二十六条明确规定“国家保护和改善生活环境和生态环境，防治污染和其他公害”，从宪法的角度提升了生态环境保护的战略地位。中国在党的十八大报告中提出“把生态文明建设放在突出地位，融入经济建设、政治建设、文化建设、社会建设各方面和全过程”[20]，提升了生态的战略地位。中国在党的十九大报告中明确提出“建设生态文明是中华民族永续发展的千年大计”“形成绿色发展方式和生活方式，坚定走生产发展、生活富裕、生态良好的文明发展之路”“深入贯彻以人民为中心的发展思想，一大批惠民举措落地实施，人民获得感显著增强”“引导应对气候变化国际合作，成为全球生态文明建设的重要参与者、贡献者、引领者”。对中国绿色增长政策实施背景及政策法规进行分析，发现中国实施绿色增长政策以经济增长为基本目标，以生态环境友好为重要的环境目标，应对气候变化目标的实现是全球需要共同应对的挑战，人民共享绿色发展福祉是实施绿色增长政策的核心目标之一。

3. 中国绿色增长政策利益相关者对比分析

中国设立环境保护部负责环境保护、污染治理、循环经济、环保产业、应对气候变化政策的制定、执行监督、项目环境影响评价等工作。环境保护部根据资源分类设置组织架构，进行资源保护与污染治理工作，实现生态环境目标，但环境保护部在推动中国实现循环经济、产业发展、应对气候变化政策制定与执行方面相对比较薄弱。虽然中国未像韩国一样设立绿色增长委员会负责绿色增长政策

① 数据来源于《2015 年全国环境统计公报》。

的制定、执行、监督等工作，但环境保护部在一定程度上承担了类似韩国绿色增长委员会的职责。中国的环境保护部在 2018 年 3 月正式更改为生态环境部，在原环境保护部职责的基础上提高生态的战略地位，表明中国对生态环境的高度重视。

2007 年中国成立国家应对气候变化及节能减排工作领导小组，由国务院直接领导，其他成员由国家发展和改革委员会主任、外交部部长、科学技术部（简称科技部）部长、中国气象局局长等 29 人组成，统一部署应对气候变化和节能减排相关政策工作。因应对气候变化也是一项国际议题，因此领导小组也负责研究审议国际合作和谈判政策方案，协调解决应对气候变化的国际工作。国务院层面成立工作小组后，国务院各部门及地方政府相继成立工作小组，开展应对气候变化相关工作。应对气候变化是绿色增长政策议题中的重要组成部分，中国成立相关工作小组可以看出中国从上到下应对气候变化的决心。

中国未设独立的组织机构负责绿色增长工作，但设立了环境保护部（后更名为生态环境部）负责中国的环境保护相关工作，并在 2007 年设立国家应对气候变化及节能减排工作领导小组负责应对气候变化相关工作，可以看出中国对绿色增长目标的重视。但是在 OECD 成员国中韩国已经设立了明确的绿色增长委员会负责韩国的绿色增长政策的制定、执行、效果评估等，韩国的绿色增长理念引起国际社会的重视。未来中国经济社会发展过程中应该根据现实需要和政策议程的安排设定相应的政策制定部门。

5.2.4　中国绿色增长政策内涵归纳

“绿色”指技术驱动下的环境友好和资源节约化利用，聚焦于使用有限的自然资源和能源及应对气候变化的温室气体减排行动[22]；“增长”针对的是生产、收入和生活条件[23]，一般理解为社会财富总量的增加和人类生活的改善。绿色增长政策沿袭了可持续发展理论中经济、环境、社会的三大支柱理念，经历了经济属性，经济与自然属性，经济、自然与社会属性整合的演变历程。绿色增长内置的经济、社会、自然属性诠释了绿色增长的目标方向，具体的政策实践取决于国家和组织不同的目标偏好。

根据绿色增长政策的内涵演变可以得出，中国情景下的绿色增长政策概念界定要从政策目标和政策措施角度出发。根据绿色增长政策的中外情境对比，从政策环境维度得出中国绿色增长政策由中国共产党领导下的人民代表大会制定，这是中国绿色增长政策的根本特征，从政策利益相关者维度得出中国绿色增长政策是由人民代表大会及其他有立法权限的机构按照立法流程制定的，从政策属性的维度可以看出中国的绿色增长理念由来已久，从环境、气候、能源、生态等角度出台政策，以实现经济增长目标、生态环境友好的环境目标和应对气候变化目标。

OECD 在《迈向绿色增长》中明确指明各国绿色增长战略都需要纳入促使经济增长与自然资本相互促进的广泛框架性政策及激励高效利用自然资源、使得污染者付出更高代价的政策，揭示了绿色增长政策内容涵盖环境政策、创新政策、财政政策等，实质上是一个绿色增长政策体系。在逻辑学的学术范围内，概念的逻辑结构分为“内涵”与“外延”。内涵是指“一个概念所概括的思维对象特有的属性的总和”。因此，本书以绿色增长政策内涵演变为基础，结合中国绿色增长政策实施现状，将中国绿色增长政策界定为：“全国人民代表大会和其他绿色增长政策制定者为应对生态环境危机、应对气候变化、保障社会民生福祉和促进经济增长，制定的创新、投资驱动产业发展等各种直接或间接的政策集合，包括环保、创新、产业等各个方面的政策。”

5.3 中国绿色增长政策的外延界定

5.3.1 理论支撑

外延包括某一概念的一切对象及一个概念的适用范围。陈振明在《公共政策学——政策分析的理论、方法和技术》中提出从“政策问题、政策目标、政策效果”等维度揭示政策。政策问题不仅是一种客观存在的事实或状况，也是一种主观感知及集体行动的产物，它是由相当数量的社会成员感觉到的与人的利益、价值、要求相联系的，并由社会团体所界定的及被政府所认可、认为必须加以解决的社会问题。由此可以看出政策问题是政策产生的原因，随着经济社会的发展，政策问题会产生变迁，导致政策取向及生产关系服务方向发生改变[24]。因此，政策的外延即通过对政策进行系统分析，从政策调整问题的角度全面揭示的中国绿色增长政策的范围。对中国绿色增长政策外延的研究有助于全面把握绿色增长政策的表现形态[25]。

陈振明在《公共政策学——政策分析的理论、方法和技术》中揭示了政策的内涵，本书在此基础上，采用扎根理论方法，以中国绿色增长政策文献为数据来源，从政策问题的角度提取中国绿色增长政策的构成要素，在选择性编码和文献分析的过程中揭示中国绿色增长政策要素的关联关系。扎根理论提出一套系统化的程序，以帮助研究者借助已有的资料进行分析归纳并构建理论[26]，分析研究对象关联关系的过程即构建理论的过程。因此，本书通过分析中国绿色增长政策关联关系，构建中国绿色增长政策关联关系框架图，即建立中国绿色增长政策理论框架。

5.3.2　中国绿色增长政策要素识别

1. 扎根理论方法和脉络

扎根理论是由 Glaser 和 Strauss 首创的一种质性研究方法，将研究者本人融入研究环境，采用多种方法收集资料研究社会现象，通过归纳法分析数据资料以形成理论，获得解释性理解。作为质性研究中最科学的研究方法，扎根理论通过定性的方法设计研究方案，并搜集原始数据资料。通过数据运算及模型建构对原始数据资料进行定量分析,采用定性与定量相结合的方式扎根在数据中建构理论。不同于传统意义上的"从假设、命题出发，对资料进行逻辑论证，得出相关理论"模式，扎根理论强调"自下而上"的理论建构模式，认为数据是研究的根据，理论要以丰富的数据为基础[27]，同时运用比较、推理、理论建立与假设检验等方法，从丰富的访谈资料中展开理论探索的归纳、演绎、对比、分析，螺旋式循环地逐渐提升概念及其关系的抽象层次[28]。

扎根理论通过开放式编码、主轴编码和选择性编码三个步骤，在资料分析的过程中逐次提炼概念和范畴，并识别范畴之间的因果关系，最终以核心范畴和关联关系连接众多范畴，通过理论抽样后得出研究结论，是一个从现象到本质，最后再到抽象理论的循序渐进的过程，在这个过程中通过扎根理论方法建构而来的范畴、概念及其相互之间的关系，在研究过程中被反复相互验证。本书按照扎根理论的研究步骤从文献资料、法律文本、报道等多样化资料中提取中国绿色增长政策构成要素。

2. 数据搜集及样本选取

1）数据搜集方法

扎根理论数据搜集方法有三种：民族志中的扎根理论、深度访谈和文本分析。民族志中的扎根理论主要用于田野调查中对研究现象和过程展开研究，不适用于专业度较高的绿色增长政策要素识别。深度访谈是扎根理论中最主要的数据搜集方法，但要求访谈人员对绿色增长、绿色增长政策研究比较深入，由于国内绿色增长研究处于起步状态，绿色增长领域的相关专家较少，本书无法采用深度访谈的方式获取研究数据。因此，本书最终采用文本分析方式，广泛搜集与中国绿色增长政策相关的文献、新闻报道、法律文本，直接从文本数据中提取中国绿色增长政策构成要素。

2）样本选取的维度

扎根理论强调资料的全面性，因此在检索中国绿色增长政策文献资料的过程中应兼顾广度和深度。中国绿色增长政策以中国政策问题为背景制定政策目标和选择政策措施，而国际经济环境压力是影响中国绿色增长政策进程的因素之一，同时其他国家的政策经验也是影响中国绿色增长政策的因素。因此，本书以国家为提取中国绿色增长政策构成要素的样本单位。

各国已将绿色增长纳入政策范畴中，本书在众多实施绿色增长政策的国家中，基于 OECD 成员国的特点，选择 OECD 35 个成员国为研究对象。首先，OECD 成员国分布在世界五个大洲，且成员国既有发展中国家也有发达国家，能够满足研究对象广泛性的要求。其次，OECD 旨在帮助成员国实现经济可持续性增长和扩大就业，秉承非歧视性原则为国际社会提供援助，致力于世界经济和贸易的稳定性增长。OECD 以各国共性问题为数据基础，只提供解决问题的平台，促使政府间达成解决某一类问题的标准或模式，或环境问题建议或纲要性文件。OECD 成员国是 OECD 研究经济、环境问题的政策数据来源，与绿色增长的环境友好性、经济增长持续性、社会包容性目标相对应，有助于本书有针对性地收集绿色增长政策文本数据。最后，OECD 在绿色增长政策的演变过程中起到重大推动作用。从概念界定角度，2011 年 OECD 在《迈向绿色增长》中给出迄今为止最为权威的绿色增长定义；在政策框架角度，OECD 发布的绿色增长战略是迄今为止指导绿色增长最权威的政策框架，从克服政策障碍、绿色增长轨迹转变、支持过渡、绿色增长国际合作四个关键维度建立绿色增长战略框架；在绿色增长政策评估角度，OECD 未给出具体的绿色增长政策评估指标，但指出绿色增长政策的评估可以从外部性和市场失灵两个维度展开，外部性聚焦于实施绿色增长政策的福祉，市场失灵从绿色增长政策之间的关联性、执行和监测实施效果的成本、市场信息不对称、激励机制、市场滞后性等维度对绿色增长政策进行评价。鉴于 OECD 在绿色增长政策议题中主要以 OECD 成员国为研究对象并出版了系列权威研究成果，因此本书以 OECD 成员国为研究样本。

3）样本数量及分布

扎根理论数据的广度和深度是影响研究结果的质量和可信性的核心因素，样本选取的过程更加注重样本的代表性和资料来源的丰富性，而对样本数量不做过多要求。一般来说，研究样本数量越多，最终提取的理论就越趋于饱和，但文献研究发现，扎根理论以理论饱和度原则确定样本数量，即抽取样本直到新抽取的样本不再提供新的信息为止，一般为 15～30。因此，本书最终确定样本数量为 36 个，既达到了扎根理论样本数量的基本要求，又保证了研究的代表性。

在 36 个研究样本中，本书以中国的绿色增长政策文本资料作为初始编码对象，这主要基于本书的研究对象是中国绿色增长政策。本书采用扎根理论提取中国绿色增长政策构成要素的文献资料，考虑到中国的政策环境、绿色增长政策属性、利益相关者等维度上的特点，只能是以中国绿色增长政策为研究的核心文献资料。从立法渊源的角度来看，国际法是一个国家立法进程中的重要影响因素之一，因此本书以 OECD 35 个成员国的绿色增长政策文献资料为扎根理论的数据来源，但是考虑到本书聚焦于中国绿色增长政策，而 OECD 35 个成员国的绿色增长政策情景分别适用于各成员国的政治体制、经济发展、绿色增长战略背景，因此本书将 OECD 35 个成员国的文献资料作为饱和度检验的样本，以完善中国绿色增长政策的理论框架。

每个国家的经济、社会、环境发展程度均不同，制定的绿色增长政策也就不同。为确保样本的科学性和可信性，同时满足数据收集过程中的广度和深度要求，在以上三个核心维度的基础上，本书共选择了 36 个国家搜集绿色增长政策文本，作为数据来源，样本数量及分布见表 5-4。

表 5-4　样本数量及分布

编号	样本分布	国家数
1	欧洲	25
2	亚洲	5
3	北美洲	3
4	南美洲	1
5	大洋洲	2
合计		36

4）数据搜集

本书在中国知网、百度学术、谷歌学术等数据库中以“绿色增长政策”“绿色发展政策”“绿色经济政策”“绿色政策”等关键词检索绿色增长政策文献，最终剔除不可用的文献资料，共搜集中国的文献资料 10 篇，OECD35 个国家文献资料 72 篇，整理获取文字材料 75 119 字。

3. 数据处理

扎根理论的编码过程分为三个阶段，分别为开放式编码、主轴编码和选择性编码。开放式编码阶段将原始数据进行归纳化整理，用初始代码代表不同研究对象的观点；主轴编码阶段将开放式编码获得的代码进行深度凝练与高度抽象，找出彼此之间的关联，获得更高级别的范畴；选择性编码则从主轴编码得到的概念类属中选择核心范畴，识别绿色增长政策核心构成要素。

1）开放式编码

开放式编码是一个将搜集到的混乱的原始数据，逐一概括并凝练初始范畴，然后再以崭新的关系再次连接起来的编码过程。它要求研究者保持一种开放的心态，搁置个人意见和业界的刻板印象，抛开先入为主的观念，将所有资料按其所呈现的状态进行编码。编码过程需要遵循以下六个基本原则：第一，对原始数据逐行逐句编码，在保证不遗漏任何数据的情况下，编码越细化，理论效果越好，直至没有出现新的概念范畴为止即为达到饱和状态；如果出现新的概念，必须在下一阶段继续搜集增补原始数据；第二，着重探究原始数据资料中的词句，尤其是具有高度概括性的、可以作为初始概念范畴的词句；第三，给初始概念进行自由定义，原则上没有限制，可引用原始资料中的词句，也可自行界定，而不用在意这个命名是否恰当；第四，对资料进行细致分析，就有关的细节（如词语、短句、行动等）询问具体问题；第五，随时分析那些与资料有关的概念的维度；第六，随时将编码范式中的有关条目罗列出来。开放式编码范畴化举例，见表 5-5。

表 5-5　开放式编码范畴化举例

原始资料	1）逐句编码：原始编码	2）初步概念化	3）范畴化
2014 年世界环境日，中国政府以“向污染宣战”作为中国主题词，持续强调要“锻造向污染宣战的有力武器”，2015 年在巴黎气候峰会上承诺切实采取行动减缓气候变化等，都持续地释放出中国政府异常强烈的政治意愿和决心；2016 年的“改善环境质量 推动绿色发展”则突出呈现了中国政府要继续持续不断地动用一切可能的手段，消除污染，应对局地、区域及全球环境问题。	政府持续采取污染治理措施 减缓气候变化政治行动 政府动用所有措施应对环境问题	污染治理措施 应对气候变化行动 环境保护措施	污染治理政策 应对气候变化政策 环境保护政策
诸多污染控制措施和政策从单纯控制污染排放向基于环境质量改善的污染物排放总量控制转变；从总量-浓度控制，到基于健康保障的环境质量-风险管理；从污染生产过程的末端治理向包括产业结构调整等在内的源头控制、全过程管理等风险防范管理模式转变	向污染总量控制转变政策方向	污染总量控制政策	污染控制政策

选取开放式编码访谈样本 36 个，涵盖北美洲、南美洲、亚洲、欧洲和大洋洲五个大洲，将中国的绿色增长政策文本作为开放式编码的数据样本，剩余的 OECD 35 个成员国绿色增长政策样本用于饱和度检验，同样涵盖以上五大洲。经初始编码最终共得到 66 个初始概念和 23 个范畴，见表 5-6。

表 5-6　开放式编码分析结果

编号	范畴（次数）	初始概念（次数）
1	环境保护政策（22）	环境保护政策和战略（8）、环保政策体系（6）、环境保护财政政策（5）、环境影响评价规定（1）、环境标准（2）
2	循环经济政策（5）	循环经济法规体系（4）、循环经济财政政策（1）
3	绿色财政政策（19）	生态补偿机制（6）、环保资金扶持政策（3）、绿色财税（6）、节能采购政策（4）
4	绿色产业政策（14）	环保产业政策（2）、环境友好型产业政策（2）、绿色产业扶持政策（6）、环境友好型农业（1）、产业改造升级政策（2）、产业布局政策（1）

续表

编号	范畴（次数）	初始概念（次数）
5	污染防治政策（15）	排污权交易所（2）、排污权办法（3）、污染防治财政政策（3）、污染物减排政策（4）、污染治理和控制措施（3）
6	温室气体减排政策（5）	碳排放权交易（4）、碳交易项目（1）
7	绿色金融政策（11）	绿色信贷行动（3）、环境污染责任保险制度（1）、排污权抵押贷款（1）、环保金融政策体系（5）、清洁产业基金机构（1）
8	清洁生产政策（9）	清洁发展机制（1）、绿色生产系统（1）、环境友好型生产政策（6）、绿色标志认证制度（1）
9	生态文明政策（5）	生态文明综合性政策（2）、生态文明制度体系（3）
10	绿色国土政策（1）	国土生态规划（1）
11	绿色技术创新政策（6）	技术创新行动（2）、节能技术行动（2）、环境友好型技术（2）
12	能源政策（5）	新能源政策（2）、传统能源政策（1）、节约能源措施（1）、产业节能行动（1）
13	绿色建筑政策（1）	低碳建筑标准（1）
14	绿色城市政策（2）	低碳生态城市政策（1）、环境友好型城市建设（1）
15	绿色交通政策（3）	低碳交通布局政策（1）、低碳交通出行政策（2）
16	节能减排政策（1）	节能减排机制（1）
17	绿色消费政策（5）	绿色消费框架（3）、绿色消费财政优惠措施（1）、绿色消费宣传行动（1）
18	绿色教育政策（3）	绿色人才培养战略（1）、绿色发展人才体系（1）、绿色国民素质（1）
19	绿色就业政策（8）	绿色技能培训计划（3）、绿色岗位投资（5）
20	绿色贸易政策（3）	贸易结构调整行动（2）、禁止环境有害产品进口（1）
21	低碳政策（6）	低碳环保材料（2）、低碳宣传活动（4）
22	绿色基础设施建设政策（3）	环境基础设施建设（1）、环保技术推广平台（1）、新能源汽车基础设施（1）
23	绿色增长国际合作政策（4）	国际技术合作项目（2）、人才国际交流计划（2）

2）主轴编码

主轴编码的目的是理顺初始概念、范畴及其之间的关联作用及影响，这些作用和影响可以体现在时空维度、等价替换、直接决定、间接影响、反作用、特例、差别对待、词义关联、特定情景等层面上，通过对初始概念之间相关性的反复分析与归纳，抽象概括出更高级别的范畴。主轴编码的目的并非建立系统的理论框架，而是把开放式编码得出的初始概念和范畴进一步抽象凝练为一系列次要范畴，从而更好地发展主范畴。建立各概念类属的关联关系之后，研究者还要能分辨出主类属和次类属，从而通过比较的方法把不同类属之间的关系联结起来；当所有的主类属和次类属的关系都建立起来以后，研究者就可以采用新的方式对原始资料进行重新整合。

主轴编码是开放式编码之后的第二个阶段，意味着使用最重要的和出现最频繁的初始代码，用大量的数据来筛选代码，将开放式编码得到的彼此相互独立、没有联系的概念类属进行分类和筛选。通过深度凝练与高度抽象，将 66 个初始概念归纳为 6 个主范畴：生态环境友好、经济包容性增长、应对气候变化、绿色生活、绿色资本、基础辅助类政策，见表 5-7。

表 5-7　主轴编码分析结果

编号	主范畴	关系范畴
1	生态环境友好	环境保护政策、生态文明政策、清洁生产政策、污染防治政策
2	经济包容性增长	绿色产业政策、循环经济政策、绿色贸易政策
3	应对气候变化	温室气体减排政策、节能减排政策、低碳政策、能源政策
4	绿色生活	绿色城市政策、绿色消费政策、绿色教育政策、绿色就业政策、绿色建筑政策、绿色国土政策、绿色交通政策
5	绿色资本	绿色财政政策、绿色金融政策
6	基础辅助类政策	绿色技术创新政策、绿色增长国际合作政策、绿色基础设施建设政策

3）选择性编码

选择性编码是本章编码过程的最后一个阶段，指在主轴编码得到的相互关联、相互影响的主范畴之间选择核心范畴，即中国绿色增长政策的核心构成要素，在已发现的概念和范畴中系统地选择比对，将其逐一和其余范畴予以对比分析，验证之间的关联关系，并把尚未补充完整的概念类属发展完备的过程。

通过对表 5-7 的深入分析，按照绿色增长政策核心目标的不同对主范畴进行进一步的归纳。绿色资本的核心目标为中国绿色增长政策生态环境友好、经济包容性增长、绿色生活、应对气候变化 4 个核心目标，绿色资本为基础辅助类政策和 4 个核心目标的实现提供资本支持。经济包容性增长是中国绿色增长政策最为核心的目标，能够为绿色生活、应对气候变化、生态环境友好提供经济背景，而绿色生活、应对气候变化、生态环境友好目标的实现在一定程度上反作用于经济目标的实现。

4）饱和度检验

饱和度检验的目的是决定何时停止搜集数据。扎根理论认为，当类属饱和时停止，即当搜集新数据不再能产生新的理论见解，也不再能揭示核心理论类属新的属性时，类属就“饱和”了。本书将 OECD 35 个成员国的绿色增长政策文本数据按照扎根理论的过程进行编码，提取主要的概念，最终发现初始编码的 23 个范畴都包含在内。具体的饱和度检验如下段文字所示。

2007 年 5 月萨科齐执政之后制定国家环保战略，把环保和可持续发展作为政府工作的重中之重。为制定能够得到广泛认可的国家环保战略（环境保护政策），法国试图构建“绿色大国”的整体规划，这是法国生态文明建设的集中体现（生态文明政策）。根据草案，在气候领域，到 2050 年，法国的温室气体排放量将在 1990 年的基础上减少 75%（温室气体减排政策）；在交通领域，法国将大力发展铁路运输，在 2020 年前新建 2000 千米高速铁路（绿色交通政策）；在能源领域，法国预计2020年将可再生能源占能源消耗比重提高到23%，并从2010年起逐步停止销售耗电量大的白炽灯泡（能源政策）；在农业领域，力争到2020年将种植生态农产品的农田比重提高到20%（绿色产业政策），并从2009年起加倍抵免生态农业的税收（绿色财政政策）。建筑业是耗能大户，占法国能源总耗的40%，因此草案规定，从2012年开始严格根据所建房屋的能耗发放建房许可（绿色建筑政策）。这些内容涉及广泛的环保战略，核心就是发展“低碳经济”（低碳政策）。法国政府从税制改革入手，建立一套真正的“生态税收制度”，引导家庭和企业逐步减少化石燃料的消费（绿色消费政策）。在地热能方面，政府计划到2020年把地热能利用总量在现有基础上增加五倍，使200万户家庭能够用上这种新能源。在太阳能方面，法国希望能够通过一场技术革命，跻身于世界领先国家的行列（绿色技术创新政策）。根据这项计划，政府在2009～2010年拨款10亿欧元设立“可再生能源基金”，用于推动公共建筑、工业和第三产业供热资源的多样化，其中包括太阳能和地热能（绿色金融政策）。按照内阁决定，负责起草该计划的政府工作组于2012年5月前向内阁提交详细的计划草案，内容包括：鼓励高效、低成本、可持续地利用自然资源（清洁生产政策）；扩大绿色工作机会（绿色就业政策）；普及推广绿色增长技术等。匈牙利人同样重视保护城市绿地，首都布达佩斯人口密度大，新建工程多，但市区的几个大型绿地公园都受到特殊保护，各区还拥有许多分散的绿地和街心花园。国际上许多国家和地区已有湿地保护协议和政策（绿色城市政策），如1995年欧盟颁发了湿地保护和使用指南，首次提出了欧盟成员国的湿地保护政策，但湿地依然面临着来自工业、农业、住宅发展、水污染的威胁，造成其功能的退化和结构的改变（污染防治政策）。日本经济结构从纺织、重化工、钢铁、水泥等工业，逐步转向建筑、银行、证券、动漫、娱乐等现代服务业。日本经贸结构转型的成功，带来了环境污染排放的大幅度下降（绿色贸易政策）。瑞典绿色事业快速发展与政府的产业政策密切相关，政府大力推动循环经济等的发展（循环经济政策）。在持续的探索与实践中，芬兰、德国的土地整治发展理念不断创新，芬兰、德国土地整治的核心是通过土地权属调整，制定了土地整治工程设施建设质量标准，均强调土地整治公众参与，土地整治目标已从改善农民生产生活条件、提高农业生产能力、降低生产成本向建设农田生态景观、保护生物多样性、促进美丽乡村建设和城乡生活等值化等多目标转变。并开始关注和研究土地整治对气候变化的影响（绿色国土政策）。20世纪60～70年代遭遇的一系列重大环境污染事件与能源危机，给人类社会敲响了节能减排的警钟。21世纪的气候恶劣变化与哥本哈根世界气候大会的召开，昭示着人类不仅要有节能减排的意识，更要有节能减排的具体政策、法律框架和行动方案（节能减排政策）。值得一提的是，除了职业教育领域，澳大利亚的正规大学也热衷于可持续发展的课程及工作，有大学在开发建立包括环境可持续发展学习和教学的学术标准体系，并对其学习效果进行定义，以便帮助参与环境可持续发展项目的大学生学习相关内容（绿色教育政策）。推进绿色基础设施的标准化建设，以标准提升基础设施运营、管理和维护过程中的绿色化、低碳化水平，强化生态环境质量保障（绿色基础设施建设政策）。深化节能领域标准化国际合作，推动与区域重点国家节能标准的协调，开展制冷空调、照明产品等节能标准化国际合作研究，支撑绿色产业和生态环保国际合作项目建设（绿色增长国际合作政策）。

5.3.3 中国绿色增长政策要素分析

1. 中国绿色增长政策要素内容解析

1）经济包容性增长

经济包容性增长目标注重经济增长与资源节约、环境保护目标的协同。通过对中国绿色增长政策要素内容的解析，最终发现绿色产业政策、循环经济政策、绿色贸易政策是中国绿色增长政策中驱动经济包容性目标实现的重要政策安排。

绿色产业要求其产品和服务具有节约资源和能源、减少污染排放和碳排放、环境友好等一系列特征，是当前中国经济发展中的战略性产业集合，涵盖节能环保产业、新能源产业和新能源汽车产业等中国经济社会发展过程中的重要战略性新兴行业，具有重要的战略地位和广阔的发展前景。

资源节约、循环利用、环境和谐发展是循环经济的基本特征，循环经济以资源的高效和循环利用为核心，以低消耗、低排放、高效率为基本目标，以“减量化、再利用、资源化”为原则，符合可持续发展理念的经济增长模式。循环经济发展模式是对“大量生产、大量消费、大量废弃”的传统增长模式的根本变革。

绿色贸易是指在贸易中预防和制止由于贸易活动而威胁人类的生存环境及对人类的身体健康的损害，从而实现可持续发展的贸易形式。绿色贸易政策包括贸易结构调整行动、禁止环境有害产品进口等构成要素，既注重地球生态环境的保护，促进经济与生态的协调发展，也要实现企业自身利益、消费者和社会利益及生态环境保护的统一。

经济包容性增长目标是中国绿色增长政策最为核心的目标，绿色产业政策、循环经济政策、绿色贸易政策是驱动经济包容性增长的政策安排，以促进经济包容性增长目标的实现。

2）绿色生活

绿色生活即生活方式绿色化，倡导节约资源和能源、对环境友好的生活方式，是建设和谐社会的重要组成部分。绿色生活目标要求从城市、消费、教育、就业等多个领域进行政策安排，要求提高全民生态文明意识，培育绿色生活方式，推动居民在衣、食、住、行、游等方面向绿色低碳、文明健康的方式转变。通过对中国绿色增长政策要素内容的解析，最终发现绿色城市政策、绿色消费政策、绿色教育政策、绿色就业政策、绿色建筑政策、绿色国土政策、绿色交通政策是中国绿色增长政策中实现绿色生活目标的重要政策安排。

绿色城市作为可持续发展中的重要发展方向，其低碳模式和生态理念已被纳入城市化进程中，影响着城市化进程中城市土地资源的利用、空间结构组织与形态的构建、交通系统的规划与管理等，具体表现为通过低碳手段来减少城市发展对自然生态环境的负面影响，实现“人–城市–自然”和谐共生的复合人居系统。绿色城市强调由环境友好的技术、产品、企业、产业、教育和居民社区等组成的复合体，关注社会活动对自然生态环境的影响，将生产活动限制在生态环境的承载能力范围之内，同时强调综合运用经济、技术、管理等多种措施，有效监控生产和消费全过程，降低污染的产生量，最终降低社会经济系统对生态环境系统的不利影响[29]。

绿色消费是指绿色化的消费方式，对应绿色消费框架、绿色消费财政优惠措施、绿色消费宣传行动三个初始概念。绿色消费框架要求居民采取合理的消费结构和消费方式，减少对环境、资源造成的负面影响。绿色消费财政优惠措施是政府消除不合理消费结构和消费方式的一种政策工具，旨在引导消费者树立正确的、有利于绿色化发展的消费理念。与此同时，绿色消费宣传行动则是通过举办一系列与绿色消费相关的活动来提高消费者对绿色消费的认知度，提升绿色消费理念认同感，以起到“绿色消费”宣传教育的作用。

绿色教育充分发挥教育的功能，旨在通过教育达到人才培养绿色化、人才发展绿色化、国民素质绿色化三大核心目标，是改善中国的环境和实现可持续发展目标的基础。在整个社会倡导绿色发展理念的趋势下，中国的教育更应该纳入绿色发展理念，引导民众投身于绿色行动，通过实施绿色教育政策实现中国的绿色人才培养战略，建立绿色人才发展体系，提升国民素质。

绿色就业是指符合法律规定、具有劳动能力的人们所从事的、为获取报酬或收入进行的活动，绿色就业主要分为绿色岗位的提供和绿色岗位的从事两个方面，相应的绿色就业政策包含绿色岗位投资和绿色技能培训计划两大初始概念。绿色岗位的投资使工作岗位逐步绿色化，刺激绿色产业的发展，为人们提供更多的绿色就业机会，而绿色岗位工作人员的增加又会提高对绿色岗位的需求，进而促进绿色产业的发展与绿色岗位的创造，形成良性循环。对已在岗的工作人员开展绿色技能培训，有助于提升员工的绿色技能水平，解决绿色经济发展浪潮中绿色技能人员匮乏的问题。

绿色建筑是指在建筑的全寿命周期内，最大限度地保护环境、节约资源（节能、节水、节地、节材）和减少污染，为人们提供健康、适用和可高效使用的空间，与自然和谐共生的建筑。绿色建筑政策要求建筑符合低碳建筑标准，打造人类适宜居住的空间。

绿色国土政策坚持新发展理念，推进国土资源绿色发展，坚持“在保护中开发，在开发中保护”，实现土地利用效益最大化，加快建成生产空间集约高效、生活空间宜居适度、生态空间环境友好的国土空间体系[30]。

绿色交通广义上指采用低污染、适合都市环境的运输工具以完成社会经济活动，狭义指为节省建设维护费用而建立起来的低污染、有利于城市环境多元化的交通运输系统。绿色交通政策涵盖低碳交通布局政策与低碳交通出行政策两个方面，通过优化交通运输布局、推广绿色可替代燃料、鼓励绿色交通出行等措施达到交通发展绿色化的目标。

3）应对气候变化

气候变化是人类面临的共同挑战，其变化情况是衡量一个国家是否实现绿色增长的重要依据，气候指标方向的变化，一定程度上能反映出中国绿色增长目标的实现情况。通过对中国绿色增长政策要素内容的解析，最终发现中国绿色增长政策中温室气体减排政策、能源政策、低碳政策、节能减排政策是应对气候变化的重要政策安排。

温室气体减排政策与节能减排政策聚焦于“节能”和“减排”，“节能”“减排”广义而言指通过政策安排实现节约资源和能源、减少废弃物和环境有害物排放的目标；狭义而言则是指节约能源和减少环境有害物排放。随着全球应对气候变化及中国经济可持续发展的需要，“节能”“减排”相关政策无疑是中国协调应对气候变化目标与经济绿色增长目标的重要手段。

低碳政策聚焦于通过合理的政策安排引导居民的低碳活动，鼓励居民参与低碳活动，刺激居民低碳消费，致力于创造低碳社会环境与生活条件，使个人、企业、社会等活动主体自觉选择环境友好的、低碳的社会活动与经营活动。

能源是人类社会赖以生存的物质基础，推动着人类文明的繁荣与发展，能源的开发和有效利用程度及人均消费量是生产技术和生活水平的重要标志。能源政策是指一个国家或国际组织围绕能源生产、供应、消费所制定的一系列方针和策略，包括传统能源政策、新能源政策、节约能源措施、产业节能行动四个方面。传统能源是指已经大规模生产和广泛利用的能源。水、电属于可再生能源，而煤炭、石油、天然气等都属一次性非再生的常规能源，这些能源短期内不可能再生，并且过度使用会导致温室效应、酸雨污染、化学烟雾等负面效应。传统能源政策旨在限制传统能源的使用，推动能源革命的实施，创造良好的生态环境。新能源是以核能、风能、太阳能和生物质能为主的清洁能源，新能源政策作为一种政策安排，通过新能源项目扶持和资金补贴等一系列措施，鼓励全社会对新能源的使用，推动传统能源向新能源的转变，调整中国的能源结构。无论是传统能源还是新能源，在数量上都是有限的。随着中国经济的快速发展，能源供应量日益紧张，实现经济的可持续发展，必须采取有效的节能措施，降低能源消耗，最大限度地实现能源循环利用，达到节约能源的目标。随着全球能源短缺、能源安全及气候变化形势日益严重，各国为了实现节能目标和优化产业结构，都在积极采取产业节能行动，大力发展节能产业。节能环保产业作为中国战略性新兴产业，是实现中国节能降耗目标、转变经济增长方式、应对气候变化的重要支撑产业，大力发展节能产业是日后中国实现经济绿色增长的重要手段。

4）生态环境友好

生态环境友好，以绿色技术为动力，以遵循自然规律为核心，以污染治理为保障，将人类生产消费活动限制在环境承载力之内。通过清洁生产和污染防治实现环境保护和社会的生态文明，最大限度降低人类活动对生态环境的不利影响，实现人与自然的和谐发展。通过对中国绿色增长政策要素内容的解析，最终发现中国绿色增长政策中环境保护政策、生态文明政策、清洁生产政策、污染防治政策是实现生态环境友好的重要政策安排。

环境保护政策是实现生态环境友好目标的重要政策安排，对应环境保护政策和战略、环保政策体系、环境保护财政政策、环境影响评价规定、环境标准五个初始概念，以降低污染、纠正市场失灵、提高资源配置效率、促进经济长期可持续发展为宗旨。环境保护政策分为积极政策与消极政策两大类。积极的环境保护政策防患于未然，重在预防；消极的环境保护政策强调通过资源有效配置降低环境破坏的程度。

生态文明政策是规范中国生态文明建设的重要保障，对中国生态文明工作的开展具有重要的推动作用。生态文明综合性政策旨在引导人类与自然和谐共生。生态文明制度体系主要规范和协调经济发展中的行为活动,起监督与检测的作用。

清洁生产政策是中国开展清洁生产工作的前提保证。清洁发展机制、绿色生产系统、环境友好型生产政策、绿色标志认证制度作为清洁生产政策中的制度安排，要求在生产过程中采取整体预防和控制的环境策略，以减少生产活动对人类及环境的可能危害，在满足生产目标的同时保护生态环境。

污染防治政策主要指运用技术、经济、法律及其他管理手段和措施，对水污染、噪声污染、光污染等污染物排放量进行监督和控制。具体的污染防治政策包括排污权交易所、排污权办法、污染防治财政政策、污染物减排政策、污染治理和控制措施五个初始概念，从排污权的交易、管理办法、财政税收、减排、综合治理与控制五个方面对中国污染防治进行政策指导。

5）绿色资本

绿色资本的集中与扩大是一个长期并且艰难的过程，推进资本绿色化进程需要绿色财政政策和绿色金融政策的支撑与保障，绿色资本为中国绿色增长四个核心目标提供资金支持。

绿色财政政策包含生态补偿机制、环保资金扶持政策、绿色财税、节能采购政策四个方面，着力于建立与绿色 GDP 相适应的生态资源经济核算机制，从国家财政政策的角度内化经济活动的生态成本，从财政政策角度创新生态资源可持续利用的体制机制，合理分配资金，促进与保障“两型社会”建设和实现经济、社会、生态协调可持续发展[31]。

绿色金融强调通过金融手段调节人类社会的经济和环境利益，促进经济绿色转型升级。绿色金融政策主要包括绿色信贷、绿色保险和绿色证券等制度，为中国绿色增长目标的实现提供一定的政策保障。绿色信贷行动、排污权抵押贷款属于绿色信贷要素，环境污染责任保险制度属于绿色保险要素，环保金融政策体系、清洁产业基金机构则属于绿色证券要素。

6）基础辅助类政策

技术创新是以现有知识和物质，在特定的环境中改进或创造新的事物、生产过程或服务方式并获得一定效果的技术行为。绿色技术创新政策对应技术创新行动、节能技术行动、环境友好型技术三个初始概念，鼓励技术创新，旨在通过先进技术节约能源、建设环境友好型社会和促进经济增长，是实现绿色增长政策目标的技术保障。

加强绿色基础设施建设，对推进生态文明建设、促进人口、资源、环境协调发展具有重要战略意义。绿色基础设施建设政策重视环境基础设施、环保技术推广平台、新能源汽车基础设施等绿色基础设施建设，鼓励和引导社会资本参与绿色基础设施建设，建立多元化参与机制。

世界范围内极端天气、自然灾害等问题频发，环境保护越来越受到国际社会的关注，同时绿色发展在经济发展和扩大就业等方面日益受到重视。国际绿色合作得到越来越多国家的认同。推行绿色增长国际合作政策，鼓励开展国际技术合作项目，实施人才国际交流计划，有助于我国加快绿色发展进程，早日实现绿色增长目标。

2. 中国绿色增长政策要素间关联关系分析

本书采用扎根理论提取中国绿色增长政策构成要素，在进行主轴编码的过程中归纳出中国绿色增长政策的四个核心目标，通过分析政策目标相互作用关系，建立中国绿色增长政策 23 个构成要素的关联关系。

关于绿色增长政策的四个核心目标，经济包容性增长目标是中国绿色增长政策的核心目标，经济的增长是全社会能够共享绿色发展福祉的经济基础，也是中国应对全球气候变化和进行国内生态环境保护的经济基础，因此经济包容性增长目标的实现能够促进绿色生活目标、应对气候变化目标、生态环境友好目标的实现。绿色生活目标是通过政策安排使民众在交通、教育、就业、居住等各个层面共享绿色增长带来的福祉，绿色生活目标的实现要求国内经济增长达到一定的程度，同时绿色生活目标的实现会对应对气候变化和生态环境的保护产生一定的影响。应对气候变化目标是通过政策安排减少温室气体的排放，应对全球气候变化问题。全球气候变化会影响民众的交通出行、消费、教育等各个方面，全球气候变化目标的实现对民众的生态环境产生一定的影响，而气候变化目标的实现需要国内经济实力的支撑。生态环境友好目标聚焦于为民众创造良好的生活环境，生态环境友好目标的实现需要中国经济的支撑，同时生态环境友好目标的实现依赖于应对气候变化目标和绿色生活目标的实现。

经济包容性增长的核心为经济增长，在中国绿色增长政策所有构成要素中，循环经济政策在经济发展过程中以“减量化、再利用、资源化”为原则，通过资源节约和循环利用实现经济增长的目标。绿色产业政策通过一系列政策措施激励战略性新兴产业生产“绿色化”产品，以环境友好型产业的发展驱动经济的绿色转型和升级，创造新的经济增长点。绿色贸易政策聚焦于贸易结构的调整和禁止对环境有害产品的进口，通过绿色进出口贸易活动促进经济的增长。由此可以看出循环经济政策、绿色贸易政策、绿色产业政策是实现经济包容性增长的重要政策安排。

绿色生活是绿色增长政策目标的重要组成部分，倡导低污染、节约资源和能源、环境友好、健康的生活方式。在中国绿色增长政策所有构成要素中，绿色城市政策将低碳模式和生态理念纳入城市化进程中，创造“人-城市-自然”和谐共生的复合人居系统，因此绿色城市政策的实施是实现绿色生活目标的一部分。绿色消费政策主要通过一系列政策措施倡导绿色化的消费方式和消费结构，因此绿色消费政策的实施能驱动绿色生活目标的实现。绿色教育政策充分发挥教育的功能，旨在通过教育达到人才培养绿色化、人才发展绿色化、国民素质绿色化三大目标，因此绿色教育是引导居民实现绿色生活的重要教育制度安排。绿色就业政策包含绿色岗位投资和绿色技能培训计划两大关系范畴，旨在改善就业结构和提升就业率，就业水平的提升是改善居民生活的重要措施，因此实施绿色就业政策能促进绿色生活目标的实现。绿色建筑政策通过要求建筑符合低碳建筑标准，为人们提供健康、适用、可高效使用的居住空间，因此绿色建筑政策是实现绿色生活目标的重要组成部分。绿色国土政策坚持新发展理念，推进国土资源绿色发展，因此绿色国土政策能推动绿色生活目标的实现。绿色交通政策包含低碳交通布局政策与低碳交通出行政策两大初始概念，通过一系列措施发展绿色交通，因此绿色交通政策的实施有利于实现绿色生活目标。

应对气候变化目标是绿色增长政策目标中应对全球变暖的重要政策安排。在中国绿色增长政策所有构成要素中，温室气体减排政策与节能减排政策的着力点在“节能”和“减排”，通过政策约束实现资源和资源节约，从而降低废弃物和环境有害物的排放。因此实施温室气体减排政策与节能减排政策能够直接地促进气候变化目标的实现。低碳政策注重通过政策引导居民的低碳活动，刺激居民进行低碳消费，致力于创造低碳社会环境与生活条件，因此低碳政策的实施是应对气候变化目标的重要组成部分。能源政策是指一个国家或国际组织围绕能源生产、供应、消费所制定的一系列方针和策略，包括传统能源政策、新能源政策、节约能源措施、产业节能行动四个方面，引导能源消费结构的改善，降低能源消费过程中温室效应、酸雨污染、化学烟雾等负面效应，因此能源政策的实施是应对气候变化的重要组成部分。

生态环境友好，是指以绿色技术为动力，以遵循自然规律为核心，以污染防治为保障，将人类生产消费活动限制在环境承载力之内。环境保护政策以降低污染、纠正市场失灵、提高资源配置效率、促进经济长期可持续发展为宗旨，是实现生态环境友好目标的直接制度安排。生态文明政策是引导规范中国生态文明建设工作的重要制度保障，在实施生态文明政策的过程中为人类社会创造良好的生活环境。清洁生产政策要求对生产过程采取整体预防和控制的环境策略，减少生产活动对人类及环境的可能危害，在满足企业生产目标的同时充分满足人类对良好生活环境的需要，因此清洁生产政策从规制企业生产行为的角度实现人类生活环境友好的目标。污染防治政策指运用技术、经济、法律及其他管理手段和措施，对水污染、噪声污染、光污染等污染物排放量进行监督和控制，从污染防治的角度为人类社会创造良好的生活环境。

绿色财政政策和绿色金融政策是绿色增长目标实现的资本力量，为中国绿色增长的四个核心目标提供资本支撑，同时也是实现绿色技术创新、绿色基础设施建设和绿色增长国际合作的资本支撑。绿色技术创新是实现绿色增长政策四个核心目标的重要技术保障，也是进行基础设施建设和开展绿色增长国际合作的技术力量。绿色基础设施建设能够为中国绿色增长四个核心目标及技术创新政策的实施提供基础服务设施和平台。绿色增长国际合作是实现绿色增长目标和技术交流的重要支持。

5.3.4 中国绿色增长政策外延确定

本书运用扎根理论进行系统分析,最终得出中国绿色增长政策共由 23 个核心要素组成，具体为：环境保护政策、生态文明政策、清洁生产政策、污染防治政策、绿色产业政策、循环经济政策、绿色贸易政策、温室气体减排政策、节能减排政策、低碳政策、能源政策、绿色城市政策、绿色消费政策、绿色教育政策、绿色就业政策、绿色建筑政策、绿色国土政策、绿色交通政策、绿色财政政策、绿色金融政策、绿色技术创新政策、绿色增长国际合作政策、绿色基础设施建设政策。其中环境保护政策、生态文明政策、清洁生产政策、污染防治政策的核心目标是生态环境友好；绿色产业政策、循环经济政策、绿色贸易政策的核心目标是经济包容性增长；温室气体减排政策、节能减排政策、低碳政策、能源政策的核心目标是应对气候变化；绿色城市政策、绿色消费政策、绿色教育政策、绿色就业政策、绿色建筑政策、绿色国土政策、绿色交通政策的核心目标是绿色生活；绿色财政政策、绿色金融政策是为绿色增长政策其他目标的实现提供资本支持，而绿色技术创新政策、绿色增长国际合作政策、绿色基础设施建设政策是绿色增长目标实现的辅助政策，并不局限于单一的生态环境友好、经济包容性增长、绿色生活、应对气候变化目标，而是为实现这四个核心目标提供技术支持和基础设施服务平台，驱动所有绿色增长目标的实现。

根据 23 个绿色增长政策核心要素和四个核心目标之间的关联关系，本书构建了中国绿色增长政策的理论框架，具体如图 5-4 所示。

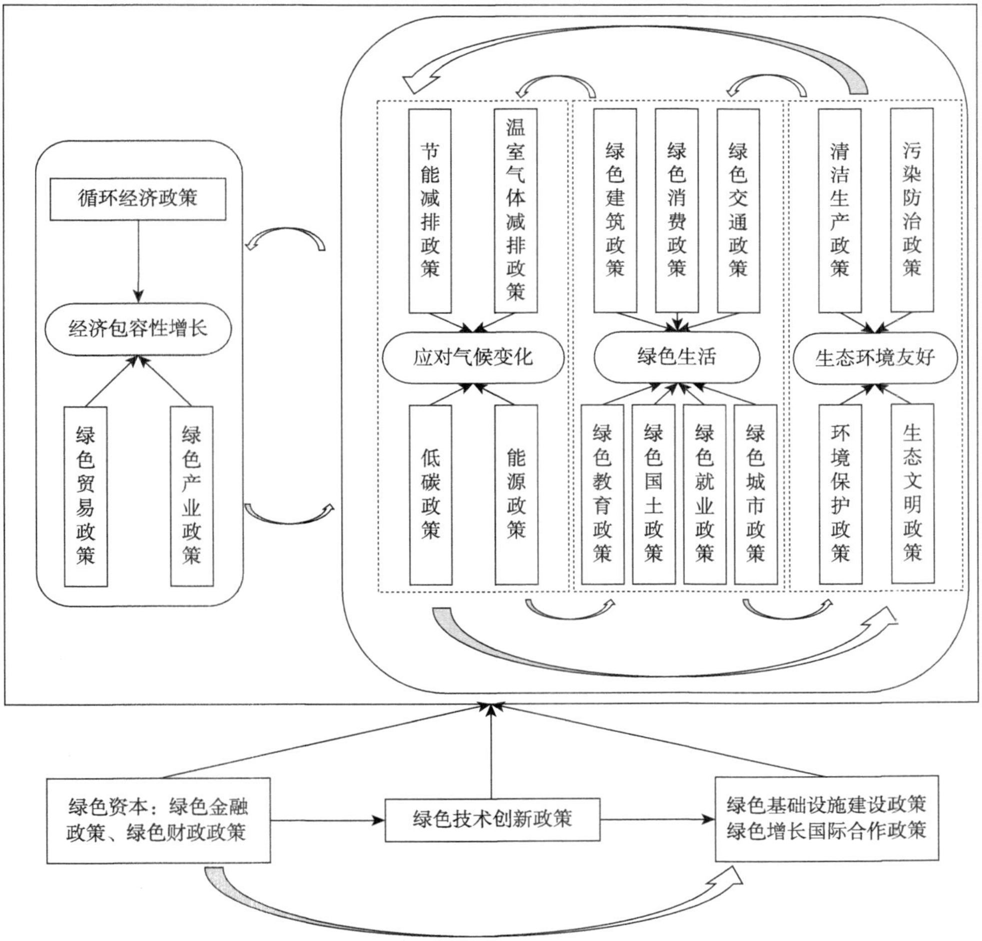

图 5-4　中国绿色增长政策的理论框架

5.4 本章小结

本章在分析绿色增长政策内涵理论来源的基础上，对绿色增长政策内涵演变进行了整体的归纳，对绿色增长政策目标和措施的演变进行了文献梳理，将中国绿色增长政策从政策环境、政策属性、政策利益相关者三个核心维度与 OECD 35 个成员国的政策环境、政策属性、政策利益相关者展开对比分析，最后从政策目标和政策措施角度归纳出中国绿色增长政策内涵。中国绿色增长政策内涵的界定是第 6 章解读中国绿色增长政策数据集的基础。

本章还采用扎根理论构建了中国绿色增长政策的理论框架。中国绿色增长政策目标聚焦于生态环境友好、经济包容性增长、绿色生活、应对气候变化四个核心目标，围绕四个核心目标展开绿色增长政策布局，本章根据绿色增长政策构成要素的关联关系揭示了中国绿色增长政策的理论框架，该框架是第 6 章对比中国绿色增长政策主题群构成的结构基础，本书根据对比分析结论给出中国绿色增长政策建议。

5.5 参考文献

[1] OECD. Green growth and developing countries：a summary for policy makers[R]. Paris：OECD，2012.

[2] UNEP. Towards a green economy：pathways to sustainable development and poverty eradication：a synthesis for policy makers[R]. United Nations Environment Programme，2011.

[3] 郑彤彤译，魏丽娇校. 韩国低碳绿色增长基本法（2013 年修订）[J]. 南京工业大学学报（社会科学版），2013，12（3）：23-36.

[4] Park J. The evolution of green growth policy：an unwelcome intrusion on global environmental governance?[J]. East Asian Economic Review，2013，17（2）：207-241.

[5] Messner D，Schellnhuber J，Rahmstorf S，et al. The budget approach：a framework for a global transformation toward a low-carbon economy[J]. Journal of Renewable and Sustainable Energy，2010，2（3）：11-58.

[6] OECD. Towards green growth[R]. Busan：The Ministerial Council Meeting，2011.

[7] Meyer B，Meyer M，Distelkamp M. Modeling green growth and resource efficiency：new results[J]. Mineral Economics，2012，24（2）：145-154.

[8] Bouzaher A, Sahin S, Yeldan E. How to go green: a general equilibrium investigation of environmental policies for sustained growth with an application to Turkey's economy[J]. Letters in Spatial and Resource Sciences，2015，8（1）：49-76.

[9] 胡鞍钢，周绍杰. 绿色发展：功能界定、机制分析与发展战略[J]. 中国人口·资源与环境，2014，24（1）：14-20.

[10] 张旭，李伦. 绿色增长内涵及实现路径研究述评[J]. 科研管理，2016，37（8）：85-93.

[11] 渠慎宁，李鹏飞，李伟红. 国外绿色经济增长理论研究进展述评[J]. 城市与环境研究，2015，（1）：89-102.

[12] 张学良. 中国交通基础设施促进了区域经济增长吗——兼论交通基础设施的空间溢出效应[J]. 中国社会科学，2012，（3）：60-77.

[13] 罗志明，朱炎宁，刘军，等. 绿色建筑的发展现状及其评价型发展[R]. 南昌：2013 中国商品混凝土可持续发展论坛暨第十届全国商品混凝土技术与管理交流大会、2013 中国商品混凝土年会，2013.

[14] Woolthuis R K，Lankhuizen M，Gilsing V. A system failure framework for innovation policy design[J]. Technovation，2005，25（6）：609-619.

[15] Phaal R，O'Sullivan E，Routley M，et al. A framework for mapping industrial emergence[J]. Technological Forecasting and Social Change，2011，78（2）：217-230.

[16] World Bank. Turkey green growth policy paper ：towards a greener economy[R]. World Bank Other Operational Studies16088，2013.

[17] Elmore R F. Instruments and strategy in public policy[J]. Review of Policy Research，1987，7（1）：174-186.

[18] 江泽民. 高举邓小平理论伟大旗帜，把建设有中国特色社会主义事业全面推向二十一世纪——在中国共产党第十五次全国代表大会上的报告（1997 年 9 月 12 日）[J].求是，1997（18）：2-23.

[19] 胡锦涛. 高举中国特色社会主义伟大旗帜　为夺取全面建设小康社会新胜利而奋斗——在中国共产党第十七次全国代表大会上的报告[J]. 先锋队，2007，（21）：36-53.

[20] 胡锦涛. 坚定不移沿着中国特色社会主义道路前进　为全面建成小康社会而奋斗——在中国共产党第十八次全国代表大会上的报告[J]. 求是，2012，（22）：3-25.

[21] 中国共产党第十八届中央委员会第五次全体会议公报[J]. 新长征，2015，（12）：4-6.

[22] Bowen A，Hepburn C. Green growth：an assessment[J]. Oxford Review of Economic Policy，2014，30（3）：407-422.

[23] Popp D. The role of technological change in green growth[R]. National Bureau of Economic Research，Working Paper No. 18506，2012.

[24] 白宁. 关于货币政策内涵和外延的关系问题[J]. 经济研究参考，1996，（ZM）：17.

[25] 王传剑. 日本的南中国海政策：内涵和外延[J]. 外交评论（外交学院学报），2011，28（3）：

100-110.
[26] 陈向明. 质的研究方法与社会科学研究[M]. 北京：教育科学出版社，2000.
[27] 沈孟如. 基于扎根理论的电信运营企业均衡服务研究[D]. 北京：北京邮电大学，2013.
[28] 陈明思，成丽宁. 论扎根理论的运用及其对民族教育研究的启示[J]. 吉林省教育学院学报，2018，34（1）：29-33.
[29] 温宗国，李蕾. 环境友好城市指标体系及其标杆管理[J]. 环境保护，2007，（22）：26-28.
[30] 封雷. 强化使命担当 推进国土资源绿色发展[J]. 南方国土资源，2018，（1）：20-21.
[31] 严立冬，郝文杰，邓远建. 绿色财政政策与生态资源可持续利用[J]. 财政研究，2009，（12）：37-40.

第6章　中国绿色增长政策构成研究

6.1　本章研究脉络

6.1.1　理论基础

1. 复杂网络概念

复杂网络是一种应用节点和边及其之间的关系描述自然科学、社会科学工程技术上存在关联关系的模型，以数学中的图作为模型基础，将复杂网络中的独立个体视为节点，且节点与节点间存在某种特定联系。简言之，复杂网络是内部存在某种联系的结构网络。原则上说，任何由多个个体组成的复杂对象都可以作为复杂网络进行研究。在复杂网络中将组成对象抽象为复杂网络中的节点，将组成对象间存在的联系抽象为节点与节点之间的边。复杂网络已广泛用来研究社会网络、生物网络、Web网络、政策主体网络等复杂网络。

绿色增长政策由财政、金融、技术、生态、环保等多个领域的政策组成，它们相互作用共同实现中国绿色增长目标。本书将中国绿色增长涉及的所有领域的政策视为中国绿色增长政策复杂网络，采用复杂网络理论中的方法研究中国绿色增长政策。

2. 复杂网络特性

1）复杂性

首先，复杂网络由多个节点构成，节点作为复杂网络的组成对象具有独特性，是网络复杂性的体现之一；其次，复杂网络是由数量众多的节点组成的，节点数量众多导致网络复杂性；再次，在复杂网络中，节点并非独立存在，节点间存在规律性或随机性的连接，这也是网络复杂性的体现；最后，复杂网络并非静态封闭系统，其与外部世界存在复杂联系，这就导致节点在外部环境的影响下发生变化，进而带动周边节点的变化，复杂网络中节点演变也是网络复杂性的原因之一。

2）小世界特性

在复杂网络中，单个节点与周围节点联系较少，但通过其他节点的联系可以与整个世界发生联系。在复杂网络中，任意两个节点间存在可以发生联系的最短路径。小世界特性最早来源于哈佛大学的心理学实验——六度分隔理论，用于解释社会网络中个体间的关系。

3）无标度特性

在复杂网络中，节点的分布呈现幂指数特点，但分布与系统特征长度无关。复杂网络的无标度特征使复杂网络中只有少数几个节点与复杂网络中的节点存在较多联系，最终中心节点聚集为主题群，其余节点围绕中心节点疏散分布。

3. 复杂网络社区划分原理

近年来，随着计算机技术的发展，诸多学者已提出许多方法划分复杂网络社区，本书基于模块度复杂网络社区划分方法，对划分原理展开介绍。

2002 年，Girvan 和 Newman 基于启发式规则提出的社区划分算法是从社区间的连接边介数入手，当社区间边介数大于社区内部连接的边介数时移除边介数最大的边，最终自上而下形成分层次聚类的社区划分结果。但该算法未对社区划分结果提出有效建议，且在社区划分过程中程序运算时间较长，针对基于启发式规则社区划分方法的不足，Girvan 和 Newman 于 2004 年提出第一个模块度优化算法，但该算法仍然存在社区划分过程中时间过长的现象。

Blondel 于 2008 年提出快速模块度优化算法，该算法将整个复杂网络划分成单个局部小社区，社区划分的过程就是寻找整个复杂网络最优解的过程，在对复杂网络社区划分的过程中按照模块度 Q 值的变化合并社区，并决定社区划分的最终结果，因此模块度 Q 值成为衡量整个复杂网络社区的标准，该算法是性能最佳的模块度优化算法。

Machiba 于 2010 年指明各国绿色增长战略都需要纳入促使经济增长与自然资本相互给力的广泛框架性政策，以及激励高效利用自然资源、使得污染者付出更高代价的政策。绿色增长政策涵盖环境、创新、财政、产业、金融、节能等政策，实质上是一个绿色增长政策体系构成了绿色增长政策复杂网络。因此，本书采用复杂网络理论中的方法对中国绿色增长政策展开研究。

6.1.2 研究方法

本章主要采用文本挖掘处理中国绿色增长政策文本，采用共词分析法和模块度揭示中国绿色增长政策主题群。

1. 共词分析法

共词分析法以文本内容为基础，是 20 世纪 70 年代中后期由法国文献计量学家提出的，其思想来源于文献计量学的引文耦合与共被引概念，经过多年的发展，已在情报学、信息科学等领域取得了重要的研究进展。共词分析法首先提取文本中能够表达某一学科研究领域的研究主题专业术语，通过专业术语同时出现在同一篇文献中的频率，判断所研究领域中主题之间存在的关系，从而展现所研究领域的结构。目前，学者主要通过统计关键词同时出现的频次，判断所研究学科的知识结构和一段时间内的研究热点问题。

本书以共词分析法为基础研究中国绿色增长政策文本，采用文本挖掘的方式对文本数量大、内容丰富的中国绿色增长政策进行文本预处理后，筛选出能够代表中国绿色增长政策内容的高频关键词。通过构建中国绿色增长政策文本条件共现度矩阵，将中国绿色增长政策文本之间的共现关系置于共现网络中，整个绿色增长政策共现网络中关键词的聚集特征可以揭示中国绿色增长政策文本内容主题结构特征。

2. 文本挖掘

文本挖掘是数据挖掘的重要分支之一，以计算机技术和数理统计为理论基础，可以从海量数据中挖掘文本内容中隐含的价值信息。按照文本挖掘对象的不同将文本挖掘分为单文档数据挖掘和多文档数据挖掘，基于单文档的数据挖掘只针对文档中的文本摘要和信息提取等方法，并不涉及其他文档的分析；多文档的数据挖掘是从数量较多的文档中按照一定模式提取文档中的信息，包括文档聚类、个性化文本过滤、作者归类、因素分析等方法技术[1]。文本挖掘经过多年的发展已形成成熟的文本数据处理框架，是按照文本预处理—智能抽取文本信息—文档表示—挖掘隐含信息的逻辑框架展开的。

本书采用文本挖掘处理中国绿色增长政策文本，通过条件共现度矩阵（conditional co-occurrence degree matrix，CCODM）表示中国绿色增长政策文本并揭示中国绿色增长政策主题群。

3. 模块度

模块度是一种衡量复杂网络社区结构强度的方法[2, 3]，主要用于神经网络、信息网络、社会网络[4]等复杂网络的研究，可探测社区结构及演变规律，挖掘复杂网络中的新特征。模块度计算分两步进行，第一步：将每一个节点视为一个社区，计算模块度的值，模块度值为负值的留在原社区，否则加入到模块度值最大的社区中。第二步：将第一步得到的社区视为一个节点，以社区为单位计算新的模块度，模块度值为负的则保留在原社区中，否则加入到模块度值最大的社区网络中。循环反复，直到模块度的值不再发生变化。

6.1.3 逻辑框架

剔除中国绿色增长政策中初始数据集中无效的和翔实性不足的政策文本，采用计算机语言进行政策文本预处理，提取能够表示中国绿色增长政策文本的前1000个词。首先用本书提取的1000个词构建中国绿色增长政策条件共现度矩阵来表示所有的绿色增长政策文本，其次采用 Blondel 算法运行数据，再次采用模块度划分中国绿色增长政策主题群，识别中国绿色增长政策构成，最后将中国绿色增长政策现有的主题群构成与第5章采用扎根理论识别的中国绿色增长政策理论框架展开对比分析，并给出中国绿色增长政策构成的对比示意图。图 6-1 是第6章逻辑框架。

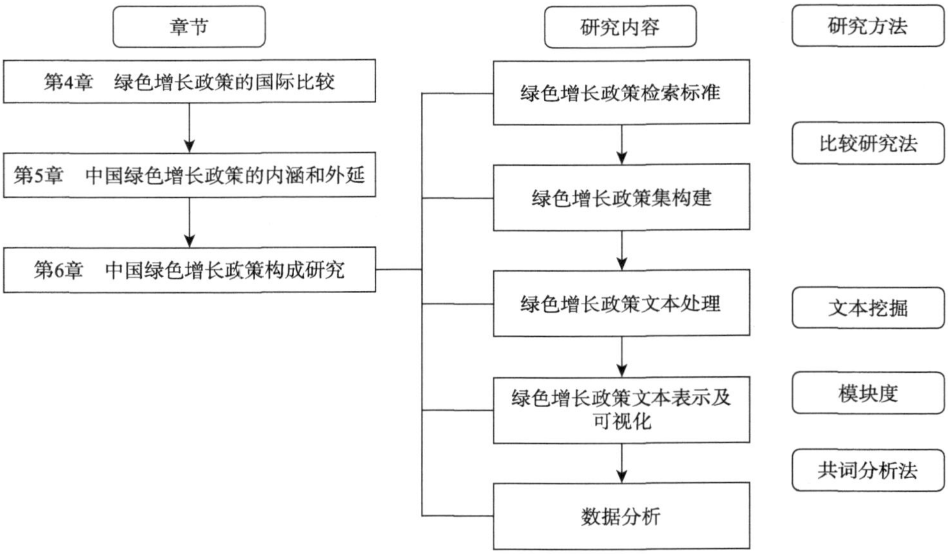

图 6-1 第 6 章逻辑框架图

6.2 确定中国绿色增长政策检索标准

6.2.1 政策检索标准确立原则

绿色增长政策作为推动经济增长和发展，同时又防止环境恶化、生物多样性丧失和不可持续地利用自然资源的方式，正在日益获得各国的支持。对于中国绿色增长政策文本检索标准，本书采用以国际比较为主，以中国国情为辅的确立原则。绿色增长政策文本是以国际组织和各国（主要是 OECD 成员国）颁布的政策纲领、方案或绿色经济条文等规范性文件形式呈现，具有代表性的如 2009 年 OECD 30 个成员国及智利、爱沙尼亚、以色列和斯洛文尼亚 4 个计划加入 OECD 的国家共同签署部长级的“绿色增长宣言”，拟定《绿色增长战略》，日本发布的《绿色经济与社会变革》政策草案，英国的《低碳转换计划》和《可再生能源战略》战略文件，土耳其《绿色增长政策文件》及 2013 年韩国修订的《低碳绿色增长基本法》等。科学比较它们对绿色增长政策解读的异同及实施的优先事项，能够识别出绿色增长政策的关键词汇，进而确立本书政策文本检索的主要标准。然而，绿色增长并没有完全统一的政策内容，各国在制度能力、透明度、问责性和公民参与等方面存在差异，其政策制定和实施的侧重点也不尽相同，因此本书在以国际比较研究法确立的绿色增长政策主要检索标准的基础上，结合中国体制改革方向、经济发展情况、绿色增长政策实践过程等具体国情对检索标准做进一步补充。

6.2.2 政策检索标准提取

1. 检索标准提取类别

政策规定一般包括政策目标、政策措施、作用对象三个要素[5]，大部分学者为了突出重点，在做政策内容分析时往往只聚焦其中某一个要素。例如，罗敏和朱雪忠[5]在基于政策文本内容识别低碳政策关键词时，从政策措施的角度来对低碳政策涉及的关键词进行归纳分析。考虑到绿色增长的范围较广且结构繁杂，通过单一政策要素视角对政策文本内容进行对比分析所得出的检索标准可能不够全面，本书将政策目标、政策措施、作用对象全部纳入政策比较分析中，确立政策文本检索标准提取的三个类别，并按照这三个类别对国际绿色增长政策文本进行比较分析。

2. 主要检索标准提取：国际绿色增长政策比较

1）国际绿色增长政策

OECD 的绿色增长战略是迄今为止相对明确的政策指导，被清晰地定位为目标明确、措施健全的政策框架，涵盖低碳战略、组织机构、环境措施、可再生能源、自然资源保护、绿色技术与减缓气候变化等方面[6]。除了绿色增长战略，UNEP 的“绿色经济”也被证明是比可持续发展更切实适用的政策框架[7]。英国、日本、韩国、丹麦、土耳其等 OECD 成员国国家在绿色增长战略和绿色经济框架指导下制定了本国的绿色增长政策（表 6-1）。本书通过对这些成熟的国际绿色增长政策进行比较分析提取出主要检索标准，并选取两大国际组织 OECD、UNEP 及具有代表性的韩国和土耳其颁布的绿色增长政策来具体展开比较。韩国和土耳其均具有较为成熟的绿色增长议程和纲领性文件，韩国制定颁布了《低碳绿色增长基本法》，土耳其委托世界银行设计了《绿色增长政策文件》。韩国被誉为绿色增长治理的国际典范，是唯一颁布绿色增长立法并设立总统直属委员会的国家，拥有完备的绿色增长理论及丰富的实践经验。土耳其通过绿色经济改革实现了经济复苏，且其当前的经济发展模式、面临的生态恶化问题与中国很相似，土耳其的绿色增长实绩和成功经验特别值得探讨。此外，韩国、土耳其与中国（不含香港）均属大陆法系国家，这对中国绿色增长领域法制化建设提供了立法参考。

表 6-1　国际绿色增长政策文件

组织/国家	政策文件	组织/国家	政策文件
OECD	《绿色增长战略》	UNEP	《迈向绿色经济》
韩国	《低碳绿色增长基本法》《可持续发展基本法》《气候变化对策基本法（草案）》	加拿大	《加拿大绿色基础设施导则》《绿色能源计划》
土耳其	《绿色增长政策文件》	比利时	《环境政策法（草案）》
美国	《绿色复苏计划》	丹麦	《绿色增长协议》
英国	《低碳转换计划》《可再生能源战略》	德国	《建筑节能法》《可再生能源优先法》
日本	《绿色经济与社会变革》	法国	《城市绿色框架》
澳大利亚	《绿色技能协议》	芬兰	《绿色矿业计划》
奥地利	《生态电力法》	意大利	《统一环境法》

2）基于政策目标类别提取检索标准

OECD 从全球视野出发，为绿色增长政策设定的目标旨在克服现有政策障碍、实现经济绿色转轨、促进绿色增长的国际合作，强调通过国际交流合作来促进投资和创新，实现经济的转型升级[8]。UNEP 设定的绿色增长政策目标分为“增加绿色工业投资”和“针对环境污染经济区的绿化工作”两部分[7]，其绿色增长目标的一个核心假设就是更有效地利用环境资产来实现经济和环境的双赢。

韩国实施绿色增长政策主要动机之一就是找出应对当时经济危机的出路，促进经济增长。作为绿色增长概念的起源之一，韩国《低碳绿色增长基本法》规定了韩国绿色增长政策的“三个主题，四个方面”[9]，其长期目标旨在实现经济和环境的协同发展，实现韩国国际地位的提升。韩国绿色增长政策提出服务于适应气候变化、创建新经济增长点和改善社会民生的三大主题，涵盖能源独立、发展绿色技术和产业、培育绿色文化和建设绿色基础设施、创造绿色就业四个方面。土耳其的绿色增长政策主要受国家立法驱动、加入欧盟的要求、市场对更清洁环保产品的需求三方面的影响，注重减少温室气体排放，偏向于资源、能源、农业等整体的可持续管理。为此，土耳其制定了具体的绿色增长政策目标[10]：实现经济和环境的互补效应，即把自然资源基础融入绿色增长动态决策中，充分考虑环境资源效益和社会成本、关键战略部门绿化升级，通过高效利用能源资源及使用不同的政策工具寻求高经济回报途径、以绿色投资带动就业，提高低收入者福利。

除了详细对比以上国家和组织设定的绿色增长政策目标，作者将上述其他国家关于绿色增长政策目标的几种代表性表述列出（表 6-2）。综上，基于绿色增长政策目标提取的检索标准可归纳为“环境保护”“温室气体”“环境资产”“绿色产业”“生物多样性”“绿色经济”“能源安全”“绿色就业”“环境退化”“资源枯竭”“减少污染”“生态质量”“绿色经营”“循环经济”“低碳”“节能减排”。

表 6-2　绿色增长政策目标表述范式

序号	绿色增长政策目标定义
①	实现 GDP 增长与环境保护行动相协同并促进就业的政策目标
②	追求经济增长，同时防止环境退化、生物多样性丧失和自然资源枯竭
③	最大限度促进经济增长，同时避免对自然资源的数量和质量带来不可持续的压力的社会潜力
④	通过重新配置产业和基础设施，更好地回报自然、人力和经济资本的投资，同时减少温室气体排放、减少对自然资源的使用、减少浪费、缩小社会差距
⑤	由当前经济过渡到可持续发展经济，同时减少污染，最大限度地减少浪费，更高效地利用自然资源，维护生物多样性，加强能源安全保障
⑥	提高生态质量，以最小的环境负担创造更多收入机会

资料来源：根据各国政策文件和绿色增长知识平台整理而得

3）基于政策措施类别提取检索标准

OECD 和 UNEP 绿色增长政策文件中提出的政策措施以市场化工具为主。例如，OECD 提出补贴改革、生态系统补偿、环境财政改革、绿色能源投资和绿色创新五大类政策措施，UNEP 倡导设立绿色账户和在融资信用评级中引入环境因素等以资本为基础的政策措施。

韩国政府在绿色增长政策立法上积极行动，制定了全面的绿色增长政策措施[8]，具体归为四类：①技术创新类，涉及信用保证、标准化认证、信息通信基建、产业区建设等；②财政税收类，以资金补贴、基建投资、税收减免、碳市场为主；③文化建设类，包括国际合作、人才交流培养、宣传教育等方式；④制度建设类，特别是构建了排放权交易体制和温室气体减排国际竞争体制。土耳其实施三大类绿色增长的政策措施：①监管类措施，通常是由公共权威制定标准然后进行检查、监测，确保这些标准被精准地执行，并以正式的法律制裁对不合规定的行为进行惩戒；②市场类措施，市场措施通过将企业污染的外部成本内化到私人生产成本中或者促进相关产权交易市场的建立来解决市场外部性失灵；③信息技术类措施，提供减少污染的措施激励创新和绿色技术，如环境信息公开、生态标签、环保产品声明等。

通过对 OECD、UNEP、韩国、土耳其及其他国家绿色增长政策措施的比较分析，按照绿色增长政策措施提取的检索标准可归纳为“绿色技术”“绿色财政”“绿色补贴”“绿色投资”“绿色采购”“生态工业园”“环境评价”“环境税费”“能源费”“能源税”“碳排放”“生态补偿”“环境信息公开”“生态标签”“环保认证”。

4）基于作用对象类别提取检索标准

国际组织绿色增长战略具有全球视野，更多是面向国际合作层面，关注全球性的绿色增长问题，如全球变暖、生态退化等。国家层面的作用对象集中于具体的产业领域，韩国的低碳绿色增长政策涵盖农业、制造业、运输、建筑业、电力、供水六类产业，土耳其的绿色增长政策作用于汽车、建筑、钢铁、机械、白色产业及农业领域。因此，按照政策作用对象提取的检索标准更需要从国际层面和产业层面去归纳，主要有“绿色国际”“绿色农业”“绿色工业”“绿色建筑”“绿色制造”“绿色运输”“绿色交通”“绿色电力”“绿色机械”“绿色消费”。

经上述比较研究，以国际组织、韩国、土耳其为例的绿色经济增长政策比较如表 6-3 所示。

表 6-3 国际绿色增长政策比较

比较项目	国际组织	韩国	土耳其
规范性文件	《绿色增长战略》《迈向绿色增长》 《包容性绿色增长：可持续发展之路》	《低碳绿色增长基本法》	《绿色增长政策文件》
议事机构	OECD UNEP	绿色增长总统委员会 环境部、知识经济部	能源和自然资源部 经济部
政策目标	克服政策障碍 绿色产业投资 劳动力再分配 促进国际合作	适应气候变化 创建新经济增长极 改善社会民生	聚焦经济和环境效应 关键战略部门绿化升级 提高低收入者福利
政策措施	市场化工具 （补贴、税收、碳排放交易等）	技术创新类 财政税收类	监管措施 市场措施

续表

比较项目	国际组织	韩国	土耳其
政策措施		文化建设类 制度建设类	信息措施
作用对象	气候 国际合作	农业、制造业、运输、建筑业、电力、供水等产业	汽车、建筑、钢铁、机械、白色产业、农业等领域

3. 检索标准补充：中国绿色增长实践概述

中国的政治改革是一个自上而下的完善政治体制的过程，中央设立的经济体制和生态文明体制改革专项小组全面负责推进生态文明相关的制度体制改革。中国绿色增长政策实践伴随中央制度体制改革得到逐步发展，先后经历了生态工业园、循环经济、低碳经济、绿色发展四个阶段，若干政策得到颁布实施，如循环经济的纲领性文件《国务院关于加快发展循环经济的若干意见》，以立法形式出现的《中华人民共和国循环经济促进法》等。2015 年十八届五中全会首次提出绿色发展理念、"十三五"规划建议中更是提出了"坚持绿色发展，着力改善生态环境"的国家目标。

中国的绿色增长政策的基础性导向与发达国家不同。首先，中国绿色增长政策的首要前提是确保社会经济的持续稳定，保持农业和工业等实体经济的合理比例，保障基本的粮食安全和稳定的就业。其次，中国绿色增长政策要解决经济发展与环境恶化之间的矛盾对立关系问题。特别是要改变过去粗放型经济发展方式，为国家现代化和城镇化发展营造新的发展环境。最后，中国绿色增长政策要具有包容性和公平性。公平合理地分配和分享经济增长与环境保护的成果，加大基础设施建设，缩小区域、城乡、工农及社会不同阶层的差距，使发展成果惠及更多地区和人群，这也是中国社会主义制度的要求。

结合中国绿色增长实践历程及基础导向，本书增加"循环经济""低碳经济""绿色发展""绿色采购""绿色旅游""绿色消费"作为政策文本检索的关键词。

6.2.3　政策检索标准规范化

1. 无效检索标准剔除

无效检索标准主要指在北大法宝、汇法网、中国知网法律版块、法律法规数据库等法律数据库检索出来的政策文本数量为零或者仅为个位数及两位数的检索标准。通过检索数量统计分析，剔除关键词：环境资产（16 篇）、环境退化（18 篇）、绿色经营（54 篇）、生态质量（27 篇）、绿色财政（14 篇）、绿色补贴（8

篇）、环境税费（22 篇）、能源税（9 篇）、生态标签（8 篇）、绿色国际（5 篇）、绿色电力（13 篇）、绿色机械（1 篇），并将相近的一组关键词“绿色运输”和“绿色交通”合并为“绿色交通”。

2. 检索标准验证

通过剔除无效检索标准及合并相似检索标准，本书将“环境保护”“温室气体”“绿色产业”“生物多样性”“绿色采购”“绿色旅游”“绿色交通”等 29 个有效检索关键词作为政策文本检索的依据，通过在北大法宝、汇法网、中国知网法律版块、法律法规数据库等法律数据库检索出的政策文本构建政策初始数据库。对政策初始数据库中的政策文本进行略读，从文本中找出 29 个关键词未囊括但与绿色增长相关的 11 个词汇，“清洁生产”“绿色城市”“环境税”“新能源汽车”“绿色食品”“气候变化”“绿色金融”“绿色生活”“绿色畜牧业”“绿色贸易”“绿色教育”，将这 11 个词汇作为 29 个检索关键词的验证组，验证其检索出的政策文本是否具有覆盖性。同样，按照上述步骤将新归纳的 11 个词汇作为检索关键词在北大法宝、汇法网、中国知网法律版块、法律法规数据库等法律数据库中进行检索。

经过统计、分析及与相同 29 个关键词检索出的政策初始数据库进行比对等检验步骤，发现新增的 11 个关键词所检索出的政策文本全部涵盖在已有的政策初始数据库中，这意味着将如上 29 个关键词作为检索标准检索出的政策文本几乎能够涵盖所有绿色增长政策，政策检索标准的覆盖性得到了保障，其检索是科学、全面的。

3. 检索标准整理

通过剔除无效检索标准、合并相似检索标准及验证检索标准，得到中国绿色增长政策文本检索标准，见表 6-4。

表 6-4　中国绿色增长政策文本检索标准

检索标准	检索关键词
政策目标类（12）	环境保护、温室气体、减少污染、绿色产业、生物多样性、绿色经济、能源安全、绿色就业、资源枯竭、循环经济、低碳、节能减排
政策措施类（9）	绿色技术、绿色投资、碳排放、生态补偿、环境评价、环境信息公开、环保认证、绿色采购、生态工业园
作用对象类（8）	绿色农业、绿色工业、绿色建筑、绿色制造、绿色电力、绿色旅游、绿色交通、绿色消费
对照组检索词（11）	清洁生产、绿色城市、环境税、新能源汽车、绿色食品、气候变化、绿色金融、绿色生活、绿色畜牧业、绿色贸易、绿色教育

6.3　中国绿色增长政策集构建

6.3.1　政策文本检索

通过比较国际绿色增长政策并结合中国绿色增长实践，本书确立了政策文本检索标准，共计 29 个检索关键词。在此基础上，成立中国绿色增长政策集建设小组，由熟悉政策研究方法及中国绿色增长政策领域的 4 名研究生和 6 名本科生组成。首先，将每个关键词在北大法宝、汇法网、中国知网法律版块、法律法规数据库等法律数据库中分别进行标题和全文检索，确认每个关键词所检索出的文本数目，从而总体评估政策文本集建设小组的工作量；其次，按照工作量分配给小组人员需要检索的关键词。很显然，在法律数据库中输入不同的检索关键词很可能会检索出同一篇政策文本，这就需要对检索出的政策文本进行重复合并工作。

对重复文本的合并工作，每个政策集建设小组成员需要将自己检索的政策文本标题系统地导入到 Excel 中，然后进行重复筛选，剔除重复的文本，得到中央层面文本共计 1834 篇，其中法律 78 篇、行政法规 559 篇、部门规章 1197 篇；地方层面 35 112 篇，其中地方性法规 3785 篇、地方规章 1950 篇、地方规范性文件 29 377 篇。此时的政策文本是按照“检索关键词”进行归档的，重新对其按照“年份”进行排序、下载、命名、归档及编码，对检索下载的政策文本按照“序号+年份+文件名”的形式进行命名，如“1、1979 中华人民共和国环境保护法（试行）”的形式，然后分别按照“序号”“颁布时间”“文件名”“颁布部门”“政策类型”“时效性”进行政策文本编码。最终形成以 1979 年中国第一部环保类法律为起点，涉及中央的法律、行政法规、部门规章和地方法规、地方性规章等政策文本共计 36 946 篇的中国绿色增长政策数据集。

6.3.2　中国绿色增长政策文本删减

本书不可能对 36 946 篇绿色增长政策进行逐篇的量化和分析，这些政策中有大量内容重复的政策文本，以及许多模糊检索所得或者仅仅是涉及关键词汇而没有具体内容的政策文本，常见于“通知”和“批复”性质的文本，还包括 29 377 篇政策效力极低的地方规范性文件，因此需要在构建出中国绿色增长政策集的基础上，将政策内容重复率高及法律效力低的文本剔除掉，进一步筛选出法律效力高、与绿色增长相关性强的政策文本，作为后续分析的样本。

1. 根据政策类型、相关性筛选中央层面政策

根据政策类型和相关性原则剔除中央层面政策效力较低及政策内容与绿色增长相关性低的政策文本。对中央各部委下达的通知类政策，需综合考虑其内容及政策效力，对其进行筛选剔除。对模糊检索所得或者仅仅是涉及关键词汇而没有具体内容的政策文本,需要通过人工遴选的方式对下载的政策文本进行粗略阅读，按照“内容翔实程度和主题相关性”进行剔除，此类文件常见于名单目录类、会议通知类、名录类、项目申报类、技术标准类等政策文本。例如，以“循环经济”为检索词搜索到的政策文件《国务院关于同意建立发展循环经济工作部际联席会议制度的批复》，虽然题目中涉及循环经济这一绿色增长政策目标，但是仅仅体现在题目中，其全文字数不足 1000 字，且约 25%的内容都是会议成员介绍，并且政策文件的类型是“批复”，无论是政策内容还是政策效力都难以反映出绿色增长的相关内容，因此将其归为无效文件予以剔除。

2. 根据中国的立法体制剔除地方性法规规章

中国现行立法体制是中央统一领导和一定程度分权的，多级并存、多类结合的立法权限划分体制。很多具体的地方性法规和地方性规章都是参照其上位法（中华人民共和国宪法、法律、行政法规）制定的，具有相同的立法目的和规范事项。例如，2010 年颁布实施的《大连市循环经济促进条例》就是依据其上位法《中华人民共和国循环经济促进法》制定的。《宪法》明确规定：“一切法律、行政法规和地方性法规都不得同宪法相抵触。”这意味着地方法规、规章的政策内容相比于上位法内容并没有新增的立法事项，仅新增了结合地方实际的解读。因此，为了避免重复性工作对本书后续政策量化工作的影响，将地方性法规和地方性规章剔除掉。

3. 根据政策数目、效力剔除地方性规范文件

地方性规范文件多是由地方性政策部门结合当地的具体情况就某一项工作如何开展进行详细规定，可操作性强。其数目繁多且政策效力低，因此将其从样本数据中剔除。一方面，中国绿色增长政策中的地方性规范文件高达 29 377 篇，数目繁多，涵盖省、市、县、乡各个层级的行政区域，难以对其进行量化。另一方面，其制定部门级别较低，政策文本的法律效力较低，基本上被中央层面政策内容所涵盖，即使对其进行量化也难以得出值得分析的数据，因此将此部分的政策文本予以剔除。

最终构建出中国绿色增长政策初始数据集，共包含中国绿色增长政策 1834 篇，具体分布见表 6-5。

表 6-5　中国绿色增长政策初始数据库

政策级别	数量/篇
法律	78
行政法规	559
部门规章	1197
合计	1834

6.4　中国绿色增长政策文本处理

根据中国绿色增长政策概念内涵界定及关键词细化解释，对 1834 篇政策文本进行解读，并做以下处理：首先，剔除已失效的中国绿色增长政策文本，此类政策随着经济社会的进步已不再适应发展的需要，不作为本书研究对象；其次，有些政策文本内容翔实性不足，如《关于申报 2014 年工业清洁生产示范项目的通知》、《国家重点行业清洁生产技术导向目录》（第三批）、《国家清洁生产专家库专家名单（第一批）》等政策文本，最终剔除名单类、目录类、标准类、项目类、复函类、备案的函、征集类、批准申报材料类、立项通知、课题申请、公告类、答复类政策文本，将剩余的 1118 篇政策文本作为文本挖掘的对象，包含 49 篇法律、131 篇行政法规、938 篇部门规章。

在采用文本挖掘抽取政策文本中的关键词前，先采用计算机语言对绿色增长政策文本进行预处理。文本预处理步骤如图 6-2 所示。

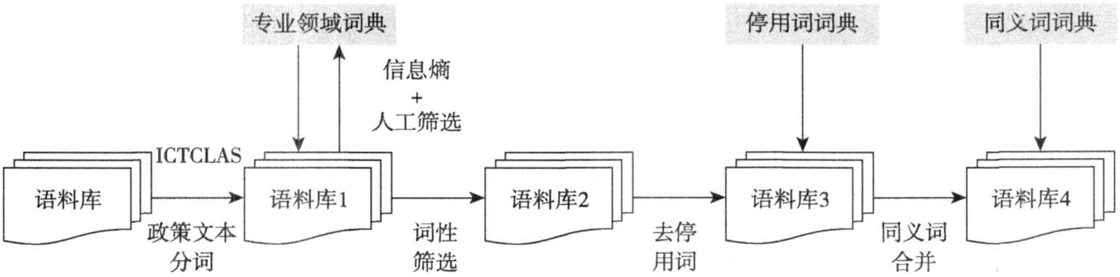

图 6-2　文本预处理流程

ICTCLAS 全称是 Institute of Computing Technology，Chinese Lexical Analysis System，是中国科学院计算技术研究所研制的中文词法分析系统

6.4.1　政策文本分词

首先，在搜狗细胞词库中以本书的检索标准为关键词广泛搜集与绿色增长政策相关的专业词汇，构建绿色增长政策专业领域词典，并把包含 12 616 个专业词

汇的绿色增长政策领域专业词典导入到中国科学院开发的 ICTCLAS 分词系统[11]中进行分词操作；其次，因为分词结果中会出现许多原本属于同一个词而被错分成多个词的情况，如“节能低碳技术”被分成“节能低碳”和“技术”两个粒度较小的词，为保证分词后语义的准确性，本书采用信息熵法对分词后的结果进行词合并，两个关键词合并的前提是两个关键词在大量文本中能够相邻且共同出现的次数比较多，具体的计算方法见式（6-1），当$Q\left(x_i, x_{i+1}\right)$的值大于 0.5 时就把两个关键词合并为新词，再把组合后的词添加到专业领域词典中，随后对中国绿色增长政策文本进行循环多次分词。

$$Q(x_i, x_{i+1}) = p(x_i, x_{i+1}) / \min(p(x_i), p(x_{i+1})) \tag{6-1}$$

其中，$p(x_i, x_{i+1})$表示关键词x_i和x_{i+1}在文档中连续出现的频率；$p(x_i)$表示关键词x_i在文本中出现的频率。

6.4.2 词性筛选

绿色增长政策属于政策性文本，名词更能够代表绿色增长政策源文档中的重要语义信息，如环境保护、节能、气候变化等词，所以本书选取名词及与名词相近词性的词，如具有名词功能的动词、具有名词功能的形容词、动词性惯用语等作为研究对象，对 1118 篇中国绿色增长政策文本进行词性筛选后，共筛选出 1 761 406 个名词及与名词相近词性的词。

6.4.3 去停用词

从分词后的政策文本中选取虚词及绿色增长政策领域内无实际价值的词，如人名、地方名，政策文本中出现的一系列数量词，以及政策文本中的代词，将这一类词构建为中国绿色增长政策停用词词典，停用词词典中共包含 133 940 个词，然后对政策文本分词和词性筛选处理后的文档进行停用词剔除操作。

6.4.4 同义词合并

文本中经常用不同的表达方式来表示同一个事物或者相近事物，由系统与人工结合进行分词、词性筛选、去停用词操作，得到所有关键词，根据词的含义将同义的词进行合并，如环境保护与环保、循环与循环利用、资源节约与节约资源、二氧化碳排放与 CO_2 排放等。

将绿色增长政策文本进行分词、词性筛选、去停用词、同义词合并处理后，根据关键词在语料库中出现的词频大小，筛选出语料库中排名前 1000 的关键词，排名前 1000 的首尾 10 个关键词见表 6-6。每一篇绿色增长政策文本都能由一系列特征词表示出来，整个绿色增长政策语料库 1118 篇绿色增长政策文本可以由词集 $\{V1,V2,V3,V4,\cdots,Vn\}$ 表示。

表 6-6　中国绿色增长政策关键词智能抽取结果

序号	关键词	关键词词频	序号	关键词	关键词词频
1	农业	8417	991	犯罪	131
2	环境保护	7096	992	频率	131
3	生产	6736	993	优化升级	131
4	财政	5842	994	监测技术	131
5	创新	5530	995	环境影响	131
6	交通	4569	996	优势产业	131
7	节能	4112	997	招投标	130
8	生态	4086	998	客户	130
9	监管	4004	999	双边	130
10	监测	3616	1000	海岛	130

6.5　中国绿色增长政策文本表示及可视化

6.5.1　基于条件共现度矩阵的文档表示

传统的词共现矩阵在表示文本的过程中，是以同一个语义单元中两个关键词出现的频率作为矩阵构建基础。在文本内容中语义单元可能由文本中的一个段落、一个章节或是一个句子组成，一般情况下同一个语义单元的主旨相同，因此可以在同一个语义单元中提取在结构或者内容上存在一定关联的关键词，用来表示该语义单元的内容。在构建词共现矩阵时，两个关键词在同一个语义单元中出现的频率不同，选择频数较低的数值作为构建矩阵的数据基础，两个关键词在同一个文档中出现的频数为两个关键词的累计频数之和，词共现矩阵对角线上的数据为每个关键词在文本中出现的频数。虽然基于词频共现的方法在一定程度上能展现政策文本的结构关系，但在构建词共现矩阵的过程中存在均等化对待政策文本中的关键词，以及未考虑关键词在政策文本中的结构信息的问题。

基于传统的词共现矩阵表示文本内容的不足，本书在传统词共现矩阵表示文本的基础上采用条件共现度矩阵[12, 13]对绿色增长政策文本进行表示，即两个词共现的条件为两词同时出现在同一文本单元中。此种表示方法中两个特征词的共现信息不对称，更能突显不同词相互关联的差异性，能够充分利用特征词信息及特征词之间的相互关系，在一定程度上能更明确地表现政策主题。条件共现度矩阵在表示文本内容的过程中能够将两个关键词在文本中自然存在的相关性和条件依赖性考虑在内，即在同一个语义单元中，基于语义单元表达同一主题时，一个关键词的使用可能与另外一个已经使用或者在文本中已经出现的关键词彼此依赖，或者说两个关键词之间存在一定的关联性，并且两个关键词的依赖性在文本中并不对称存在或依赖关系并不确定。

文档 $d^k(k=1,2,\cdots,N)$ 可以被表示成为条件共现度矩阵 $d^k=\left(\mathrm{ccodm}_{ij}^k\right)_{n\times n}$，第 i 个特征词 A 对于第 j 个特征词 B 的条件共现度 ccodm_{ij}^k 定义为

$$\begin{aligned}\mathrm{ccodm}_{ij}^k&=p(B\mid A)=p(A,B)/p(A)\\&=\left(\mathrm{com}_{ij}^k\Big/\sum_{i,j=1}^{n}\mathrm{com}_{ij}^k\right)\Big/\left(\mathrm{com}_{ii}^k\Big/\sum_{i,j=1}^{n}\mathrm{com}_{ij}^k\right)\\&=\mathrm{com}_{ij}^k/\mathrm{com}_{ii}^k=\sum_{s=1}^{S^k}\min\left(f_{si}^k,f_{si}^k\right)\Big/\sum_{s=1}^{S^k}f_{si}^k\end{aligned}\tag{6-2}$$

其中，$p(B|A)$ 表示特征词 A 出现的条件下，特征词 B 出现的概率；$p(A,B)$ 表示两个特征词的共现概率；$p(A)$ 表示特征词 A 在文档 d^k 中的出现概率；com_{ij}^k 表示文档 d^k 中第 i 个特征词 A 和第 j 个特征词 B 的共现频次，并且 $\mathrm{com}_{ij}^k=\mathrm{com}_{ji}^k$；$S^k$ 表示文档 d^k 中总的语义单元个数；f_{si}^k 表示第 i 个特征词在第 s 个语义单元中的出现频次。

同样地，第 j 个特征词 B 对于第 i 个特征词 A 的条件共现度 ccodm_{ji}^k 定义为

$$\begin{aligned}\mathrm{ccodm}_{ji}^k&=p(A\mid B)=p(A,B)/p(B)\\&=\left(\mathrm{com}_{ij}^k\Big/\sum_{i,j=1}^{n}\mathrm{com}_{ij}^k\right)\Big/\left(\mathrm{com}_{jj}^k\Big/\sum_{i,j=1}^{n}\mathrm{com}_{ij}^k\right)\\&=\mathrm{com}_{ij}^k/\mathrm{com}_{jj}^k=\sum_{s=1}^{S^k}\min\left(f_{sj}^k,f_{sj}^k\right)\Big/\sum_{s=1}^{S^k}f_{sj}^k\end{aligned}\tag{6-3}$$

条件共现度矩阵中对角线上的元素 ccodm_{ii}^k 定义为

$$\begin{aligned}\mathrm{ccodm}_{ii}^k&=\mathrm{com}_{ii}^k/\sum_{i=1}^{n}\mathrm{com}_{ij}^k\\&=\sum_{s=1}^{S^k}f_{si}^k\Big/\sum_{i=1}^{n}\sum_{s=1}^{S^k}f_{si}^k\end{aligned}\tag{6-4}$$

其中，n 表示从文档 d^k 中抽取的特征词的个数。

基于条件共现度矩阵的中国绿色增长政策文本表示方式，一方面将绿色增长

政策文本以段落为单位划分为单元，将词共现表示文本的方法置于更小的研究单元内，能够更加全面地考虑政策文本的内容；另一方面，通常情况下，政策文本的一个段落内表达的核心主题相同或者相近，即在同一个主题单元内，任意两个词之间可能存在结构或者内容上的关联性。因此本书采用条件共现度矩阵表示中国绿色增长政策文本，可以更多地保留原政策文本中相关的语义和结构信息。具体的文档表示结果示例见表6-7，节点1与节点2表示从绿色增长政策文本中筛选出的关键词个数，表中节点1与节点2的条件共现概率为0.24，即在下一步可视化中国绿色增长政策社区网络中，节点1与节点2之间的边的数值为0.24。根据上述公式计算筛选出的1000个词两两之间的条件共现度值,并将其作为构建条件共现度矩阵的数据基础。

表6-7　关键词间的条件共现度值示例

节点1	节点2	条件共现度值
6	21	0.24
6	181	0.29
6	328	0.14
6	555	0.23
8	10	0.12
8	52	0.14
8	133	0.12
8	135	0.11
8	140	0.11
8	145	0.35

6.5.2　中国绿色增长政策社区划分

绿色增长政策文本由不同政策主题构成，通过识别不同主题群可以分析中国绿色增长政策的构成。为识别中国绿色增长政策的主题群，首先将文本预处理后的1118篇政策文本整合为一篇文档并保持原有自然段落,其次采用条件共现度矩阵表示绿色增长政策文本，再次采用Blondel算法发现中国绿色增长政策社区，最后用模块度衡量整个绿色增长政策社区划分的结果。

模块度是衡量社区划分质量的常用标准，模块度的取值范围为−1～1，模块度及模块度增量的计算公式为

$$Q=1/2m\left[\omega_{i,j}-A_iA_j/2m\right]\delta(c_i,c_j) \tag{6-5}$$

$$\Delta Q=\left[\sum(C_{\text{in}}+A_{i,\text{in}})/2m-(\sum(\text{tot}+A_i)/2m)^2\right]-\left[\sum C_{\text{in}}/2m-(\sum\text{tot}/2m)^2-(A_i/2m)^2\right] \quad (6\text{-}6)$$

其中，m 表示所有边的权重之和；$\omega_{i,j}$ 表示节点 i 和节点 j 之间的权重；C_{in} 表示中国绿色增长政策社区 C 内部所有边的权重之和；$\sum\text{tot}$ 表示社区 C 内部所有节点之间权重的和；A_i 表示与政策文本 i 相连的所有边的权重之和；$A_{i,\text{in}}$ 表示社区 C 内部政策文本与政策文本 i 所有连边的权重之和；c_i 表示节点 i 所在的社区，如果 i, j 在同一个社区内部，那么会出现 $\delta(c_i,c_j)=1$，否则就会出现 $\delta(c_i,c_j)=0$ 的结果，$m=\sum_{i,j}\omega_{i,j}/2$。

Blondel 算法发现社区需要两个步骤反复交替来实现[14]。第一步，将每一个节点视为一个社区；然后计算节点 i 归为其临近社区 j 时模块度的增量，当模块度增量为负值时，节点 i 保留在原社区；当模块度增量为正值时，节点 i 加入到最大模块度增量的社区中。反复进行此步骤，直至社区划分不再改变。第二步，构建一个新的社区网络，网络中的每一个节点为第一步中得到的社区，在新构建的社区网络中，任意社区之间权重等于相应两个社区中节点之间边权重之和，社区内部节点间边的权重之和视为"自环"。通过第二步构建新的社区网络后，继续根据第一步中的算法在新构建网络中发现社区，反复交替进行第一步和第二步，直到社区结构不再发生改变，最终模块度运行结果如图 6-3 所示。

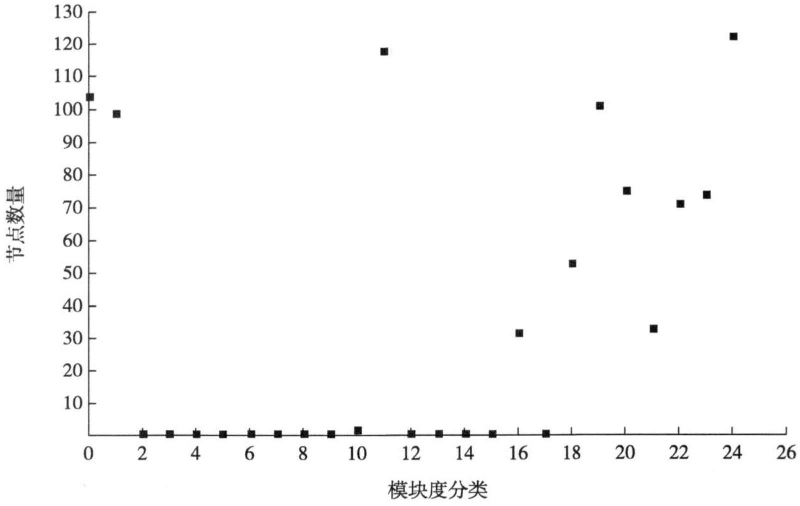

图 6-3　中国绿色增长政策社区划分结果

1. 模块度值分析

模块度是度量整个绿色增长政策社区质量的参数，本书运行中国绿色增长政策文本数据后得到的模块度值为 0.589，当模块度值越接近 1 时，说明整个社区划分的结果越好。根据模块度运行结果，最终将中国绿色增长政策划分为 25 个社区，其中有 11 个社区明显地位于坐标轴的上半部分，而剩余的 14 个社区几乎与坐标轴平行。这 14 个社区接近横轴，正好解释了模块度的值为 0.589 的科学性。14 个社区接近横轴的原因主要如下。

1）中国绿色增长政策属性角度

从政策目标角度看，中国并未系统地制定明确的绿色增长政策目标，导致中国绿色增长政策出台过程中政策目标比较分散。每个核心政策目标下出台的政策数量不同，因此中国绿色增长政策社区中有的社区关键词数量较多，聚集结果明显；而有的社区关键词数量较少，无法形成明显的社区。

从政策完备性角度看，中国未出台一部完整的绿色增长法，也未建立完善的绿色增长体系，导致中国绿色增长政策呈现出碎片化分布，且碎片化状态下资源分配不均，因此有的社区关键词数量较多，而有的社区关键词数量较少。

2）中国政策利益相关者角度

中国绿色增长政策的制定和执行主要由生态环境部和国家应对气候变化及节能减排工作领导小组负责，国家并未设立单独的绿色增长委员会统筹绿色增长政策工作。没有独立的政策统筹部门导致在绿色增长政策制定过程中，不同社区的政策数量差异较大，14 个社区节点数量接近横轴，与这些社区立法驱动不足密切相关。

2. 社区删减分析

本书考虑到中国绿色增长政策的现实状况及社区的代表性问题，对采用 Blondel 算法划分的中国绿色增长政策社区进行了删减操作，最终保留了 11 个社区，具体的删减原因如下。

1）绿色增长政策目标贡献度

从模块度划分的结果可以看出接近坐标轴的这部分社区中关键词数量较少。从政策目标的角度来看，社区内的关键词越少，说明该社区内出台的政策越少。而少量政策形成的社区相较于政策数量较多的政策社区对整个绿色增长政策目标的贡献度较低，因此本书将接近横轴的 14 个社区进行删减。

2）社区的代表性

图 6-3 中有些社区接近横轴，说明社区中的关键词数量较少，关键词聚集后的社区较小，且社区内关键词呈现疏散分布的状态，其形成的社区代表性较低，因此将接近横轴的 14 个社区进行删除。

3. 中心度值分析

中心度代表中国绿色增长政策社区网络中的关键词与整个社区关键词联系的紧密程度，中心度值越大说明该关键词在整个网络中重要性程度越高，处于整个绿色增长政策社区网络或者主题群网络的中心位置，主题群中心位置的关键词能够表达整个绿色增长政策主题群的核心内容，中心度值排名前 20 数据见表 6-8。

表 6-8　中国绿色增长政策中心度值

序号	关键词	中心度值	序号	关键词	中心度值
1	创新	217	11	交通	60
2	环境保护	199	12	污染	59
3	生产	190	13	信息化	49
4	财政	125	14	合作	45
5	农业	120	15	金融	40
6	生态	98	16	评价	40
7	监管	90	17	种质	39
8	监测	84	18	智能	37
9	节能	77	19	工艺	35
10	治理	66	20	检测	35

6.5.3　中国绿色增长政策主题群可视化

以关键词作为网络节点，以关键词之间的条件共现关系作为边，两个关键词的条件共现度的均值大于 0.2 时作为边的权重，最后按照边的权重对整个绿色增长政策结构网络进行社区的划分，最后得到 896 个节点，4261 条边。采用可视化软件 Gephi 对中国绿色增长政策社区划分结果进行可视化后，得到 12 个主题群，依次为：环境保护、污染防治、节能、绿色技术创新、绿色农业、生态文明、清洁生产、绿色交通、绿色财政、生物多样性、绿色金融、能源。

6.6　数 据 分 析

6.6.1　主题群内涵分析

1. 环境保护主题群

环境保护主题群占比最高，政策目标、政策措施、政策作用对象最丰富。

环境保护主题群由 190 个关键词聚集而成，环境保护主题群中关键词数量最多，表明中国在环境保护方面出台的政策最多。根据关键词内涵将环境保护主题群概括为环保产业发展、环境质量评估两个核心内容。环保产业发展政策包括绿色制造、生产技术等措施；环境质量评估包括环境标准、环境评估指标体系、环境信息平台建设、环境风险评估等措施。说明中国已经出台多元化环境规制措施以保证环境质量。

环境保护主题群居于核心位置，是绿色增长政策最为重要的组成部分。政策文本内容和政策演变历程显示《中华人民共和国环境保护法》是中国出台的第一部生态环境法，随后出台的污染防治、循环经济、清洁生产、节能减排、生态文明政策与环境保护主题群内容存在紧密联系；另外，环境保护是绿色增长政策的核心目标之一。因此，环境保护处于核心位置存在一定合理性。

2. 污染防治主题群

污染防治主题群占比仅次于环境保护，主题群内关键词联系紧密，政策作用对象和政策措施明显。

污染防治主题群由 104 个关键词组成，核心关键词为大气、固体污染物、废水等，说明污染治理政策的作用对象是各类污染物；其他关键词为新能源汽车、生产工艺、淘汰落后产能等，说明中国的污染防治从末端治理向控制污染源转型。

新能源汽车关键词出现在污染防治主题群值得关注，中国的新能源汽车政策包括新能源汽车产业政策、财政补贴政策、新能源汽车推广及基础设施建设政策，新能源汽车关键词与多个主题群关键词存在共现关系，政策边界模糊。新能源汽车政策的环境目标是缓解能源和环境压力，这也是污染防治主题群的目标之一，因此新能源汽车关键词在污染防治主题群内存在一定合理性。

3. 节能主题群

节能主题群涵盖范围较广，存在一定交叉性，政策目标比较明显，政策措施相对多样。

节能主题群由 74 个关键词组成，核心关键词为能源节约和低碳，说明能源节约和低碳是节能主题群的政策目标；其他关键词为政府采购、绿色建筑、节能改造、能源计量、能源合同管理等，说明国家通过直接干预和间接支持等多样化政策措施实现能源节约和低碳的政策目标。

节能主题群涵盖了绿色建筑和低碳，这两个主题词在 OECD 各国政策体系中较为显著，但在现有中国绿色增长政策中未形成明确主题群。中国现有绿色建筑政策聚焦于绿色建筑标准及绿色建筑项目，政策内容翔实性不足；中国现有低碳政策主要聚焦于宣传日、低碳技术和产品目录，智能抽取的关键词间关联关系不足；同时“低碳”与“节能减排”政策存在重叠性，一部分文本被删除也是未形成主题群的原因之一。

4. 绿色技术创新主题群

绿色技术创新主题群占比较高，主题群内关键词联系紧密，政策目标、政策措施、政策作用对象完备。

绿色创新技术主题群由 100 个关键词组成，可持续创新、国际竞争力、环境友好型社会等关键词包含于绿色技术创新的政策目标；人才、骨干、高等院校、企业是科技创新主题群的作用对象；激励机制、自主知识产权、服务平台等关键词是绿色技术创新主题群的政策措施，说明中国通过一系列激励机制、搭建绿色技术创新服务平台驱动人才技术创新行动，为中国的绿色增长目标提供技术保障，同时提升国际竞争力。

5. 绿色农业主题群

绿色农业主题群内关键词联系紧密，政策措施较为多元。

绿色农业主题群由 85 个关键词组成，核心关键词为循环经济、农村和农业生产，说明绿色农业政策的主要调整对象为农村和农业生产过程；其余关键词农作物、因地制宜、病虫害等与农业生产息息相关，说明通过病虫害防治、因地制宜种植作物，可实现农业生产过程生态化；资源再利用、无害化处理、农村经济与循环经济联系紧密，表明中国在发展农村经济的过程中注重农村无害化处理与资源再利用。

循环经济位于绿色农业主题群中，在整个绿色增长政策中未形成主题群。2008 年中国出台《中华人民共和国循环经济促进法》，随着经济、环境的发展，绿色发展、生态文明成为政策焦点，循环经济政策逐渐减少，2017 年中央层面只颁布了一个以“循环经济”为标题的政策，而循环经济主要作为一种理念内置于其他领域政策，因此循环经济未形成主题群。

6. 生态文明主题群

生态文明主题群占比一般，但主题群内政策措施多元化。

生态文明主题群由 75 个关键词组成，核心关键词为生态文化建设、生态环境监测、生态环境治理。生态文化建设政策包含文化产业、名胜区建设、生态旅游等核心政策，说明中国通过政策安排满足公众精神文化需求；生态环境监测政策包含环境监测、灾害监测、监测技术发展等核心政策，可动态监控环境变化；生态环境治理政策包含生态系统建设、生态功能区建设、生态修复等核心政策，可通过生态修复等政策工具实现生态环境治理目标。

7. 清洁生产主题群

清洁生产主题群占比相对较低，政策主题特征较不明显，政策措施单一化。

清洁生产由57个关键词组成，核心关键词为生产企业，说明清洁生产政策的作用对象是生产企业；其他关键词为监督、家电行业、半导体行业，说明中国主要通过监督、审查、规制行业内生产企业的清洁生产情况，引导企业在生产过程中实现降耗、减排目标。

8. 绿色交通主题群

绿色交通主题群占比较低，政策主题特征明显，但政策措施较不明显。

绿色交通主题群由50个关键词聚集而成，核心的关键词为公共交通，说明中国通过布局公共交通引导居民绿色出行；其他关键词为交通运输方式、公路、铁路、水运、航运等，说明中国通过综合发展交通运输方式实现交通领域“绿色”目标。

9. 绿色财政主题群

绿色财政主题群占比很小，主题群内关键词联系松散，财政工具相对多元化。

绿色财政主题群由46个关键词组成，核心关键词为财政部，说明财政部是绿色财政政策资金主要的分配主体；其余关键词税收、投资、补贴是重要的财政措施，说明中国通过财政工具组合实现资金的合理配置，为实现其他主题群目标提供资金保障。

10. 生物多样性主题群

生物多样性主题群占比与绿色财政主题群相同，主题群内政策目标、政策措施最为单一。

生物多样性主题群由46个关键词组成，核心关键词为濒危生物和自然保护区，其他关键词为海洋生物、陆地生物等，说明中国主要以设立自然保护区的方式保护物种多样性。

11. 绿色金融主题群

绿色金融主题群占比仅大于能源主题群，但主题群内政策作用对象、政策措施明显。

绿色金融主题群由45个关键词组成，核心关键词为金融机构，说明绿色金融政策的调整对象为提供资金的金融机构；绿色信贷、保险、债券等关键词是绿色金融主题群的政策措施，绿色产业、绿色制造、绿色产品是绿色金融政策措施提供投融资的对象，说明中国已在绿色资本市场实施多样化的金融工具，为经济绿色转型提供投融资服务。

12. 能源主题群

能源主题群占比最小，主题群内关键词联系松散，政策目标和政策措施不明显。

能源主题群由 31 个关键词组成。核心关键词为可再生能源，其余关键词为太阳能、风能、核能、光伏、生物质能等，说明可再生能源已成为实现能源安全、调整能源结构、温室气体减排的重要措施；石油、煤炭等非可再生资源词频也较高，说明传统能源在经济建设中依然具备一定的不可替代性。

中国绿色增长政策主题群由环境保护、污染防治、节能、绿色技术创新、绿色农业、生态文明、清洁生产、绿色交通、绿色财政、生物多样性、绿色金融、能源等共 12 个主题群构成，全方位地展开绿色增长政策布局，致力于中国绿色增长目标的实现。

6.6.2 绿色增长政策构成对比分析

本书通过文本挖掘研究 1979～2017 年中央层面中国绿色增长政策，智能抽取中国绿色增长政策文本内容，构建条件共现度矩阵后对绿色增长政策文本采用模块度划分中国绿色增长政策社区，最终识别出中国绿色增长政策主题群。同时，本书将采用扎根理论构建的中国绿色增长政策理论框架与文本数据挖掘出的中国绿色增长政策主题群展开对比分析，并给出绿色增长政策构成对比示意图。

1. 整体对比

从整体上看，两者的基础性政策相同，皆以绿色财政、绿色金融政策作为实现绿色增长目标的资本支撑，技术创新是实现政策目标的技术力量。整体上相比，现实的中国绿色增长政策主题群明显薄弱，主题群总数较少，政策内容较为单一。

2. 具体内容层

通过研读中国绿色增长政策文本，发现中国已围绕绿色增长目标采取了一系列相关的绿色增长政策行动，但在中国绿色增长政策社区网络中，很多政策行动未以主题群方式呈现，一方面是政策文本数量较少，政策文本中核心关键词词频较低，在筛选关键词过程中被自动剔除；另一方面，绿色国土、绿色城市、循环经济、绿色建筑等政策中关键词排名在前 1000，但是关键词的节点中心度较低，无法使其他关键词以绿色国土、绿色城市、循环经济、绿色建筑等为中心关键词形成主题群。

1）绿色贸易

以“绿色贸易”为关键词检索时，标题检索无相关政策文本，全文检索只有

32 个政策文本，其中包含重复、失效的政策文本。政策文本数量过少，因此在提取关键词时，绿色贸易存在词频过低、无法聚集成主题群的现象。绿色贸易是中国绿色增长政策理论框架的组成部分，OECD 35 个成员国中只有三个国家实施了绿色贸易政策，但实施频次不高。基于实施频次及绿色贸易政策的交叉性，未来中国可以根据经济发展的需要有针对性地增加相关政策的出台。

2）循环经济

在对中国绿色增长政策文本展开分析的过程中，我们发现循环经济主题群散落在绿色农业主题群中，说明绿色农业生产过程中的节约资源、资源再利用的理念与循环经济发展理念相吻合，因此循环经济已是绿色农业的重要组成部分。近几年，中国的循环经济政策逐渐被绿色发展、生态文明理念替代，与 OECD 35 个成员国中只有三个国家实施绿色贸易政策也存在一定的一致性。因此，未来中国可以在绿色增长的清洁生产和节能减排主题群中保留循环经济理念，并根据发展需要有针对性地加强循环经济政策布局。

3）绿色产业

在以“绿色产业”为关键词检索中国绿色增长政策文本的过程中，标题检索“绿色产业”时发现中央层面只有两个政策，而全文检索“绿色产业”时发现绿色产业政策已经包含在“生态环境保护规划”“资源经济转型意见”“绿色投资”中，关键词词频未聚集成主题群。OECD 35 个成员国中有 10 个国家已经实施了绿色产业政策，同时绿色产业政策与技术、环境、资本等政策存在紧密关联性，是实现中国绿色增长政策目标的核心政策，因此中国绿色增长政策应该加强这方面的布局。

4）绿色国土

以“绿色国土”为关键词展开标题检索，结果无政策文本，展开全文检索时只有两个政策文本。中央层面在绿色国土方面出台的政策文本数量过少，导致绿色国土未聚集成主题群，说明中国的绿色国土方面是薄弱环节。OECD 成员国中只有一个国家提到了绿色国土布局而绿色国土开发是土地利用集约化、保护资源环境、优化城市布局的重要战略举措，因此未来中国需要在绿色国土政策方面实现全方位布局。

5）绿色就业

以“绿色就业”为关键词进行检索时，发现中国在中央层面并未出台正式的绿色就业政策。随着气候变化和自然环境保护理念对企业生产、经营过程的影响，市场对具备绿色技能的专业人才的需求不断增长，而中国在绿色就业层面政策引导不足。澳大利亚在 2009 年时实施《绿色技能协议》，引导教育行业和技能培训机构对从业者展开技能培训，满足市场在低碳、可持续发展要求下对技术及实践技能的需求，为中国在绿色就业方面出台相关政策指明了方向。基于 OECD 35

个成员国中有 6 个国家实施了绿色就业政策，以及绿色就业对就业结构和就业形势的重要作用，未来中国需要加强绿色就业方面政策的出台。

6）绿色消费

对“绿色消费”进行标题检索，发现中央层面只有国家发展和改革委员会、中宣部、科技部、财政部、环境保护部、住房和城乡建设部、商务部、质检总局、旅游局、国管局十部门联合印发的《关于促进绿色消费的指导意见》，其余绿色消费相关政策散落在绿色增长政策其他模块中。对绿色增长政策展开文本内容分析时发现，“绿色消费”关键词出现在“绿色金融”主题群中，这是因为国家在鼓励绿色消费过程中，需要以金融、财政工具激励企业生产绿色产品，同时对绿色产品进行宣传，引导公众消费转型。在绿色消费层面，中国在 2001 年的第十个五年计划纲要中初次提出推行绿色消费方式并持续到“十三五”规划中，将绿色消费理念置于气候变化、循环经济、生态环境保护政策中，体现了中国在政策安排中对绿色消费的重视。在 OECD 成员国中有 6 个国家鼓励绿色消费，同时中国绿色消费目标的实现需要其他主题群的支持，因此，可以根据发展的需要加强关于绿色消费政策的制定与实施。

7）绿色教育

以“绿色教育”为关键词检索时发现，中国未出台正式的绿色增长教育宣传政策，但通过研读中国绿色增长政策文本，发现中国已设立“节能减排宣传周”、制订“节能减排全民行动实施方案”等，同时在高校开设可持续发展课程及设置环境管理专业等，开展了相关绿色教育行动。基于 OECD 成员国中已有 11 个国家开展了绿色教育行动，占比较高，因此未来中国在绿色增长政策布局中应加强绿色教育。

8）绿色城市

以“绿色城市”为关键词展开标题检索时发现，中央只在 2016 年时出台了《国家标准化管理委员会农业食品标准部关于开展绿色城市发展现状问卷调研的通知》，展开全文检索时中央层面只有 30 个政策文本且主要关于国家经济和城市发展规划。以全文检索方式获取的政策文本中，绿色城市不是政策的核心主题，而且在提取文本内容的过程中，该关键词词频过低，因此在中国绿色增长政策社区网络中未显示。OECD 成员国中只有一个国家实施了绿色城市政策，占比很低，同时由于绿色城市政策的重叠性，未来中国在绿色增长政策布局中可以对绿色城市进行适度引导。

9）绿色建筑

以“绿色建筑”为关键词检索相关的绿色增长政策，发现中国在绿色建筑层面也出台了一系列政策，这些政策聚焦于绿色建筑标准及绿色建筑项目，在整个绿色增长政策结构网络中未聚集成主题群；中国的“绿色建筑”政策包含于节能减排主题群中，绿色建筑的节能与减排理念与节能减排主题群的目标相吻合。OECD 成员国中有 19 个国家实施了绿色建筑政策，绿色增长政策在中国现有的经济、资源和环境压力下，应该加强这方面的布局。

10）温室气体减排

以“温室气体减排”为关键词进行标题检索时，中央层面未发现这方面政策。进行全文检索时发现温室气体减排出现在“低碳”“节能减排”“绿色金融”“可再生能源”等政策中，主要作为政策目标出现。OECD 35 个成员国中有 6 个国家实施了“温室气体减排”行动，而在中国绿色增长政策中，温室气体减排政策已经能被其他政策涵盖，所以未来中国可以根据减排目标的需要加强此方面的布局。

11）绿色增长国际合作

“绿色增长国际合作”方面，中国虽然未出台主题明显的绿色增长国际合作政策，但中国主要通过设立国际合作科技项目、举办国际经验交流会等方式增加国际社会互动，增强与国际社会的合作及经验交流，促进中国绿色增长目标的实现。在 OECD 35 个成员国中只有两个国家实施了绿色增长国际合作政策行动，未来中国可以根据技术、经济发展的需要在此方面进行加强。

12）绿色基础设施

以“绿色基础设施”为关键词进行检索时，发现中央层面未出现相关的政策，但通过研读政策文本可以发现，中国的绿色基础设施建设以电动车充电桩布局、互联网信息设施布局为核心，这与国家鼓励使用新能源产品、互联互通发展趋势相吻合。一方面绿色基础设施建设可以完善城市基础设施配置，满足公众对绿色生活的需求；另一方面基础设施建设可以带动就业，提升公众满意度。虽然 OECD 成员国中只有两个国家明确实施了绿色基础设施建设类的政策，但是基于绿色基础设施建设的重要性，中国绿色增长政策未来需要不断地完善绿色基础设施布局，使公众共享绿色发展福祉。

将中国绿色增长政策的构成与理论的绿色增长政策框架展开对比后，建立绿色增长政策构成对比示意图，具体如图 6-4 所示。在表 5-7 中循环经济政策属经济包容性增长，而中国的循环经济未独立成群，位于绿色农业主题群中，因此本书将绿色农业归入经济包容性增长。根据对比分析的过程及 12 个主题群的内涵，本书发现中国绿色增长政策中生态文明主题群表现出本土化特征，环境保护和生物多样性在中国绿色增长政策中独立成群。根据 OECD 35 个成员国的绿色增长政策实施情况，以及经济、环境、社会的发展需要，中国应有针对性地加强绿色贸易、绿色消费、绿色城市、温室气体减排、循环经济等方面的政策布局。能源政策、绿色产业、绿色金融、绿色国土、绿色就业、绿色教育、绿色建筑、绿色增长国际合作对于中国绿色增长战略目标的实现具有重要作用，因此未来需要增加更多的政策资源，完善中国绿色增长政策体系，实现中国的绿色增长战略目标。

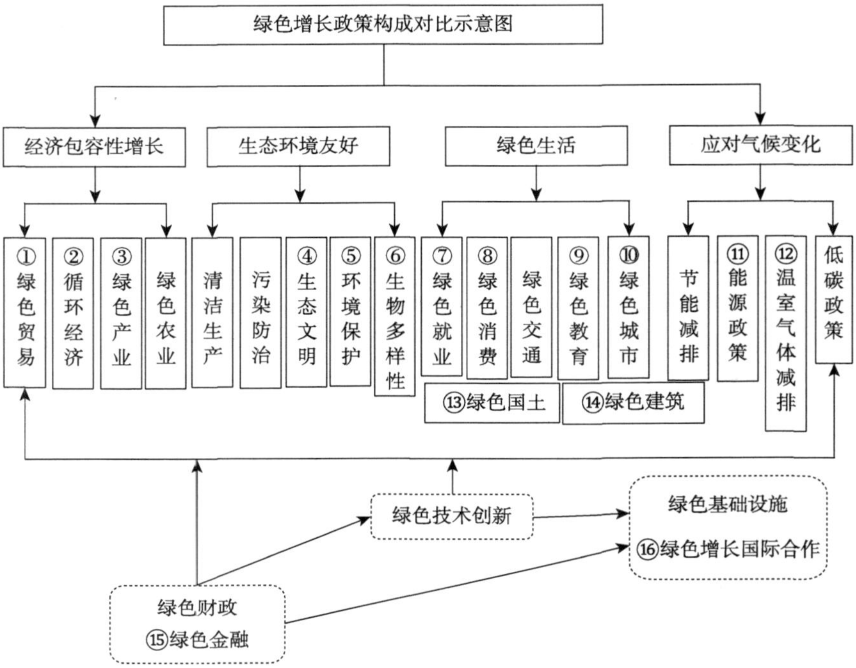

图 6-4　绿色增长政策构成对比示意图

序号③、⑦、⑨、⑪、⑬～⑯代表未来亟待加强的政策，序号④～⑥代表中国独立形成的主题群，序号①、②、⑧、⑩、⑫代表根据发展需要应有选择地进行加强的政策

6.7 研究发现

1. 中国绿色增长政策由 12 个主题群构成

本书最终识别出中国绿色增长政策是由 12 个主题群组成，以生态环境友好为目标的环境保护、生态文明、生物多样性、污染防治、清洁生产主题群；以应对气候变化为目标的节能、能源主题群，在转向绿色增长发展模式的过程中，绿色技术创新主题群是驱动绿色增长目标的引擎，以政策鼓励技术创新，以创新驱动要素升级；绿色金融、绿色财政主题群是引导要素分配的资金支撑；以实现经济包容性增长为核心目标的绿色农业主题群；以绿色生活为目标的绿色交通主题群。

2. 环境保护主题群与污染防治主题群行政导向性过强

在所有主题群中，环境保护与污染防治主题群的政策措施数量最多，处于中国绿色增长政策的核心位置，主题群内政策要素围绕核心目标联系紧密，并呈现极强的行政导向特点。

环境保护和污染防治主题群行政导向性过强，首先表现在行政措施多元化。环境指标体系、限期整改、环保补贴均为典型的环境保护行政措施，污染排放标准、总量控制标准、监测制度是污染防治主题群的核心政策工具。其次，行政规制细致严格。排放标准对污染物种类、数量、浓度、时间和速度、技术规范做出详细规定；对环境违法主体采取严厉的行政处罚，2014修订的《中华人民共和国环境保护法》对环境违法行为按日处罚不设上限，严格监控经济主体的环境行为。再次，行政措施交叉性规制不同政策群。环境指标是环境保护主题群的核心政策措施，该措施会影响企业生产排放行为，驱动企业生产过程清洁化，同时生态文明主题群的生态环境监测也是以环境指标和排放标准为基础。最后，行政干预措施具有针对性强、效果明显的特点，但行政管控措施以基础设施建设为基础，在增加政策成本的同时容易导致政策失灵。

环境保护主题群与污染防治主题群行政导向性过强的原因如下。首先，环境保护和污染防治政策布局较早，从海洋环境保护、水污染防治、固体污染防治、大气污染防治的角度强制经济主体遵从环境行政法规。其次，在环境保护和污染防治主题群建立初期，国家以命令控制型政策工具为主，并出台环境保护行政处罚办法查处环境违法行为。最后，随着经济环境变迁政府出台多元化调控工具，主题群政策措施逐渐丰富，命令控制型政策措施不仅包含环境标准、排放标准、行政处罚措施，还增加了限期治理、环境配额等措施，2018年4月正式征收环境保护税，行政措施更加多元化。未来应该增加环境补贴、生态补偿、环境标志等经济激励型政策工具及环境保护教育等自愿型政策工具的比重，以引导经济主体自愿遵从环境保护规章制度。

3. 绿色金融主题群与能源主题群存在结构性缺失

在所有主题群中，绿色金融和能源主题群政策措施最少，政策主题不明显，因此绿色金融与能源是中国绿色增长政策中最为薄弱的环节。

绿色金融政策出台时间较晚，2016年正式颁布《关于构建绿色金融体系的指导意见》，但绿色金融政策至今仍停留在试验区层面，未广泛推广。在绿色金融主题群中，绿色债券、绿色股票、绿色信贷作为核心金融工具，能够规范和引导绿色资本市场，在中国经济绿色转型进程中降低环境负外部性效应。能源主题群是应对气候变化的核心政策之一，能源主题群鼓励使用可再生能源，调整能源结构，以实现温室气体减排目标。该主题群内关键词较少，政策工具安排指向性不明确，但其倡导使用太阳能、核能等可再生能源，是重要的引导性政策。

绿色金融政策虽已出台相关金融工具，将环境成本置于企业融资成本与融资便利性设计中以实现资本绿色化，但绿色金融政策中风险防范机制与激励机制明显不足，表明绿色金融政策存在结构性缺失。中国在 2005 年出台第一部可再生能源法，并将可再生能源政策与能源税、可再生能源电价等财政工具相结合，以改善能源结构，应对气候变化带来的全球挑战，但可再生能源主题群未展现出支持可再生能源开发的政策，说明可再生能源政策需求侧激励机制明显不足。

4. 绿色增长政策多个主题群存在功能性重叠

通过梳理绿色增长政策文献、OECD 35 个成员国绿色增长政策实施概况、中国绿色增长政策文本内容，本书提炼出中国绿色增长政策的主题群核心目标为：应对气候变化、经济包容性增长、生态环境友好、绿色生活。其中生态文明、环境保护、污染防治、生物多样性、清洁生产主题群的核心政策目标为生态环境友好，绿色农业主题群的核心政策目标为经济包容性增长，节能、能源主题群的核心政策目标为应对气候变化，绿色交通主题群的核心政策目标是绿色生活，实现绿色增长目标是以绿色技术创新为核心动力，以绿色财政与绿色金融为资本保障。绿色增长政策各个主题群统一于实现绿色增长的政策核心目标，但在环境保护、生态文明、污染防治、能源、节能主题群存在政策目标重叠现象。以“新能源汽车”为例说明，“新能源汽车”的政策目标为环境保护和能源节约，与能源主题群内“能源节约”“低碳”政策的目标存在重叠性，与环境保护和污染防治主题群的环境目标存在重叠性。

中国绿色增长政策主题群的政策客体、政策措施存在重叠性。环境保护主题群中的环保产业、污染防治主题群中的生产工艺的实施主体、清洁生产主题群中的规制对象、绿色技术创新主题群的作用对象均为生产型企业，说明中国绿色增长政策核心政策客体存在交叉性。环境标准、环境影响评价、环境监督制度是环境保护、清洁生产、污染防治、生态文明主题群的重叠性政策措施，这些措施都致力于实现生态环境友好目标。

中国绿色增长政策的目标、政策措施、政策客体存在重叠性是主题群存在功能性重叠的核心原因。政府部门可以整合单一政策要素资源，形成政策协同效应，提升政策效果，但同一政策目标在不同政策领域中需在政策议程中配置额外政策资源，增加了政策成本。

5. 绿色增长政策主题群呈现本土化特征

OECD 35 个成员国的绿色增长政策中无生态文明主题群，而生态文明主题群是中国绿色增长政策主题群的重要组成部分，说明中国绿色增长政策主题群具有独特性，从生态文明主题群的角度体现了中国绿色增长政策的本土化特征。

从政策属性的角度看，生态文明理念是在中国经济发展、环境质量要求不断提高的背景下提出的，而生态文明主题群的建设是一项长期性、系统性、战略性和创新性任务，中国已从中央层面展开全方位政策布局，以规范调整的模式从生态文化建设、生态环境治理、生态系统保护、生态环境监测的视角出发，建设具有中国特色的生态文明制度，解决中国生产和社会发展进程中的生态难题。从政策利益相关者的角度看，2018 年中国将环境保护部改为生态环境部，提升了生态文明的战略地位，有专门的政策统筹部门负责生态文明相关政策的制定和执行是生态文明主题群呈现本土化特征的重要原因之一。从政策环境的角度看，中国的根本政治制度为人民代表大会制度，中国在党的十九大报告中提升了生态文明的战略地位，随后一系列生态文明相关政策的出台，也是生态文明主题群呈现本土化特征的重要原因之一。而 OECD 35 个成员国从政策属性角度看，未将生态文明提升至战略层面。从政策利益相关者角度看，很少有国家单独设立生态部。而中国在政策环境、政策属性、政策利益相关者角度都给予生态文明足够的重视，因此生态文明成为中国绿色增长政策本土化特征明显的主题群。

6. 中国已初步建立绿色增长政策体系

现有中国绿色增长政策由 12 个主题群构成，中国绿色增长政策的四个核心目标为经济包容性增长、生态环境友好、绿色生活、应对气候变化，中国围绕四个核心目标进行了全方位的政策布局。

6.8　本 章 小 结

本章采用比较研究法和文献研究法从政策目标、措施、作用对象角度建立了中国绿色增长政策检索标准，根据建立的检索标准在中国权威的法律数据库中检索中国绿色增长政策文本，确定了中国绿色增长政策初始数据集。采用计算机语言对中国绿色增长政策文本进行文本预处理，采用以共词分析法为基础的条件共现度矩阵表示中国绿色增长政策文本，采用 Blondel 算法运行数据后以模块度划分中国绿色增长政策社区，识别了中国绿色增长政策主题群，并对中国绿色增长政策主题群内涵进行阐述。除此之外，本书将中国绿色增长政策主题群与第 5 章采用扎根理论构建的中国绿色增长政策框架进行对比分析，归纳理论和现实绿色增长政策构成对比示意图。

6.9 参考文献

[1] 薛为民，陆玉昌. 文本挖掘技术研究[J]. 北京联合大学学报：自然科学版，2005，19（4）：59-63.

[2] Girvan M，Newman M E J. Community structure in social and biological networks[J]. Proceedings of the National Academy of Sciences of the United States of America，2002，99（12）：7821-7826.

[3] Newman M E J，Girvan M. Finding and evaluating community structure in networks[J]. Physical Review E，2004，69（2）：26-113.

[4] Scott J. Social Network Analysis：A Handbook[M]. London：Sage Publications，2000：113-152.

[5] 罗敏，朱雪忠. 基于政策工具的中国低碳政策文本量化研究[J]. 情报杂志，2014，（4）：12-16.

[6] OECD. Interim Report of the Green Growth Strategy：Implementing Our Commitment for a Sustainable Future [M]. Paris：OECD Publishing，2010.

[7] UNEP. Towards a green economy：pathways to sustainable development and poverty eradication. A synthesis for policy makers[R]. United Nations Environment Programme，2011.

[8] OECD. Green growth and developing countries：a summary for policy makers[R]. Paris：OECD，2012.

[9] 郑彤彤译，魏丽娇校. 韩国低碳绿色增长基本法（2013 年修订）[J]. 南京工业大学学报（社会科学版），2013，12（3）：23-36.

[10] Bouzaher A，Sahin S，Yeldan E. How to go green：a general equilibrium investigation of environmental policies for sustained growth with an application to Turkey's economy[J]. Letters in Spatial and Resource Sciences，2015，8（1）：49-76.

[11] Liu Q，Zhang H P，Yu H K，et al. Chinese lexical analysis using cascaded hidden markov model[J]. Journal of Computer Research and Development，2004，41（8）：1421-1429.

[12] Wei W，Guo C H，Chen J F，et al. Textual topic evolution analysis based on term co-occurrence：a case study on the government work report of the State Council（1954-2017）[R]. Nanjing：The 12th International Conference on Intelligent Systems and Knowledge Engineering（ISKE 2017），2017.

[13] Wei W，Guo C H，Chen J F，et al. CCODM：conditional co-occurrence degree matrix document representation method[J]. Soft Computing，2019，23（4）：1239-1255.

[14] Bhushan S N B，Danti A. Classification of text documents based on score level fusion approach[J]. Pattern Recognition Letters，2017，94：118-126.

第7章　中国绿色增长政策主体的协同演变

7.1　本章研究脉络

7.1.1　理论基础

1. 政策网络的起源

“政策网络”的概念起源可以追溯到20世纪五六十年代的美国[1]。尽管在当时的美国，政策网络这一术语没有正式提出，但美国学者提出的次级系统、次级政府等思想是学术界广泛认可的政策网络研究的思想源头。首次提出“政策网络”概念的是英国学者Katzenstein，但其概念内涵与之后的英国学者对于政策网络相关概念的发展却有很大的不同。20世纪70年代末，西方经济衰退伴随着政府能力不足，一场浩大的政府管理改革运动应运而生，在这样的机遇下，政策网络成为当时西方各个国家研究公共政策领域的重要课题，政策网络理论的发展驶入了快车道。当时最有代表性的模型当属1978年罗茨提出的罗茨模型，该模型摆脱了当时关于政策网络研究的多元主义和统合主义的限制格局，构建出了政策网络分析的理论框架，罗茨模型也成为其后学者分析政策网络问题的一个重要工具[2]。

与此同时，政策科学作为一门学科正在遭受着其他学科对其“科学性”和“民主性”的质疑，旧的研究范式已经不能满足现有研究对政策科学“科学性”和“民主性”的要求，政策科学本身正在经历危机与挑战。由此政策科学领域出现了包括政策网络在内的各种新的研究范式，从不同视角、以不同的方式展开对“科学性”和“民主性”的研究，以此来捍卫政策科学。而政策网络作为政策科学领域中出现的新的候选范式具备强大的竞争力，学术界对其概念、模型、分析方法等展开激烈而深入的讨论[3]。政策网络分析正在成为英国政策执行过程研究的主流范式，其在欧洲大陆国家和美国的政策领域也发挥着更加重要的作用，这是其作为强有力的候选范式的证明。

2. 政策网络的概念

政策网络理论还是一个发展中的理论，关于政策网络的概念定义，目前学术界还未达成统一共识，并一度出现定义混乱的局面。其混乱的原因主要包括两个方面：第一，网络概念的滥用。早期政策网络这一术语没有被学者明确使用，而是作为一个网络分类的一般性词语，同时许多学者的不同观点和假设都与网络思想有很明显的关系，但没有进一步将这些关系概念化，使得政策网络这一概念的基因牵涉了过多的网络内涵又无法清晰地概念化。第二，不同学者从不同层面对政策网络下定义，并自说自话，未能对政策网络进行系统界定，使得对其本质的定义一会儿是现象，一会儿是理论[3]。

Katzenstein 认为政策网络并非是指具体行动者之间的相互关系，而是一种广泛意义上的组织分类，如国家、总体社会部门和社会联盟等[4]。Kenneth 从社会学角度对政策网络进行界定，认为政策网络是组织的复合体，它们因资源依赖关系而互相关联，并以资源依赖结构的不同区别于其他复合体。正因政策网络的定义混乱，我国学者大多逃避为政策网络下定义，而刘海燕和李勇军认为政策网络是政策过程中多元行动者互动形成的集合体，他们的一致目标是解决共同面临的政策问题[5]。冯贵霞认为政策网络理论是一种分析途径和研究方法，因政策科学领域中引入了社会学的网络理论而诞生[6]。以上政策网络的定义并没有为减少政策网络概念的界定混乱做出贡献。基于以上分析，作者非常认同李玫对政策网络的定义。其定义涵盖了政策网络包含现象、理论和社会关系这三个层面的丰富含义，对政策网络的百家定义做了有效的整合和梳理[3]，有助于学者清晰理解政策网络的定义。

作为一种从现实世界观察到的现象，政策网络是指在某个政策领域中，彼此相互依赖的多个独立行动者为了使得政策能朝向最有利于自身利益实现或最大化的方向发展，通过与其他行动者交换资源的形式而进行的复杂互动过程。公共政策或政策过程已经开始由传统的“理性中心规则模式”逐渐向“网络化”发展，即许多相互依赖的行动者之间形成的针对政策展开的联合行动或对抗行动。而传统的治理模式将逐渐失效，成功治理的关键在于实现有效的网络治理。

作为一种理论，政策网络理论主要研究政策过程中相互依赖的行动者之间由各种正式、非正式关系形成的网络及网络结构特征对政策产生的影响。

作为一种国家社会关系的设想模式，政策网络被看作一种社会结构形式，同时它也是一种新的国家治理模式，区别于政府或市场模式，政策网络这种国家治理模式反映变化的国家社会关系，以及这种变化带来的政治治理的新形势。

在这三个层面对政策网络的界定中，理论层面的定义处于核心地位，因为理论的观点可以帮助人们构建模型来解释经验世界现象，从而引导社会更加深刻地认识政策网络，最终寻得有利于人类发展的新的社会治理模式和治理构想[3]。而本书正是基于此定义，既将政策网络看作一种国家社会关系，又将其视为现实经验世界不断发展的政策网络现象，运用政策网络理论发展而来的一些观点和方法解决绿色增长政策的执行问题。

3. 政策网络的学派

政策网络目前划分为四大学派，分别是致力于政策网络分类研究的利益调和学派、以德国为主的欧洲大陆学派又称为治理学派、以荷兰为主的网络管理学派及致力于政策网络量化研究的政策网络分析学派。

利益调和学派代表人物为罗茨，这一学派主要致力于政策网络分类的研究，Börzel 把基于英美研究形成的这一研究趋势称为“利益调和学派”[7]。这一学派的学者将政策网络类型的划分视为有效的政策分析工具。

治理学派的学者主要是集中在德国和荷兰的欧洲大陆国家，代表人物有梅恩茨、沙普夫等。该学派将政策网络看作政府治理的第三种模式，因传统的政府主导政策模式的失败而发展起来。

网络管理学派致力于研究政策网络中的管理问题，即通过有效的网络管理，不同的行动者如何在政策过程中代表自己的利益并影响政策结果。科克特、克林为该学派的代表人物。该学派根据其研究策略不同，被分为两个子学派，即博弈管理派和网络建构派。

网络分析学派起初是由治理学派的一些研究者如施耐德、肯尼斯等发起的，他们认为政策网络理论的研究基础应是网络自身的特点，而非网络成员的特点，他们测量网络成员的关系数据而非网络成员的个体属性数据，以描述政策网络的结构、特征等。该学派主要运用社会网络分析法的观点和工具来建模，从而形成一个新的量化研究途径，为政策网络进入量化研究阶段起到了关键推动作用。网络分析学派充分借鉴了社会网络分析法，用节点和节点间的连接线来表达政策网络。其中，节点代表一个人或者一群人组成的团体，即行动者，在绿色增长政策网络中即指网络中的各个成员；连接线代表行动者之间的关系，如权力依赖关系、情感关系、资源（资金、人员等）交换关系、信息传递关系等，本书将借鉴网络分析学派对政策网络的研究思路，对绿色增长政策网络进行研究。

虽然各个学派各有所长，但并非割裂，将各个学派的理论科学地结合起来应用，灵活地解决实际的政策问题，不失为一种好办法。本书应用利益调和学派的网络分类确定网络行动者，应用网络分析学派的理论分析绿色增长政策的网络特征，提出绿色增长政策执行阻力模型，并应用网络管理学派中的博弈管理对模型进行证明。

4. 政策网络的分类

目前对政策网络类型的划分有以下几种不同的方式，弗朗斯·范瓦登于 1992 年提出的七维度分类模型是目前最详细和全面的政策网络分类,并区分出 11 种不同的政策网络形式[8]。但七维度的政策网络分类存在过于反复，不同类型间难以区分，与现实中的网络模式匹配困难的问题。乔丹和舒伯特提炼出三个维度，即成员人数、网络是否按政策领域或跨政策领域划分、网络稳定性来划分政策网络类型，并划分出 11 种政策网络类型。应用最为广泛的政策网络分类模式是罗茨模型，罗茨为政策网络研究发展做出了杰出的贡献，其模型为政策网络理论的发展奠定了重要基础。

罗茨认为在政策过程中，不同的政策网络有不同的依赖关系结构，并在三个维度上存在区别，分别是成员资格、相互依赖关系和资源分配方式。由此，他将政策网络区分为五种类型，一端是高度聚合的政策社群，中间是专业网络、府际网络和生产者网络，另一端是议题网络[9]，见表 7-1。

表 7-1 罗茨模型

政策网络	成员资格	相互依赖关系	资源分配方式	举例
政策社群	稳定、高度受限的成员	高度纵向的相互依赖关系及有限的横向联系	有限的平行意见	全国人大及其常委会、人民政协、国务院组成部门及其直属机构、人民法院及人民检察院
专业网络	稳定、高度受限的成员	高度纵向的相互依赖关系及有限的横向联系	有限的平行意见，服务于专业人士或特定行业的利益	具有专业知识和技能且进入相关领域的专家和研究组织
府际网络	有限的成员	有限的纵向相互依赖关系，广泛的横向联系	广泛的平行意见	地方人大及其常委会、地方政府、地方各级政府、地方各级政府部门、地方各级法院及检察院
生产者网络	流动的成员	有限的纵向相互依赖关系	服务生产者的利益	政策目标企业、目标企业的上下游企业及行业协会等
议题网络	稳定性较弱、成员多	有限的纵向相互依赖关系		消费者、非消费者居民、媒体（包括传统媒体和新兴媒体）、各类相关非政府组织、非营利组织

第一种类型是政策社群，其网络稳定性高，成员资格高度受限，进入壁垒高，成员间有很强的纵向相互依赖关系，有较高的互动频率和互动质量，几乎所有与政策议题有关的事务均会在政策社群成员间存在互动。在中国，该类政策社群基于政府内部各部和政府的主要职能利益，主要包括全国人大及其常委会、人民政协、国务院组成部门及其直属机构、人民法院及人民检察院等。

第二种类型是专业网络，该网络通过其专业性表现出其在政策网络中的重要性，网络稳定性高，成员资格高度受限，成员间有很强的纵向相互依赖关系，互动频率高，同时与其他网络隔绝。专业网络表达了特定行业的利益，主要包括具有专业知识和技能且进入相关领域的专家和研究组织。

第三种类型是府际网络，其网络稳定性中等，成员资格有限，成员间具有有限的纵向相互依赖关系，却具有广泛的横向联系和渗透其他网络的能力，成员间联系广泛，互动频率一般。此类网格主要包括地方人大及其常委会、地方政府、地方各级政府、地方各级政府部门、地方各级法院及检察院。

第四种类型是生产者网络，其网络稳定性低，成员流动性较大，成员间具有有限的纵向相互依赖关系，互动性低，成员主要由于经济利益而联系在一起。此类网络主要包括政策目标企业、目标企业的上下游企业及行业协会等。

第五种类型是议题网络，其网络参与者人数众多且不稳定，互动的频率与强度不定，成员间具有有限的纵向相互依赖关系，经济利益在决策中作用突出。此类网络主要包括消费者、非消费者居民、媒体（包括传统媒体和新兴媒体）、各类相关非政府组织、非营利组织等。

7.1.2 研究方法

早期政策网络理论的局限之一是政策网络概念本身更像是一个比喻，只能采用质性研究方法展开研究，研究有偏主观之嫌，且学者间的结论不易比较。在政策网络研究的分化阶段，社会网络分析法这一工具开始被西方各国学者所使用，这一工具的应用直接推动政策网络研究走出困境，使得政策网络研究能够通过图形和数据来分析网络中的关系、网络结构及互动等各个方面的内容。

社会网络分析法是 20 世纪 60 年代以来社会学大师哈里森·怀特（Harrison White）及其后继者司科特·布尔曼（Scott Boorman）等由数学图形理论推演出来的一套数学分析方法，可以有效地对网络结构进行测量。将社会网络分析法的方法运用到政策网络研究中的方式是绘制出政策网络结构图，并对其网络特征进行分析，主要包括中心性分析、小团体分析、位置和结构分析、核心–边缘结构分析等。政策网络结构图有不同的绘制角度，如权力依赖关系、情感关系、资源（资金、人员等）交换关系、信息传递关系等。

国内已有不少学者开始用社会网络分析法来分析政策网络的问题。龚虹波利用社会网络分析法比较分析了中美四个水资源管理政策网络，构建了政策网络比较分析框架，并分析了四个研究区域的水资源管理政策网络参数[10]；刘海燕和李勇军从互动频率和开放程度两个维度将中国政策网络影响政策产出的模式分为四类，并利用社会网络分析法得到结论：四种模式因行动者特征、网络密度、节点中心性等指标的不同，对政策产出产生不同的影响[5]。王春梅等以南京市 2003～2013 年的 132 项创新政策为样本，绘制了南京创新政策的社会网络分析图，发现南京市创新政策的核心在于科技人才政策，产业政策的重点是推进软件业的发展[11]。

7.1.3　逻辑框架

本章以中国绿色增长政策为样本，提取出政策执行主体，引入社会网络分析法，绘制不同发展阶段中国绿色增长政策执行主体协同网络图谱，构建政策主体在协同网络中的“广度—强度”模型，分析政策主体协同网络的内部结构及核心主体功能的演变规律，为政府部门政策的制定和执行提供有效参考，对探索绿色增长政策的未来走向具有重要的理论和实践意义，框架模型见图 7-1。

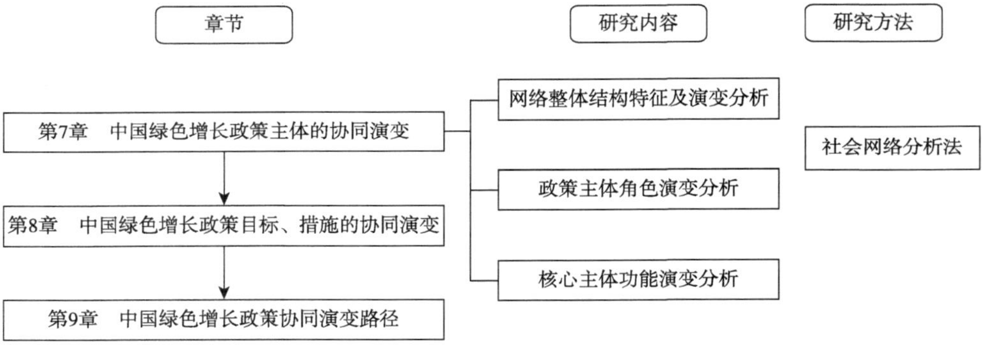

图 7-1　第 7 章逻辑框架图

7.2　政策主体协同阻滞分析

7.2.1　政策主体结构分析

1. 政策社群

全国人大代表广大人民对法律的制定和通过实行表决，代表的是广大人民的利益，故其在制定绿色增长政策时追求的是社会福利最大化。在具体落实的过程中，由国务院各部门及其直属机构以法律为准绳出台各项行政法规、部门规章等，这其中虽然各部门间会有不同角度的利益需求，使得其利益需求不一致，但它们的核心需求仍然是社会福利最大化，即价值体系相同，它们通过彼此间频繁的互动，协调各方利益，使得协调的结果达到一个利益平衡点，并以合力的形式执行法律意志。人民政协、人民法院和人民检察院在这其中主要起监督的作用，使得政策能够更好地推行。因此，政策社群在绿色增长政策的执行中主要起推动作用。

1）政策社群内部分析

政策社群包含的行动者主要有全国人大及其常委会、人民政协、国务院组成部门及其直属机构、人民法院及人民检察院等。在绿色增长政策网络中，全国人大及其常委会主要参与制定绿色增长相关法律；人民政协主要通过其政治协商、民主监督、参政议政的职能对我国绿色增长政策的制定和执行产生影响；国务院组成部门及其直属机构主要通过发布各种条例、指令、规定、方案、决定、意见、办法、标准等来产生影响，不同的绿色增长政策可能涉及国务院的不同的组成部门、直属机构、直属事业单位，主要有环境保护部、财政部、国土资源部[①]、商务部、人民银行、税务总局、国家工商行政管理总局[②]、国家林业局[③]、气象局、能源局、国家海洋局[④]等；人民法院及人民检察院通过受理一些绿色增长相关案件并监督审判工作来产生影响，可能涉及最高人民法院和最高人民检察院。政策社群内部成员相对稳定，有广泛且频繁的信息交流，有共同的价值体系。

2）政策社群外部分析

绿色增长政策网络中，政策社群主要通过高层级法律、条例、规章的约束和监督对府际网络产生影响，属于绿色增长政策的制定者。政策社群通过制定政策来领导府际网络的政策执行。政策社群在政策制定和执行的过程中会广泛收集来自生产者网络、议题网络和专业网络的意见。例如，《环境保护公众参与办法》规定了公民、法人和其他组织参与政策执行的方式，如征求意见、问卷调查、组织召开座谈会、专家论证会、听证会、电话、信函、传真、网络等。同时，政策社群对专业网络有权威领导的作用，如组成专家小组或成立相关研究机构。

---

① 2018 年 3 月，根据第十三届全国人民代表大会第一次会议批准的国务院机构改革方案，组建自然资源部；不再保留国土资源部。本书的研究资料收集截至 2017 年，故分析中机构名称仍保留了国土资源部。

② 2018 年 3 月，根据第十三届全国人民代表大会第一次会议批准的国务院机构改革方案，将国家工商行政管理总局的职责整合，组建中华人民共和国国家市场监督管理总局；不再保留国家工商行政管理总局。

③ 2018 年 3 月，根据第十三届全国人民代表大会第一次会议批准的国务院机构改革方案，将国家林业局的森林、湿地等资源调查和确权登记管理职责整合，组建中华人民共和国自然资源部；将国家林业局的森林防火相关职责整合，组建中华人民共和国应急管理部；将中华人民共和国国家林业局的职责整合，组建国家林业和草原局，由中华人民共和国自然资源部管理；不再保留国家林业局。

④ 2018 年 3 月，根据第十三届全国人民代表大会第一次会议批准的国务院机构改革方案，将国家海洋局的职责整合；组建中华人民共和国自然资源部，自然资源部对外保留国家海洋局牌子；将国家海洋局的海洋环境保护职责整合，组建中华人民共和国生态环境部；将国家海洋局的自然保护区、风景名胜区、自然遗产、地质公园等管理职责整合，组建中华人民共和国国家林业和草原局，由中华人民共和国自然资源部管理；不再保留国家海洋局。

2. 府际网络

在我国现行的政治体制下，政策社群本着社会福利最大化的原则制定的政策需要借助府际网络，即地方政府来具体执行，与政策目标群体（可能是生产者网络或者议题网络）直接发生政策作用的也是府际网络。然而，在现行的地方政府的政绩观下，当中央的绿色增长政策影响到地方利益最大化时，地方政府可能会对政策执行起到阻碍作用，如采取政策附加、政策替代、政策残缺、政策敷衍、政策截留、政策合谋、政策寻租等方式来阻碍政策执行[12]。当然也存在地方政府对政策执行起到推动作用的情况，比如政府补贴环保产业，促进当地环保产业发展，从而促进地方经济发展。由此可见，府际网络对于绿色增长政策的执行可以是推动作用也可以是阻碍作用。

1）府际网络内部分析

府际网络主要包含的行动者有地方人大及其常委会、地方政协、地方各级政府、地方各级政府部门、地方各级法院及检察院。在绿色增长政策网络中，地方人大及其常委会根据中央的绿色增长政策精神通过立法权、监督权、选举任免权、重大事项决定权及监督权对地方绿色增长政策的制定和执行产生影响；地方政协主要通过其政治协商、民主监督、参政议政的职能对地方绿色增长政策的制定和执行产生影响；地方各级政府部门通过出台具体的规定、方案等政策对当地绿色增长政策的制定和执行产生影响，不同的绿色增长政策可能涉及地方政府的不同部门，主要有地方环境保护局、地方财政局、地方国土资源局、地方税务局、地方工商局、地方林业局、地方海洋局等；地方各级法院及检察院通过受理绿色增长相关案件来产生影响，可能涉及地方各级中级人民法院和地方各级中级人民检察院。府际网络成员有限，相对稳定，有着一定的共同价值体系。

2）府际网络外部分析

绿色增长政策网络中，府际网络主要活动是出台地方性的政策来具体执行政策社群出台的高层级政策，属于绿色增长政策的执行者，在执行的过程中向政策社群进行反馈，如地方政府向中央政府汇报工作。府际网络在政策的制定和执行中也会广泛听取来自生产者网络、议题网络和专业网络的意见，或向专业网络寻求专业支持，如《河南省大气污染防治条例》开展的立法调研听证会有企业代表参加并提出意见。府际网络对生产者网络进行号召和督促以执行政策，在具体政策实施的过程中与政策目标群体产生直接的联系。

3. 生产者网络

生产者网络的利益诉求是企业利润最大化，企业会积极地通过影响绿色增长政策的制定和执行来达到这一目的。现今的绿色增长政策体系中，有很大部分政策是针对企业的，尤其是第二产业的企业，然而企业性质不同，在绿色增长政策网络中受到的影响也不同，如排污费政策对污染企业有减少利润的影响，而政府对环保产业的支持使得环保企业获得了更多的利润。故生产者网络对绿色增长政策执行是推动作用还是阻碍作用要视情况而定。生产者网络中的行动者通过不断的政治参与形成利益集团，以集团的形式对政策的制定和执行产生影响，使得自身更加有资本和话语权，这些集团一方面通过掌握相关领域的信息，获取信息优势，另一方面积极向专业网络和议题网络寻求帮助，通过社会公众、专家学者和媒体等向政府表达意愿，争取利益，如我国部分房地产商形成的利益集团对房地产调控政策的执行产生的巨大的阻碍作用[13]。

1）生产者网络内部分析

生产者网络主要包含的行动者有政策目标企业、目标企业的上下游企业及行业协会等。在绿色增长政策网络中，企业应在合法范围内经营获利，为公众提供产品和服务，为国家和地方缴纳税收、创造就业、促进经济增长并承担社会责任。绿色增长政策因其范围广泛，所涉及的企业类型也是多种多样，如环保企业、污染企业等。行业协会作为社团法人是政府与企业联系的桥梁和纽带，可以代表本行业全体企业的共同利益与政府和公众进行沟通、协调，对本行业及市场进行监督、统计和研究等。生产者网络的成员是流动的，较不稳定，然而它们又极易形成利益集团，形成合力，对政策的制定和执行产生影响。

2）生产者网络外部分析

绿色增长政策网络中，生产者网络的主要活动是配合执行府际网络推行的各类绿色增长政策，是绿色增长政策的主要履行者。生产者网络通过执行反馈与府际网络进行沟通，同时为政策社群和府际网络贡献税收和 GDP。生产者网络通过寻求专业网络的专业支持可以达到提升自身生产率的目的，通过专业网络得到的有益研究结论来影响政策社群和府际网络制定政策，以减少对自身利益的损害或使自身获得更多利益，如产学研合作。生产者网络主要通过与消费者的积极沟通，打造一个良好形象，减少与议题网络的冲突，并尽可能与其合作，如企业的公益营销手段。

4. 议题网络

议题网络的利益诉求是自身效用最大化。在绿色增长政策网络中，议题网络的效用很大程度上取决于其对节能环保等绿色增长的重视程度。例如，某污染企业生产的产品直接面向消费者，绿色增长政策使得企业环保成本增加而间接提高了产品价格，若消费者对绿色增长更加重视，更加重视良好的环境所带来的效用，便会接受该价格从而推动绿色增长政策的执行，若消费者对绿色增长不重视而是更加重视低价所带来的效用，便会拒绝该企业产品，使得治污企业失去竞争力，从而阻碍了绿色增长政策的执行。庆幸的是，近年来，我国公众的环保意识逐渐提高，随着雾霾等污染的加剧，人们更加希望能够拥有碧蓝的天空和清洁的空气，这使得环境友好成为我国公众效用提升的主要方面。

1）议题网络内部分析

议题网络主要包含的行动者有消费者、非消费者居民、媒体（包括传统媒体和新兴媒体）、各类相关非政府组织、非营利组织等。在绿色增长政策网络中，议题网络的成员也可能存在不同的身份。例如，春节期间限制烟花爆竹的燃放这一政策中，民众就是政策的目标客体，若是针对企业的节能减排政策，民众更多扮演的是积极维权的角色。议题网络参与绿色增长政策的形式有很多，具备言论、出版、新闻、集会、结社、游行、示威的自由。议题网络内部成员非常多，最为松散，且知识结构、认知方式和价值观上存在很大差异，不易形成集团表达自身诉求。

2）议题网络外部分析

议题网络与政策社群和府际网络建立联系的主要方式为在政府公开征求意见、开展问卷调查、组织召开座谈会时积极参与，还可以通过电话、信函、传真、网络等向政府表达自己的观点，公众的集会、游行、示威等活动也是公众表达自身诉求的方式。议题网络与生产者网络建立的联系主要有积极维权，包括选择消费或者不消费企业的产品，对企业发表正面或负面的言论，甚至向政府有关部门提起维权或诉讼。议题网络中的媒体或组织也可以向专业网络寻求帮助，通过专业网络来为自己发声，以影响绿色增长政策的制定和执行。

5. 专业网络

专业网络的利益诉求是科研成果最大化，即寻求真理（科研成果），并尽可能地将科研成果转化，作用于现实社会，专业网络掌握着大部分的理论资源。一定程度上，专业网络所研究的领域能够得到政策社群和府际网络的重视，意味着其研究能够得到更多的支持，因此，绿色增长政策网络中的专业网络希望国家更加重视该领域的问题，从而推动绿色增长政策的执行。与此同时，专业网络本着客观、科学的理念和态度，其研究成果对绿色增长政策网络中的行动者的影响存在不确定性，其他网络可以通过积极地向专业网络寻求专业知识和理论帮助，使得其维护自身利益的能力增强。因此，专业网络专业知识和成果的不确定性，使得专业网络对绿色增长政策网络的推动和阻碍作用不太明显，可将其视为“催化剂”，提高绿色增长政策网络中其他行动者对自身利益追求的能力。

1）专业网络内部分析

专业网络的行动者主要包括具有专业知识和技能且进入相关领域的专家和研究组织。在绿色增长政策网络中，专业网络通过对绿色增长政策及相关领域进行研究，将得到的科研成果作为技术支撑和理论依据，对政策的制定和执行产生影响。专业网络的成员较为稳定，他们通过学术成果、学术交流进行沟通，彼此的观点逐渐趋于认同，有共同的价值体系。

2）专业网络外部分析

专业网络行动者通过参加政府召开的相关政策立法小组、座谈会等表达自己的专业意见，在府际网络和生产者网络的支持下，通过实地调研形成报告，向政策社群或府际网络提供科学意见或建议，推进绿色增长政策的制定和执行，乃至政策的发展；以顾问等身份参加相关环保组织，对议题网络提供帮助，或在各类研讨会、座谈会、咨询会中为议题网络争取利益。

7.2.2　政策主体协同阻滞博弈分析

改革开放以来，中国经济飞速发展，但引发的环境污染和生态破坏越发严重，绿色增长逐渐成为经济发展新模式，即在保证经济平稳发展的同时降低环境成本。然而环境问题仍然没有得到根本解决，主要原因在于中央政府、地方政府和企业之间的利益博弈使得政策执行效果不佳，此时解决绿色增长政策执行问题变得尤为重要。鉴于此，本节通过对绿色增长政策网络中各行动者产生的政策执行阻滞进行量化，构建绿色增长政策执行博弈模型及优化决策，通过模型解析及数值仿真分析以下问题：①绿色增长政策网络中，三类行动者产生的政策执行阻滞分别受环境税率、消费者绿色度支付系数和企业污染治理率等变量影响的方向及大小；②为政策主体协同网络研究提供指导和建议。

1. 模型构建

1）问题描述与模型假设

在企业生产过程中，由于污染带来环境危机，政府为了降低损害实施绿色增长政策，以环境税为契机建立制约机制。政府税率干预和消费者绿色偏好将成为影响企业生产的因素，企业进行污染治理会带来成本增加，因此企业会考虑是否执行政策及政策执行过程中的阻滞程度。本书考虑双寡头垄断市场，假设某地长期仅有两家企业生产生活必需品，供销渠道顺畅。企业 1 生产普通产品（无治理污染行为），企业 2 生产绿色产品（有治理污染行为），两企业单位产品生产成本分别为 c_1 和 c_2，且在执行绿色增长政策前后不变。两企业的生产能力足够大，即可以满足市场上所有消费者对该产品的需求，两企业产品除绿色度不同以外无差别。企业零库存，即两企业产量与销量相等。市场上同时存在普通产品和绿色产品，且两者是竞争商品，消费者进行购买决策仅依据自身偏好，设市场容量为 N，消费者对产品偏好和购买机会均等。执行绿色增长政策前市场容量设为 N'。企业 2 由于生产绿色产品，要付出相应治理成本。假设企业 2 只能通过处理污染物来达到绿色化的目的，并且治理污染的总成本由治理污染的变动成本和初始污染控制的固定成本组成，其中变动成本随着排污量的增加而增大。则短期内企业 2 治理污染的总成本 $D=\delta\omega_2+D_0$，其中 D_0 为固定成本，δ 为每治理一单位污染物的单位变动成本，ω_2 为企业 2 的污染物治理量。假设一单位产品产生的污染物的量为 e，η 为污染治理率，则企业 2 的污染物治理量为 $\omega_2=\eta eq_2$，其中 q_2 为企业 2 的产量。企业 2 采用多种绿色化手段，使其产品绿色度为 θ_2，提升绿色度的同时由于节约了原材料等使边际成本下降，设每增加一个单位绿色度单位产品成本降低系数为 α，则企业 2 降低的单位产品成本为 $\alpha(\theta_2-\underline{\theta})$，其中 $\underline{\theta}$ 为行业标准产品最小绿色度。

消费者通过对绿色产品的偏好对绿色增长政策的执行产生影响，设 θ 为消费者希望购买到的产品的绿色度，且 θ 在区间 $[\underline{\theta},\overline{\theta}]$ 服从均匀分布，即 $f(\theta)=\dfrac{1}{\overline{\theta}-\underline{\theta}}$ 为概率密度函数。设消费者绿色度支付系数为 k，即对产品绿色度每增加一个单位愿意增加支付的费用，当 $p_1+k(\theta-\underline{\theta})=p_2$ 时，消费者购买普通产品和绿色产品是无差异的，所以存在临界偏好绿色度 $\theta^*=\dfrac{p_2-p_1}{k}+\underline{\theta}$，其中，$p_1$、$p_2$ 分别为企业 1 和企业 2 的产品价格。

为了能够全面反映不同污染物造成的损害，本书统一使用货币作为度量单位，采用线性损害函数表示污染物造成的损害 $L=\gamma\omega-L_0$，其中 L_0 是环境自我同化能力，ω 为两企业污染物总排放量，γ 为每排放一单位污染物对环境造成的损害（以货币为度量单位）。

政府征收环境税实行统一税率 t，则环境费 $R=t\omega$。本书不考虑中央和地方分税制的问题，假设环境税的税收全部归中央所有。设在政策执行前后行业中企业的数量没有变化，企业的自然增长率、通货膨胀率为 0。

本书中的问题是，在绿色增长政策网络中，考虑环境税率、消费者绿色度支付系数、企业污染治理率的情况下，建立政策社群、府际网络和生产者网络。根据政策网络博弈行为，实现福利最大化，明确各阶段政策执行阻滞公式，对各阶段政策执行阻滞与环境税率、消费者绿色度支付系数、污染治理率微分求偏导，判断相关关系。采用逆序归纳法，从第三阶段出发逐阶段寻求各阶段最优策略，最终推得各网络行动者政策执行阻滞指数。

2）模型建立

本书将政策执行阻滞指数定义为各个网络行动者所追逐的利益在两个时间点（如政策执行前后）的利益变化率。若用 O 代表政策执行阻滞，B 代表阻滞产生前/后行动者的利益诉求，那么绿色增长政策执行阻滞指数的计算公式为①

① 为使模型结果便于使用，用正值表示阻滞，负值表示推动，0 表示无阻滞，故本书分 $B_{前}>0$ 和 $B_{前}<0$ 两种情况给出公式；模型中暂未表述 $B_{前}=0$ 的情况，相应分析在本章模型的应用中体现。

$$O=\begin{cases}\left(1-\dfrac{B_{后}}{B_{前}}\right)\times 100, & B_{前}>0\\ -\left(1-\dfrac{B_{后}}{B_{前}}\right)\times 100, & B_{前}<0\end{cases} \tag{7-1}$$

为简化计算，设市场容量 N 为 1，普通产品的市场需求量 q_1 和绿色产品的市场需求量 q_2，企业 1 和企业 2 生产产品销量恰好满足市场需求，即 $q_1+q_2=1$。企业 2 和企业 1 的需求函数为

$$\begin{cases}q_2=1-\dfrac{p_2-p_1}{k\left(\bar{\theta}-\underline{\theta}\right)}\\ q_1=1-q_2=\dfrac{p_2-p_1}{k\left(\bar{\theta}-\underline{\theta}\right)}\end{cases} \tag{7-2}$$

企业 1 和企业 2 的利润函数为

$$\begin{cases}\pi_1=(p_1-c_1)\times q_1-eq_1t\\ \pi_2=\left[p_2-c_2+\alpha(\theta_2-\underline{\theta})\right]\times q_2-(\delta\eta eq_2+D_0)-(1-\eta)eq_2t\end{cases} \tag{7-3}$$

对本模型涉及主要参数的汇总和说明见表 7-2。

表 7-2　模型主要参数及说明

符号	含义	符号	含义
c_1,c_2	企业 1 和企业 2 的单位产品生产成本	p_1,p_2	企业 1 和企业 2 的产品价格
q_1,q_2	绿色增长政策执行后企业 1 和企业 2 产量	q_1',q_2'	绿色增长政策执行前企业 1 和企业 2 产量
$\pi_{总}',\pi_{总}$	绿色增长政策执行前、后两企业的利润和	N',N	绿色增长政策执行前、后市场容量
η	污染治理率	e	一单位产品产生的污染物的量
D_0,D	企业 2 治理污染的固定成本、企业 2 治理污染的总成本	α	企业 2 单位产品成本降低系数
δ	企业 2 每治理一单位污染物的单位变动成本	$[\underline{\theta},\bar{\theta}]$	行业标准产品绿色度范围
θ,θ_2,θ^*	消费者希望的产品绿色度、企业 2 产品绿色度和临界偏好绿色度	γ	每排放一单位污染物对环境造成的损害
ω,ω_2	两企业污染物总排放量和企业 2 污染物治理量	$\text{GDP}_{地方}$	企业 1 和企业 2 的收入
m	市场规模调节系数	A	地方利益
k	消费者绿色度支付系数	$R_{地方}$	中央政府征收的地方税收
t,t'	中央政府征收环境税率、地方政府对企业征税的综合比率	L	污染物造成的损害
L_0	环境自我修复能力	R	中央政府绿色增长政策相关税收
U	消费者剩余	W	社会福利
O	政策执行阻滞	B	各级行动者的利益诉求

2. 模型求解与分析

1）第三阶段求解

同一市场中，企业 1 和企业 2 的行为属于零和博弈，企业根据利润最大化原则选择最优产量。只有当企业 2 实现最大利润，才能推动绿色增长政策有效实施。即

$$\frac{\partial \pi_2}{\partial q_2}=0 \tag{7-4}$$

联立式（7-2）～式（7-4）解得两企业的最优产量：

$$\begin{cases} q_1=\dfrac{1}{3}+\dfrac{c_2-c_1+\delta\eta e-\eta et-\alpha(\theta_2-\underline{\theta})}{3k(\bar{\theta}-\underline{\theta})} \\ q_2=\dfrac{2}{3}-\dfrac{c_2-c_1+\delta\eta e-\eta et-\alpha(\theta_2-\underline{\theta})}{3k(\bar{\theta}-\underline{\theta})} \end{cases}$$

博弈均衡时各产品价格分别是

$$\begin{cases} p_1=\dfrac{1}{3}\left[k(\bar{\theta}-\underline{\theta})+2c_1+c_2+\delta\eta e+(3-\eta)et-\alpha(\theta_2-\underline{\theta})\right] \\ p_2=\dfrac{1}{3}\left[2k(\bar{\theta}-\underline{\theta})+c_1+2c_2+2\delta\eta e+(3-2\eta)et-2\alpha(\theta_2-\underline{\theta})\right] \end{cases}$$

未实行绿色增长政策前两企业均未进行污染治理，故两企业产品完全相同。令 q_1' 和 q_2' 分别代表企业 1 和企业 2 的产量，市场中该产品的总供给为 N'，即两企业销量之和。令 $p(N')=a-N'$ 表示市场出清时的价格（更为精确的表述应该为：$N'<a$ 时，$p(N')=a-N'$；$N'>a$ 时，$p(N')=0$）。根据古诺模型推导，两企业在销量相等时达到纳什均衡，得到未实行绿色增长政策前两企业的利润和 $\pi'_{总}=a-N'-c_1q_1'-c_2q_2'$。

生产者网络其主要利益诉求是企业利润最大化，主要内涵为均衡收入和成本后的净额最大化。为了调节绿色增长政策前后市场规模不同带来的影响，引入市场规模调节系数 m，$m=\dfrac{N'}{N}$，由式（7-1）知生产者网络绿色增长政策执行阻滞为

$$O_{企业}=\left(1-m\frac{\pi_1+\pi_2}{\pi'_{总}}\right)\times 100 \tag{7-5}$$

政策执行阻滞与环境税率：

$$\frac{\partial O_{企业}}{\partial t}=-\frac{100m}{\pi'_{总}}\times\left(\frac{\partial \pi_1}{\partial t}+\frac{\partial \pi_2}{\partial t}\right)=\frac{200m\eta e}{\pi'_{总}}\times\left[\frac{1}{9}+\frac{2\eta et}{3k(\bar{\theta}-\underline{\theta})}\right]>0$$

$\frac{\partial O_{企业}}{\partial t}$ 恒大于 0，表示随着税率增加，来自生产者网络的政策执行阻滞增大。这说明企业反对征收环境税，可能的原因是企业产量与排污量挂钩，环境税的征收影响企业生产积极性。

政策执行阻滞与消费者绿色度支付系数：

$$\frac{\partial O_{企业}}{\partial k}=-\frac{100m}{\pi'_{总}}\times(\frac{\partial \pi_1}{\partial k}+\frac{\partial \pi_2}{\partial k})=-\frac{100m}{\pi'_{总}}\times\left[\frac{5(\bar{\theta}-\underline{\theta})}{9}-\frac{2M^2}{9k^2(\bar{\theta}-\underline{\theta})}\right]$$

其中，$M=c_2-c_1+\delta\eta e-\eta et-\alpha(\theta_2-\underline{\theta})$，令 $\frac{\partial O_{企业}}{\partial k}=0$，得 $k=\pm\frac{\sqrt{2}|M|}{\sqrt{5(\bar{\theta}-\underline{\theta})}}$。当 $k\in\left(0,\frac{\sqrt{2}|M|}{\sqrt{5(\bar{\theta}-\underline{\theta})}}\right)$ 时，生产者网络的绿色增长政策执行阻滞随着消费者绿色度支付系数的增加而增大；当 $k\in\left(\frac{\sqrt{2}|M|}{\sqrt{5(\bar{\theta}-\underline{\theta})}},+\infty\right)$ 时，来自生产者网络的政策执行阻滞反而会减小。可能的原因是在消费者绿色支付意愿较低时，对政策执行的影响较小，当消费者具有较高的绿色意愿时，生产者将会主动提供绿色生产，遵守绿色增长政策。

政策执行阻滞与企业 2 的污染治理率：

$$\frac{\partial O_{企业}}{\partial \eta}=-\frac{100m}{\pi'_{总}}\times(\frac{\partial \pi_1}{\partial \eta}+\frac{\partial \pi_2}{\partial \eta})=-\frac{200me(\delta-t)}{9\pi'_{总}}\times\left[\frac{2M}{k(\bar{\theta}-\underline{\theta})}-1\right]$$

因 $\frac{\partial O_{企业}}{\partial \eta}$ 的正负不好判断，故借助数值仿真对其变化关系进行描述。

2）第二阶段求解

府际网络主要利益诉求是地方利益最大化，主要包括地方 GDP 和财政收入。经过市场规模调节系数 m 调整后，结合式（7-1）得府际网络绿色增长政策执行阻滞为

$$O_{地方}=\left(1-m\frac{A_{后}}{A_{前}}\right)\times 100 \tag{7-6}$$

其中，A 表示地方利益，$A=\text{GDP}_{地方}+R_{地方}$，$\text{GDP}_{地方}$ 即企业 1 和企业 2 的收入，$\text{GDP}_{地方}=p_1q_1+p_2q_2$，$R_{地方}$ 即地方政府对两企业实现的利润征税，$R_{地方}=t'\pi_{总}$，其中 t' 为地方政府对企业征税的综合比率，因而 $A_{前}=a-N'+t'\pi'_{总}$ 为定值，$A_{后}=p_1q_1+p_2q_2+t'(\pi_1+\pi_2)$。因此，府际网络的最优决策由生产者网络决定。

政策执行阻滞与环境税率：

$$\frac{\partial O_{\text{地方}}}{\partial t}=-\frac{100}{A_{\text{前}}}\times\left(\frac{\partial \text{GDP}_{\text{后}}}{\partial t}+t'\frac{\partial \pi_1}{\partial t}+t'\frac{\partial \pi_2}{\partial t}\right)=\frac{100m}{A_{\text{前}}}\times\left\{\eta e\left[\frac{8+2t'}{9}-\frac{2\eta et(1-2t')}{3k(\bar{\theta}-\underline{\theta})}\right]-e\right\}$$

令 $\frac{\partial O_{\text{地方}}}{\partial t}=0$，得到 $t_0=\frac{3k(\bar{\theta}-\underline{\theta})}{2\eta e(1-2t')}\times\left(\frac{8+2t'}{9}-\frac{1}{\eta}\right)$，对税率 t 二阶求导 $\frac{\partial^2 O_{\text{地方}}}{\partial t^2}=-\frac{100m}{A_{\text{前}}}\times\frac{2\eta e(1-2t')}{3k(\bar{\theta}-\underline{\theta})}<0$。因现实中 t' 不会达到50%的高税负，$t_0=0$ 时，$\eta=\frac{9}{8+2t'}$。下面进行分类讨论：

当 $t_0>0$ 即 $\eta<\frac{9}{8+2t'}$ 时，在 $(0,t_0)$ 上 $\frac{\partial O_{\text{地方}}}{\partial t}>0$，$(t_0,\infty)$ 上 $\frac{\partial O_{\text{地方}}}{\partial t}<0$，即随着税率 t 增加，来自府际网络的政策执行阻滞先增大后减小；当 $t_0\leqslant 0$ 即 $\eta\geqslant\frac{9}{8+2t'}$ 时，在 $(0,\infty)$ 上 $\frac{\partial O_{\text{地方}}}{\partial t}<0$，即随着税率 t 增加，来自府际网络的政策执行阻滞一直在减小。

政策执行阻滞与消费者绿色度支付系数：

$$\frac{\partial O_{\text{地方}}}{\partial k}=-\frac{100}{A_{\text{前}}}\times\left(\frac{\partial \text{GDP}_{\text{后}}}{\partial k}+t'\frac{\partial \pi_1}{\partial k}+t'\frac{\partial \pi_2}{\partial k}\right)=-\frac{100m}{A_{\text{前}}}\times\left[\frac{5(1+t')(\bar{\theta}-\underline{\theta})}{9}+\frac{(1-2t')M^2}{9k^2(\bar{\theta}-\underline{\theta})}\right]$$

令 $\frac{\partial O_{\text{地方}}}{\partial k}=0$，得到 $k^2=\frac{-(1-2t')M^2}{5(1+t')(\bar{\theta}-\underline{\theta})^2}$。因现实中 t' 不会达到50%的高税负，故 $\frac{-(1-2t')M^2}{5(1+t')(\bar{\theta}-\underline{\theta})^2}<0$ 恒成立，$\frac{\partial O_{\text{地方}}}{\partial k}=0$ 无解，即 $\frac{\partial O_{\text{地方}}}{\partial k}=0$ 恒成立，其含义是随着消费者绿色度支付系数的增加，来自府际网络的绿色增长政策执行阻力减小。

政策执行阻滞与企业2的污染治理率：

$$\frac{\partial O_{\text{地方}}}{\partial \eta}=-\frac{100}{A_{\text{前}}}\times\left(\frac{\partial \text{GDP}_{\text{后}}}{\partial \eta}+t'\frac{\partial \pi_1}{\partial \eta}+t'\frac{\partial \pi_2}{\partial \eta}\right)=-\frac{100m}{A_{\text{前}}}\times\frac{2e(\delta-t)}{9}\left[2-t'-\frac{(2t'-1)M}{k(\bar{\theta}-\underline{\theta})}\right]$$

3）第一阶段求解

政策社群主要利益诉求是社会福利最大化，主要包括企业利润、消费者剩余、政府税收及环境损害。在式（7-1）的基础上经过市场规模调节系数 m 调整后为

$$O_{\text{中央}}=\left(1-m\frac{w_{\text{后}}}{w_{\text{前}}}\right)\times 100 \tag{7-7}$$

其中，社会福利 $W=\pi+U+R-L$；π 表示排污企业利润；U 表示消费者剩余；R 表示中央政府绿色增长政策相关税收；L 表示环境损害。

在绿色增长政策未实施阶段，可将上文中市场出清时价格 $p(N')=a-N'$（ $N'<a$ 时， $p(N')=a-N'$ ； $N'>a$ 时， $p(N')=0$ ）作为绿色增长政策前的需求函数，计算消费者剩余，即 $U_{前}=\frac{1}{N'}\int_0^{N'}(a-N')\mathrm{d}N'=a-\frac{N'}{2}$ 。在实施绿色增长政策后，购买企业 1 生产的产品和购买企业 2 生产的产品的消费者剩余 $U_{后}=U_1+U_2=\frac{k(\bar{\theta}-\underline{\theta})}{2}-p_2+\frac{(p_2-p_1)^2}{k(\bar{\theta}-\underline{\theta})}$ 。

本书政府税收只考虑环境税形式的税收，故绿色增长政策前为 $R_{前}=0$ ，绿色增长政策实施后的税收为 $R_{后}=teq_1+t(1-\eta)eq_2$ 。因此，绿色增长政策实施期间政策社群的最优决策也由生产者网络决定。政府在实施绿色增长政策前的环境损害为 $L_{前}=\gamma e(q_1'+q_2')-L_0$ ，实施绿色增长政策后的环境损害为 $L_{后}=\gamma e\left[q_1+(1-\eta)q_2\right]-L_0$ 。

政策执行阻滞与环境税率：此处绿色增长政策前企业利润 $\pi'_{总}$ 、消费者剩余 $U_{前}$ 、政府税收 $R_{前}$ 和环境损害 $L_{前}$ 均为定值，因此 $W_{前}$ 为常数，故

$$\frac{\partial O_{中央}}{\partial t}=-\frac{100m}{W_{前}}\times\left(\frac{\partial\pi_1}{\partial t}+\frac{\partial\pi_2}{\partial t}+\frac{\partial U_{后}}{\partial t}+\frac{\partial R_{后}}{\partial t}-\frac{\partial L_{后}}{\partial t}\right)$$

$$=-\frac{100m\eta e}{W_{前}}\left[\left(\frac{2}{9}-q_2\right)+\frac{(9\gamma-2\delta-t)\eta e+2(c_1-c_2)+4(\theta_2-\underline{\theta})}{9k(\bar{\theta}-\underline{\theta})}\right]$$

政策执行阻滞与消费者绿色度支付系数：

$$\frac{\partial O_{中央}}{\partial k}=-\frac{100m}{W_{前}}\times\left(\frac{\partial\pi_1}{\partial k}+\frac{\partial\pi_2}{\partial k}+\frac{\partial U_{后}}{\partial k}+\frac{\partial R_{后}}{\partial k}-\frac{\partial L_{后}}{\partial k}\right)$$

$$=-\frac{100m}{W_{前}}\left\{\frac{19(\bar{\theta}-\underline{\theta})}{18}-\frac{(2M+3\gamma\eta e+3\eta et+3)M}{9k^2(\bar{\theta}-\underline{\theta})}+\frac{2\left[k(\bar{\theta}-\underline{\theta})+M\right]}{9k}-\frac{\left[k(\bar{\theta}-\underline{\theta})+M\right]^2}{k^2(\bar{\theta}-\underline{\theta})}\right\}$$

政策执行阻滞与企业 2 的污染治理率：

$$\frac{\partial O_{中央}}{\partial \eta}=-\frac{100m}{W_{前}}\times\left(\frac{\partial\pi_1}{\partial \eta}+\frac{\partial\pi_2}{\partial \eta}+\frac{\partial U_{后}}{\partial \eta}+\frac{\partial R_{后}}{\partial \eta}-\frac{\partial L_{后}}{\partial \eta}\right)$$

$$=-\frac{100m}{W_{前}}\left\{\frac{2e(\delta-t)}{9}\left[\frac{7M}{3k(\bar{\theta}-\underline{\theta})}-\frac{5}{3}\right]+\frac{e^2\eta(\delta-t)(t+\gamma)}{3k(\bar{\theta}-\underline{\theta})}\right\}$$

7.2.3 数值仿真

考虑到计算公式的复杂性，使用 Matlab 2014a 软件对公式求近似解，目的是通过数值仿真来模拟绿色增长政策执行阻滞模型，进一步考察环境税率、消费者绿色度支付系数及污染治理率对各类行动者绿色增长政策执行阻滞的影响。

1. 环境税率变化影响分析

检验的第一组变量是执行阻滞 O 与税率 t 的关系。除 O 与 t 以外的参数赋值见表 7-3。

表 7-3 参数赋值

变量	赋值	变量	赋值
c_1	5	η	30%
c_2	7	e	0.1
$\underline{\theta}$	1	D_0	0.5
$\overline{\theta}$	7	a	15
θ_2	5	N'	0.9
α	0.05	γ	20
k	2	L_0	0.01
δ	20	N	1.1

假设税率 t 的取值范围为 $t \in [10,50]$，将模型和相关参数的赋值输入到 Matlab 2014a 中得到模拟数据。

1）生产者网络分析

生产者网络部分输出结果见表 7-4。

表 7-4 对环境税率 t 的数值分析（生产者网络）

t	p_1	p_2	q_1	q_2	π_1	π_2	$\pi_1+\pi_2$	$O_{企业}$	ξ
10	10.7000	15.4000	0.3917	0.6083	1.8408	3.9408	5.7817	4.1599	81.75%
15	11.1500	15.8000	0.4125	0.5875	1.9181	3.8181	5.7363	4.2058	82.38%
20	11.6000	16.2000	0.4167	0.5833	1.9167	3.8167	5.7333	4.2088	82.50%
25	12.0500	16.6000	0.4208	0.5792	1.9148	3.8148	5.7296	4.2125	82.63%
30	12.5000	17.0000	0.4250	0.5750	1.9125	3.8125	5.7250	4.2172	82.75%
35	12.9500	17.4000	0.4292	0.5708	1.9098	3.8098	5.7196	4.2226	82.88%
40	13.4000	17.8000	0.4333	0.5667	1.9067	3.8067	5.7133	4.2290	83.00%
45	13.8500	18.2000	0.4375	0.5625	1.9031	3.8031	5.7063	4.2361	83.13%
50	14.3000	18.6000	0.4417	0.5583	1.8992	3.7992	5.6983	4.2441	83.25%

注：表 7-4 中，p_1、p_2 是保留四位小数的结果，其他数据是 p_1、p_2 原始数据计算然后取四位小数的结果。计算过程是：在 Excel 中，根据参数赋值与文中公式，写出对应变量的计算函数公式，然后计算出表格中各项变量值，再保留四位小数确定为最终结果

其中，ξ 为两企业最终的污染排放比例，即行业污染排放率。由表 7-4 可知，随着税率的上升，两企业总利润即行业利润呈下降趋势，行业利润下降使得来自生产者网络的政策执行阻滞增加，同时，两企业污染排放比例即行业排放率增加。可见提高税率会引发企业的抵制，降低绿色增长政策执行效果。

2）府际网络分析

府际网络部分输出结果见表 7-5。

表 7-5　对环境税率 t 的数值分析（府际网络）

t	$A_{前}$	$A_{后}$	$O_{地方}$
10	14.1250	15.0046	13.0869
15	14.1250	15.3159	11.2834
20	14.1250	15.7167	8.9622
25	14.1250	16.1176	6.6398
30	14.1250	16.5188	4.3162
35	14.1250	16.9201	1.9914
40	14.1250	17.3217	−0.3347
45	14.1250	17.7234	−2.6619
50	14.1250	18.1254	−4.9903

由表 7-5 可知，随着税率的上升，地方 GDP 和财政收入总和升高，使得地方利益变大，政策执行阻滞呈下降趋势，当税率升至接近 40 时，地方政府对绿色增长政策起推动作用，且随着税率上升，推动效应变强。

需要说明的是，博弈论推导部分得到的结论是，当 $t_0 \leqslant 0$ 即 $\eta \geqslant \dfrac{9}{8+2t'}$ 时，在 $(0,\infty)$ 上 $\dfrac{\partial O_{地方}}{\partial t} < 0$，随着税率 t 增加，来自府际网络的政策执行阻滞一直在减小。数值仿真中数值关系符合 $\eta \geqslant \dfrac{9}{8+2t'}$ 的条件，即来自府际网络的政策执行阻滞随着税率的增加而减小，但不排除现实生活中存在先增大后减小的情况。

3）政策社群分析

政策社群部分输出结果见表 7-6。

表 7-6　对环境税率 t 的数值分析（政策社群）

t	$U_{前}$	$L_{前}$	$W_{前}$	$U_{后}$	$R_{后}$	$L_{后}$	$W_{后}$	$O_{中央}$
10	14.5500	1.9900	20.6600	17.2408	0.8175	1.6250	22.2150	12.0237
15	14.5500	1.9900	20.6600	17.6019	1.2356	1.6375	22.9363	9.1674

续表

t	$U_{前}$	$L_{前}$	$W_{前}$	$U_{后}$	$R_{后}$	$L_{后}$	$W_{后}$	$O_{中央}$
20	14.5500	1.9900	20.6600	17.9633	1.6500	1.6400	23.7067	6.1163
25	14.5500	1.9900	20.6600	18.3252	2.0656	1.6425	24.4779	3.0620
30	14.5500	1.9900	20.6600	18.6875	2.4825	1.6450	25.2500	0.0044
35	14.5500	1.9900	20.6600	19.0502	2.9006	1.6475	26.0229	−3.0565
40	14.5500	1.9900	20.6600	19.4133	3.3200	1.6500	26.7967	−6.1207
45	14.5500	1.9900	20.6600	19.7769	3.7406	1.6525	27.5713	−9.1883
50	14.5500	1.9900	20.6600	20.1408	4.1625	1.6550	28.3467	−12.2591

由表 7-6 可知，随着利率的上升，消费者剩余 $U_{后}$、与绿色增长相关的税收 $R_{后}$ 和社会福利 $W_{后}$ 增加，中央政策执行阻滞呈下降趋势，直至税率约为 30 时，政策社群开始起推动作用且逐渐增强。但是，环境损害呈现上升趋势，说明税率总体能够降低政策执行阻力，却对环境保护发挥较小甚至相反的作用。

2. 消费者绿色度支付系数 k 变化影响分析

检验的第二组变量是执行阻滞 O 与消费者绿色度支付系数 k 的关系。参数赋值仍然采用第一组检验中的大部分参数赋值，仅需假设 t =25，并假设 k 的取值范围为 $k\in[1,5]$，将模型和相关参数的赋值输入到 Matlab 2014a 中得到模拟数据。

1）生产者网络分析

由表 7-7 可知，随着消费者绿色度支付系数的上升，两企业利润和即行业利润上升，行业利润上升使得生产者网络的政策执行阻滞减弱。当 k 值在处于（3，3.5）某值时，生产者网络对政策执行起推动作用，且逐渐增强。同时，两企业污染排放比例即行业排放率呈总体下降趋势。此与博弈中 $k\in\left(\dfrac{\sqrt{2}|M|}{\sqrt{5}(\bar{\theta}-\underline{\theta})},+\infty\right)$ 时情形一致。企业会积极迎合消费者的绿色需求，主动进行环保改革，扩大环保产品市场销量，从而降低绿色增长政策执行阻力。

表 7-7　对消费者绿色度支付系数 k 的数值分析（生产者网络）

k	p_1	p_2	q_1	q_2	π_1	π_2	$\pi_1+\pi_2$	$O_{企业}$	ξ
1	10.0500	12.6000	0.4250	0.5750	1.0838	1.4838	2.5675	7.4066	82.75%
1.5	11.0500	14.6000	0.3944	0.6056	1.4003	2.8003	4.2006	5.7570	81.83%
2	12.0500	16.6000	0.3792	0.6208	1.7252	4.1252	5.8504	4.0905	81.38%
2.5	13.0500	18.6000	0.3700	0.6300	2.0535	5.4535	7.5070	2.4172	81.10%

续表

k	p_1	p_2	q_1	q_2	π_1	π_2	$\pi_1+\pi_2$	$O_{企业}$	ξ
3	14.0500	20.6000	0.3639	0.6361	2.3835	6.7835	9.1669	0.7405	80.92%
3.5	15.0500	22.6000	0.3595	0.6405	2.7144	8.1144	10.8288	−0.9382	80.79%
4	16.0500	24.6000	0.3563	0.6438	3.0459	9.4459	12.4919	−2.6181	80.69%
4.5	17.0500	26.6000	0.3537	0.6463	3.3779	10.7779	14.1557	−4.2987	80.61%
5	18.0500	28.6000	0.3517	0.6483	3.7101	12.1101	15.8202	−5.9800	80.55%

注：p_1、p_2 是保留四位小数的结果，其他数据是 p_1、p_2 原始数据计算然后取四位小数的结果。计算过程是：在 Excel 中，根据参数赋值与文中公式，写出对应变量的计算函数公式，然后计算出表格中各项变量值，再保留四位小数确定为最终结果

2）府际网络分析

由表 7-8 可知，随着消费者绿色度支付系数的上升，地方利益增加，政策执行阻滞下降。在消费者有较低的绿色度支付意愿时，地方政府对绿色增长政策执行主要起阻碍作用，且政策执行阻力较大；而当消费者有较高的绿色度支付意愿时，地方政府对绿色增长政策执行起推动作用。

表 7-8　对消费者绿色度支付系数 k 的数值分析（府际网络）

k	$A_{前}$	$A_{后}$	$O_{地方}$
1	14.1250	12.1581	29.5748
1.5	14.1250	14.2499	17.4586
2	14.1250	16.3374	5.3667
2.5	14.1250	18.4233	−6.7155
3	14.1250	20.5083	−18.7928
3.5	14.1250	22.5928	−30.8674
4	14.1250	24.6770	−42.9402
4.5	14.1250	26.7611	−55.0118
5	14.1250	28.8450	−67.0826

3）政策社群分析

由表 7-9 可知，随着消费者绿色度支付系数的上升，消费者剩余 $U_{后}$ 提高，环境税收 $R_{后}$ 有较小幅度减少，环境损失 $L_{后}$ 有较小幅度减少，社会福利 $W_{后}$ 显著增加，政策社群的政策执行阻滞减小直至起推动作用，且增加幅度较大。

表 7-9 对消费者绿色度支付系数 k 的数值分析（政策社群）

k	$U_{前}$	$L_{前}$	$W_{前}$	$U_{后}$	$R_{后}$	$L_{后}$	$W_{后}$	$O_{中央}$
1	14.5500	1.9900	20.6600	13.6838	2.0688	1.6450	16.6750	33.9633
1.5	14.5500	1.9900	20.6600	16.0003	2.0458	1.6267	20.6200	18.3402
2	14.5500	1.9900	20.6600	18.3252	2.0344	1.6175	24.5925	2.6082
2.5	14.5500	1.9900	20.6600	20.6535	2.0275	1.6120	28.5760	−13.1673
3	14.5500	1.9900	20.6600	22.9835	2.0229	1.6083	32.5650	−28.9646
3.5	14.5500	1.9900	20.6600	25.3144	2.0196	1.6057	36.5571	−44.7744
4	14.5500	1.9900	20.6600	27.6459	2.0172	1.6038	40.5513	−60.5919
4.5	14.5500	1.9900	20.6600	29.9779	2.0153	1.6022	44.5467	−76.4147
5	14.5500	1.9900	20.6600	32.3101	2.0138	1.6010	48.5430	−92.2410

3. 污染治理率 η 变化影响分析

检验的第三组变量是执行阻滞 O 与企业 2 的污染治理率 η 的关系。参数赋值仍然采用第一组检验中的大部分参数赋值，仅需假设 $t=25$，并假设 η 的取值范围为 $\eta \in [10\%,100\%]$，将模型和相关参数的赋值输入到 Matlab 2014a 中得到模拟数据。

1）生产者网络分析

由表 7-10 可知，随着企业 2 的污染治理率上升，两企业的产品价格均有下降，企业 1 的市场份额和利润均下降，企业 2 的市场份额和利润均上升，综合效应是两企业利润和即行业利润上升，行业利润上升使得生产者网络的政策执行阻滞减弱，同时两企业污染排放率即行业排放率下降。

表 7-10 对企业 2 的污染治理率 η 的数值分析（生产者网络）

η	p_1	p_2	q_1	q_2	π_1	π_2	$\pi_1+\pi_2$	$O_{企业}$	ξ
10%	12.0833	16.6667	0.3819	0.6181	1.7506	4.0839	5.8345	4.1066	93.82%
20%	12.0667	16.6333	0.3806	0.6194	1.7379	4.1045	5.8424	4.0986	87.61%
30%	12.0500	16.6000	0.3792	0.6208	1.7252	4.1252	5.8504	4.0905	81.38%
40%	12.0333	16.5667	0.3778	0.6222	1.7126	4.1459	5.8585	4.0823	75.11%
50%	12.0167	16.5333	0.3764	0.6236	1.7000	4.1667	5.8667	4.0740	68.82%
60%	12.0000	16.5000	0.3750	0.6250	1.6875	4.1875	5.8750	4.0657	62.50%
70%	11.9833	16.4667	0.3736	0.6264	1.6750	4.2084	5.8834	4.0572	56.15%
80%	11.9667	16.4333	0.3722	0.6278	1.6626	4.2293	5.8919	4.0486	49.78%

续表

η	p_1	p_2	q_1	q_2	π_1	π_2	$\pi_1+\pi_2$	$O_{企业}$	ξ
90%	11.9500	16.4000	0.3708	0.6292	1.6502	4.2502	5.9004	4.0400	43.38%
100%	11.9333	16.3667	0.3694	0.6306	1.6379	4.2712	5.9091	4.0312	36.94%

注：p_1、p_2 是保留四位小数的结果，其他数据是 p_1、p_2 原始数据计算然后取四位小数的结果。计算过程是：在 Excel 中，根据参数赋值与文中公式，写出对应变量的计算函数公式，然后计算出表格中各项变量值，再保留四位小数确定为最终结果

2）府际网络分析

由表 7-11 可知，随着企业 2 的污染治理率的上升，虽然财政收入增加，但地方 GDP 的综合效应是减弱的且减弱效应大于财政收入，故地方利益减少，政策执行阻滞增加。

表 7-11　对企业 2 的污染治理率 η 的数值分析（府际网络）

η	$A_{前}$	$A_{后}$	$O_{地方}$
10%	14.1250	16.3747	5.1505
20%	14.1250	16.3561	5.2585
30%	14.1250	16.3374	5.3667
40%	14.1250	16.3187	5.4749
50%	14.1250	16.3000	5.5833
60%	14.1250	16.2813	5.6919
70%	14.1250	16.2625	5.8005
80%	14.1250	16.2437	5.9094
90%	14.1250	16.2249	6.0183
100%	14.1250	16.2061	6.1274

3）政策社群分析

由表 7-12 可知，随着企业 2 污染治理率的上升，消费者剩余 $U_{后}$ 下降，环境税收 $R_{后}$ 减少，环境损失 $L_{后}$ 减少，综合效应使得社会福利 $W_{后}$ 下降，因而中央政策执行阻滞增加。原因可能是已有的绿色增长政策作用显著，政府基于新的环境问题重新制定绿色增长政策。

表 7-12　对企业 2 的污染治理率 η 的数值分析（政策社群）

η	$U_{前}$	$L_{前}$	$W_{前}$	$U_{后}$	$R_{后}$	$L_{后}$	$W_{后}$	$O_{中央}$
10%	14.5500	1.9900	20.6600	18.4172	2.3455	1.8664	24.7308	2.0604
20%	14.5500	1.9900	20.6600	18.3712	2.1903	1.7422	24.6617	2.3343

续表

η	$U_{前}$	$L_{前}$	$W_{前}$	$U_{后}$	$R_{后}$	$L_{后}$	$W_{后}$	$O_{中央}$
30%	14.5500	1.9900	20.6600	18.3252	2.0344	1.6175	24.5925	2.6082
40%	14.5500	1.9900	20.6600	18.2793	1.8778	1.4922	24.5233	2.8822
50%	14.5500	1.9900	20.6600	18.2334	1.7205	1.3664	24.4542	3.1561
60%	14.5500	1.9900	20.6600	18.1875	1.5625	1.2400	24.3850	3.4300
70%	14.5500	1.9900	20.6600	18.1417	1.4038	1.1131	24.3158	3.7039
80%	14.5500	1.9900	20.6600	18.0959	1.2444	0.9856	24.2467	3.9778
90%	14.5500	1.9900	20.6600	18.0502	1.0844	0.8575	24.1775	4.2517
100%	14.5500	1.9900	20.6600	18.0045	0.9236	0.7289	24.1083	4.5257

7.3 政策主体协同网络预处理

7.3.1 政策文本处理

本章在第 6 章已经构建的中国绿色增长政策初始数据集的基础上，对 1834 篇政策文本做进一步的删减和处理。一方面，部分绿色增长政策为战略指导型，政策文本内容不涉及具体政策主体、客体及具体措施等，这对绿色增长政策主体、措施协同研究无显著意义，故删去这类政策文本共 229 篇。另一方面，已构建的中国绿色增长政策数据集中的某些绿色增长政策为部门内部行为规范，相比于一些通知、意见等政策文本，其社会影响极小，故删去这类政策文本共 967 篇。此外，部分政策文本的内容涉及绿色增长内涵较少，全篇大部分是在阐述为推动经济增长所制定的政策工具，仅少量几句话涉及环境污染、生态环保等问题，如“在推进火电企业建设同时注意降低二氧化硫排放量”等，这部分内容与后续研究关联较小，通过人工遴选的方式进行精炼阅读后予以剔除，共剔除此类文件 284 篇。综上，最后搜集整理得到中央层面具有较高效力且与研究内容高度相关的绿色增长政策文本 354 篇，用于后续研究。

7.3.2 政策主体处理

政策本质上就是对各方利益的调节，是一种体现国家意志的利益调节。利益调节中必然会使一部分行动者获利的同时，使另一部分行动者利益受损。利益的获得还是受损取决于行动者的利益追求是否与法律（或政策）所代表的利益一致，利益一致行动者便会支持政策，利益冲突行动者便会千方百计地阻挠以维护自身利益。

基于以上原则，对已整理好的 354 篇绿色增长政策进行主体搜集和处理，抽取数据中包含的组织、单位、群体及个人的名称，构成主体库，并将含义相近的主体进行合并整理，共得到精炼主体 118 个，表 7-13 展示了部分主体。

表 7-13　中国绿色增长政策部分主体

主体	主体	主体	主体
地方人民政府	农民和农业生产经营组织	建设单位	地方人民政府水利部门
环境保护部门	地方各级气象局	地方人民政府林业主管部门	教育部门
国务院	个体工商户	国土资源部	海洋局
个人	医疗卫生机构	船舶、浮动设施	太湖流域管理机构
地方人民政府环境保护部门	编制、审核机关	农业部	商务部
事业单位	市容环境卫生行政主管部门	项目直接责任人	公共机构
企业	登记管理机关	林业局	社会团体
财政部	外国企业	气象局	国务院清洁生产综合协调部门
国家发展和改革委员会	土地复垦义务人	科研院校	人民法院
海事管理机构	采购商	住房和城乡建设部	能源局
水利部门	机动车	国防交通主管机构	研发机构
城镇排水主管部门	工业和信息化部	地方人民政府城市绿化行政主管部门	地方人民政府国土资源部门
交通管理部门	船员	港口行政管理部门	登记机关

7.3.3　阶段划分

研究表明，国家的制度变革和发展战略调整会议对政策的制定和执行具有决定性作用[14]。中国自 1973 年第一次全国环境保护大会以后，截至 2017 年共召开了四次具有重要意义的绿色增长主题会议（图 7-2），会上制定和颁布的重要战略、决定和政策，影响了一定时期中国绿色增长发展方向。

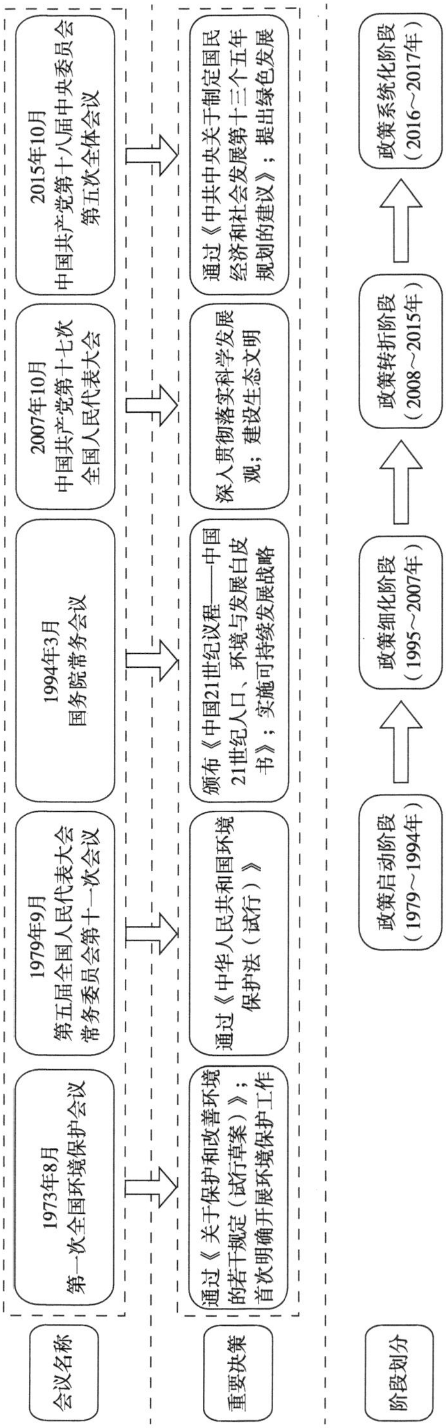

图7-2　中国绿色增长政策发展历程中的重要会议

依据中国绿色增长战略的重要时间节点，综合考虑 354 篇政策目标、措施和特征，可以将中国绿色增长政策的演变划分为以下四个阶段。

政策启动阶段（1979～1994 年）：以《中华人民共和国环境保护法（试行）》为起点，标志着中国正式将环境问题纳入国家改革蓝图中。随后一系列相关政策逐步出台，旨在降低经济建设对环境的损害效益。这一阶段，绿色增长相关内容散见于其他综合性政策中，减少经济发展中的环境污染成为主要政策目标。

政策细化阶段（1995～2007 年）：以国务院明确实施可持续发展战略为契机，不同层面、不同领域的绿色政策逐步细化执行，政策措施越发多样化。这一阶段，政策种类、数量得到极大丰富，政策效力持续增强，节能减排和环境治理成为主要政策目标。

政策转折阶段（2008～2015 年）：以生态文明建设为依托，绿色增长政策渗透到社会生活的方方面面，强化环境政策与经济政策、社会政策的协同程度。这一阶段，绿色增长政策在强调环境问题的同时，进一步规范社会运作和个人行为，人与自然的和谐发展成为主要政策目标。

政策系统化阶段（2016～2017 年）：以绿色增长理念为前提，绿色增长政策主要目标是“应对环境危机，实现以创新、投资驱动产业发展，保障社会民生福祉”，形成“经济—环境—社会”协调发展的完整政策体系，推动形成一种新兴增长模式[15]。

7.4　政策主体协同网络整体结构特征及演变分析

将中国绿色增长政策按以上四个阶段进行汇总后，提取出政策执行主体，构建主体共现矩阵，利用 UCINET6.0 软件绘制四个阶段的中国绿色增长政策主体协同网络图谱，如图 7-3 所示①。其中，网络节点越大表示度（degree）越大，即与该主体协同执行政策的主体数量越多。

在网络图谱绘制的基础上，本书通过测度网络结构指标，描述 1979 年至 2017 年中国绿色增长政策主体协同网络结构的演变情况，中国绿色增长政策主体协同网络结构特征如表 7-14 所示。其中，样本数量反映该时段颁布的绿色增长政策总量；网络规模表示特定时间段绿色增长政策所涉及的执行主体数量②；网络关系数表征两两主体间协作实施政策措施的连接数；网络联结频次描述主体间协

① 根据各组织机构职能命名，本章下同。

② 由于政策执行主体数量多且分散，本节旨在探究核心主体间的协同演变情况，因此本书网络规模为节点联结频次大于 10 的政策主体数量。

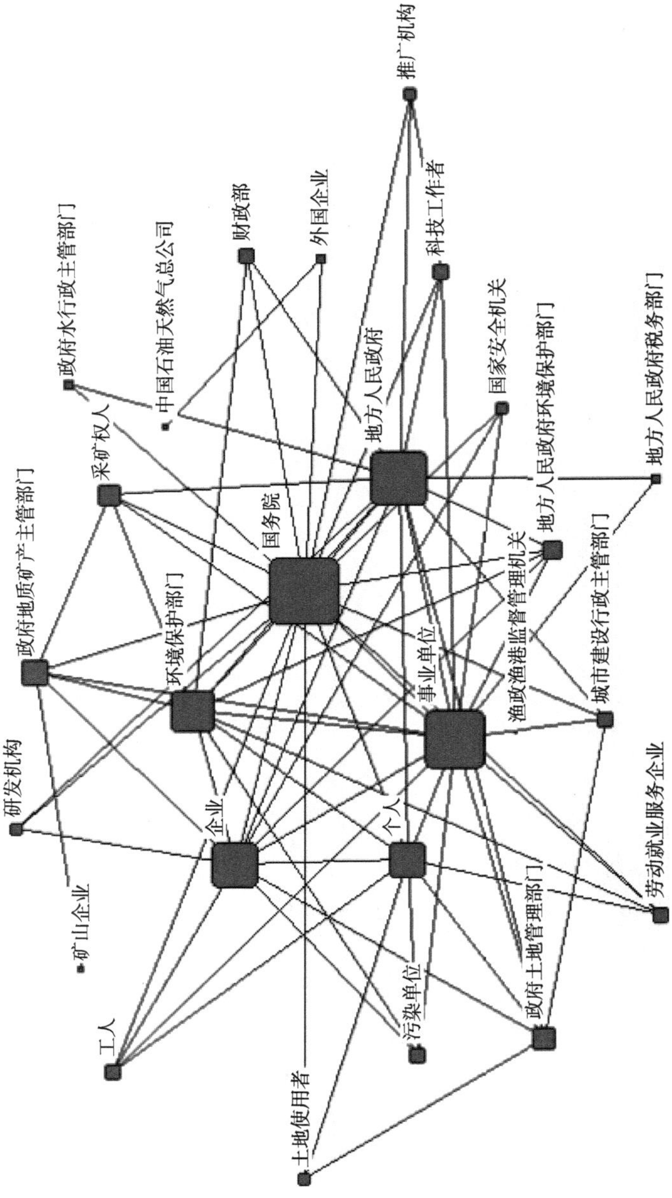
推广机构
科技工作者
外国企业
财政部
中国石油天然气总公司
政府水行政主管部门
地方人民政府
国家安全机关
地方人民政府环境保护部门
地方人民政府税务部门
采矿权人
国务院
政府地质矿产主管部门
环境保护部门
事业单位
渔政渔港监督管理机关
城市建设行政主管部门
研发机构
企业
个人
劳动就业服务企业
矿山企业
政府土地管理部门
污染单位
工人
土地使用者

（a）1979～1994年

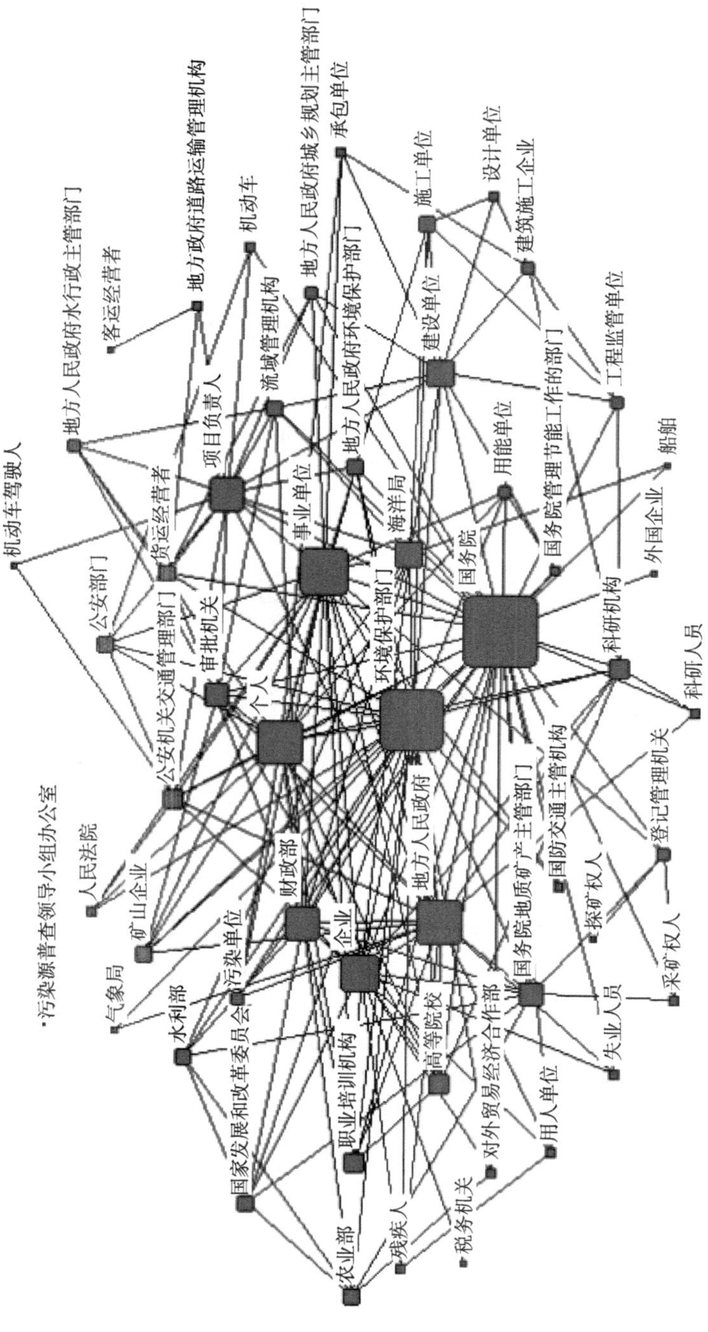
机动车驾驶人
地方人民政府水行政主管部门
客运经营者
地方政府道路运输管理机构
机动车
地方人民政府城乡规划主管部门
承包单位
施工单位
设计单位
建筑施工企业
工程监管单位
流域管理机构
地方人民政府环境保护部门
建设单位
国务院管理节能工作的部门
项目负责人
货运经营者
事业单位
海洋局
用能单位
船舶
外国企业
国务院
公安部门
公安机关交通管理部门
审批机关
环境保护部门
科研机构
科研人员
个人
财政部
地方人民政府
国务院地质矿产主管部门
国防交通主管机构
登记管理机关
探矿权人
采矿权人
污染源普查领导小组办公室
人民法院
矿山企业
污染单位
企业
气象局
水利部
国家发展和改革委员会
职业培训机构
高等院校
对外贸易经济合作部
失业人员
用人单位
税务机关
残疾人
农业部

（b）1995～2007年

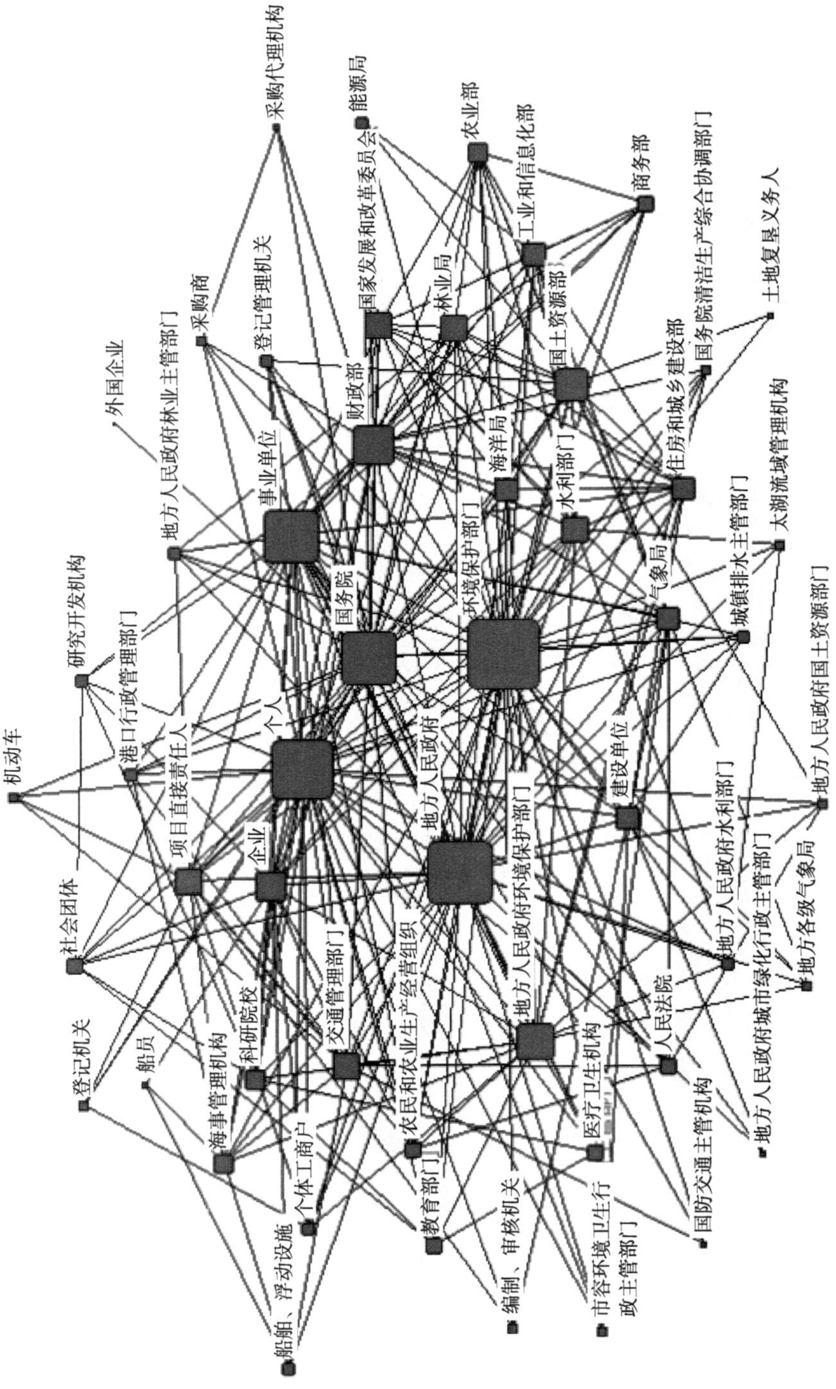

采购代理机构
能源局
农业部
工业和信息化部
商务部
国务院清洁生产综合协调部门
土地复垦义务人
国家发展和改革委员会
林业局
国土资源部
住房和城乡建设部
登记管理机关
采购商
外国企业
地方人民政府林业主管部门
财政部
事业单位
海洋局
水利部门
太湖流域管理机构
城镇排水主管部门
气象局
环境保护部门
国务院
研究开发机构
港口行政管理部门
机动车
个人
项目直接责任人
地方人民政府
地方人民政府国土资源部门
建设单位
企业
地方人民政府环境保护部门
地方人民政府水利部门
社会团体
地方人民政府城市绿化行政主管部门
地方各级气象局
科研院校
交通管理部门
农民和农业生产经营组织
人民法院
医疗卫生机构
国防交通主管机构
登记机关
船员
海事管理机构
个体工商户
教育部门
编制、审核机关
市容环境卫生行政主管部门
船舶、浮动设施

（c）2008~2015年

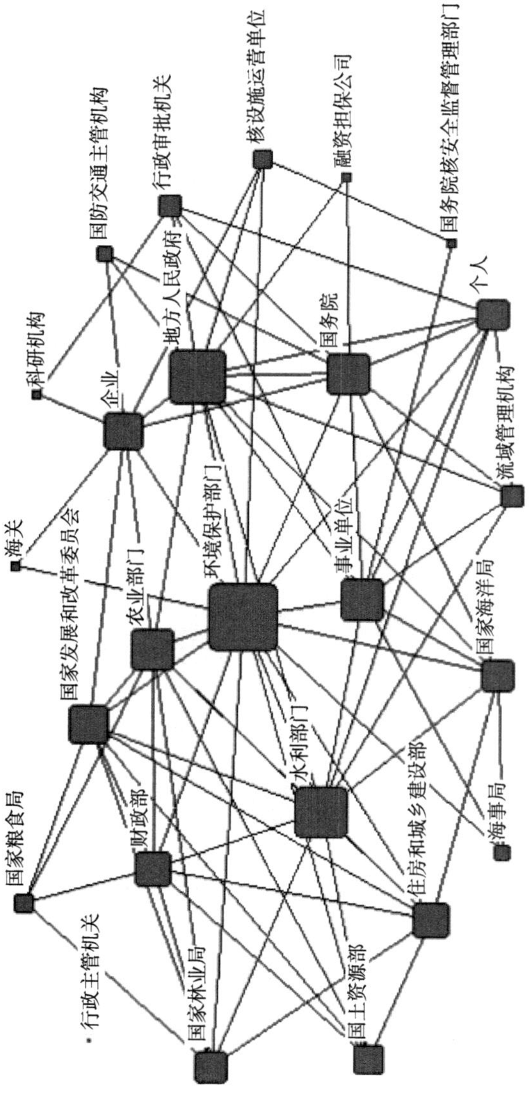

（d）2016～2017年

图7-3　1979年至2017年中国绿色增长政策主体协同网络图谱

同执行政策的次数总和；网络凝聚力指数刻画网络中主体间协同紧密程度；整体网络密度表示主体协同网络中实际存在的联结数与最大可能存在的联结数的比值；节点平均距离表示网络中所有节点的最优途径的均值，用于衡量节点信息传递效率。

表 7-14　中国绿色增长政策主体协同网络结构特征

指标	1979～1994 年	1995～2007 年	2008～2015 年	2016～2017 年
样本数量	46	97	148	63
网络规模	27	54	71	25
网络关系数	82	200	283	82
网络联结频次	87	215	304	86
网络凝聚力指数	0.557	0.51	0.594	0.568
整体网络密度	0.2336	0.1451	0.2134	0.2733
节点平均距离	1.902	2.14	1.862	1.891

从总体上看，中国绿色增长政策数量呈上升趋势，执行主体规模不断扩大，网络关系数和网络联结频次也在迅速增加，这说明主体间越发重视沟通和协同效应。网络凝聚力指数和整体网络密度虽总体上升，但各阶段数值较低，表明中国绿色增长政策主体间的协同效应整体较弱，有很大的提升空间。节点平均距离出现波动，有一定下降趋势，表示节点间的距离更近，信息传递效率提升，这与整体网络密度趋势有密切关系。

政策启动阶段（1979～1994 年）：由于党和国家刚将工作重心调整到经济建设上来，社会主义市场经济体制尚未完全建立，因此绿色增长政策以服务经济建设为主，各项政策措施主要依靠计划安排。这一阶段共颁布 46 项绿色增长政策，联结频次大于 10 的政策主体仅 27 个，说明仅有少量主体参与协同执行绿色增长政策，大部分主体较独立地实施政策措施。网络凝聚力指数显示这 27 个政策主体间的紧密程度较高，少数主体有较多连接。这一时期中国绿色增长政策主体表现出“整体松散—集中个体”的网络结构特征。

政策细化阶段（1995～2007 年）：随着改革进程的不断深入，国家全方位落实可持续发展战略，财政、金融等调控手段被用于绿色增长领域，绿色增长政策的主体行为逐渐向协同合作转变。这一阶段共颁布 97 项绿色增长政策，涉及主体数量显著增加，网络联结频次大于 10 的主体数目高达 54 个。网络关系数、网络联结频次亦显著提升，接近上一阶段的 2.5 倍。但网络凝聚力指数和整体网络密度出现下降，节点平均距离增加，说明虽然主体数量增加，但节点权重较为均衡，主体协同效应降低，缺乏有效的信息传递及沟通合作。这一时期中国绿色增长政策主体表现出“整体扩大—中心均衡”的网络结构特征。

政策转折阶段（2008～2015 年）：随着国家对生态文明重视程度的提高，绿色增长政策所包含的经济、环境和社会效益愈发丰富，多维主体积极参与政策执行并协同合作。这一阶段共颁布 148 项绿色增长政策，涉及主体数量较上一阶段有所增加，网络关系数、网络联结频次亦有所提升。与上一阶段不同的是，网络凝聚力指数和整体网络密度增长明显，其中网络凝聚力指数高达 0.594，而节点平均距离低至 1.862，这表明尽管网络规模仍在扩大，出现多个主体存在大量连接数，但整体网络协同程度也在提升，主体网络中信息交流便捷高效，说明以多个主体为核心的政策网络维持着良好稳定关系。这一时期中国绿色增长政策主体表现出“整体高效—多中心紧凑”的网络结构特征。

政策系统化阶段（2016～2017 年）：为实现绿色增长战略目标，绿色增长政策工具愈发丰富和多元，这一阶段进一步驱动了各级主体行为上的统筹协调。仅两年多时间就颁布绿色增长政策 63 项，规范了各项社会生产活动。网络联结频次与网络关系数相差较小，孤岛节点较少，说明整体网络结构稳定均衡。网络凝聚力指数处于较高水平，整体网络密度高达 0.2733，表明网络联系紧密。这一时期中国绿色增长政策主体表现出“整体稳定—区域协调”的网络结构特征。

7.5　政策主体协同网络节点特征及演变分析

7.5.1　政策主体角色演变分析

本书利用节点度数和联结频次两个指标来表征绿色增长政策主体在不同时期的角色演变过程。节点度数表示某主体联合其他主体的个数，度数越高说明该主体在执行政策时协同其他主体的能力越强，可以用来衡量协同的“广度”。联结频次可以用来表示某主体联合其他主体执行绿色增长政策的总次数，频次越大说明该主体协同执行政策越频繁，这一指标可以用来衡量协同的“强度”。因此，通过建立“广度—强度”二维矩阵，可以把政策主体在网络中的角色划分为四种不同的类型：一是“高广度—高强度”型（HH），这类政策主体是网络中起关键作用的核心点，信息的交流广泛且持续性较高；二是“高广度—低强度”型（HL），这类政策主体也是网络中的重要节点，信息交流广泛但缺乏持续性；三是“低广度—高强度”型（LH），这类政策主体是网络中的普通节点，信息交流对象有限但持续性较高；四是“低广度—低强度”型（LL），这类政策主体一般处于网络边缘，在整体网络中发挥作用较小。从 1979 年至 2017 年四个不同发展阶段中国绿色增长政策主体在协同网络中的角色分布如图 7-4 所示。

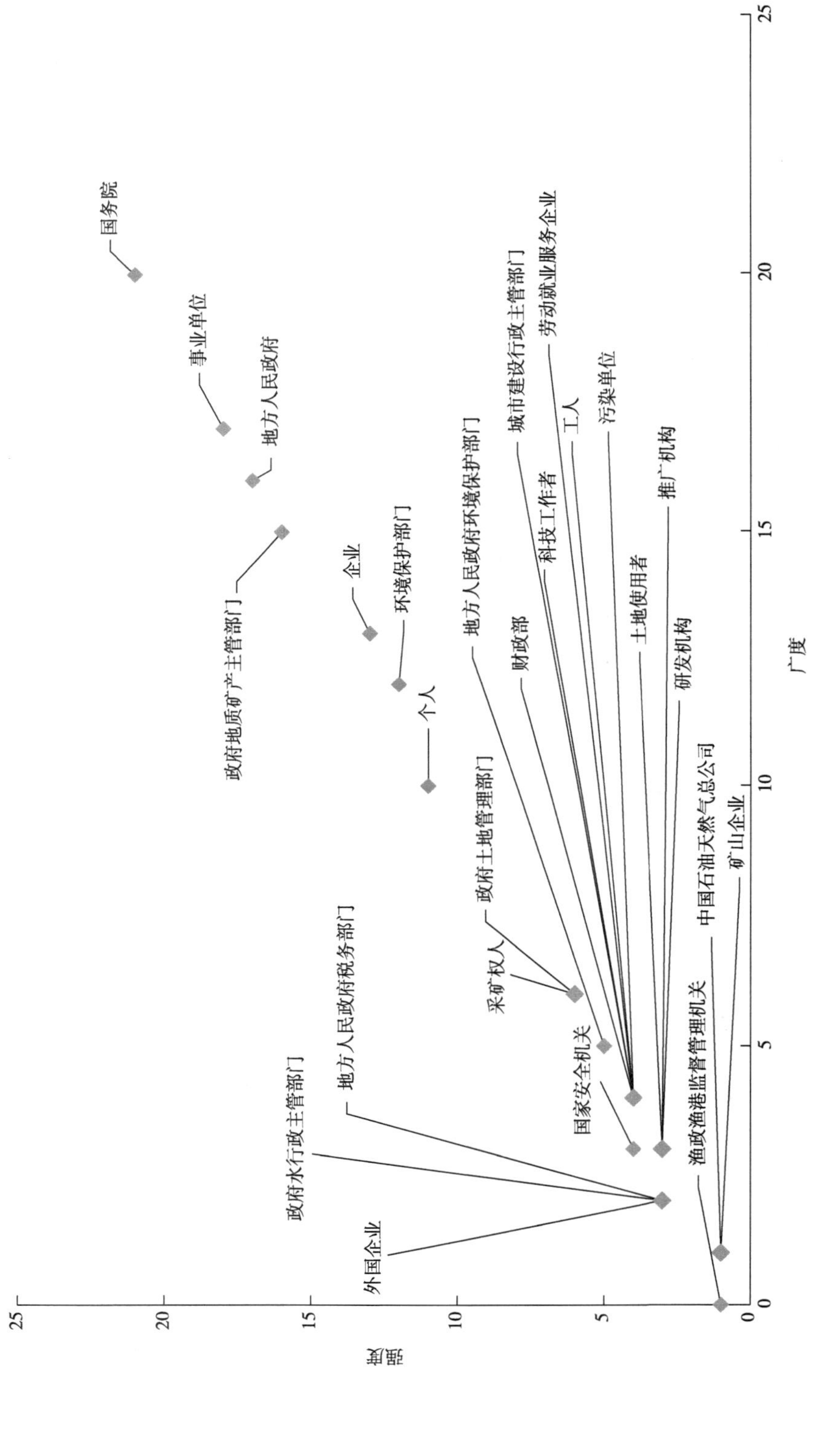
国务院
事业单位
地方人民政府
政府地质矿产主管部门
企业
环境保护部门
个人
地方人民政府环境保护部门
财政部
城市建设行政主管部门
劳动就业服务企业
科技工作者
工人
污染单位
土地使用者
推广机构
研发机构
政府土地管理部门
采矿权人
中国石油天然气总公司
矿山企业
地方人民政府税务部门
政府水行政主管部门
国家安全机关
渔政渔港监督管理机关
外国企业
强度
广度
0
5
10
15
20
25

（a）1979～1994年

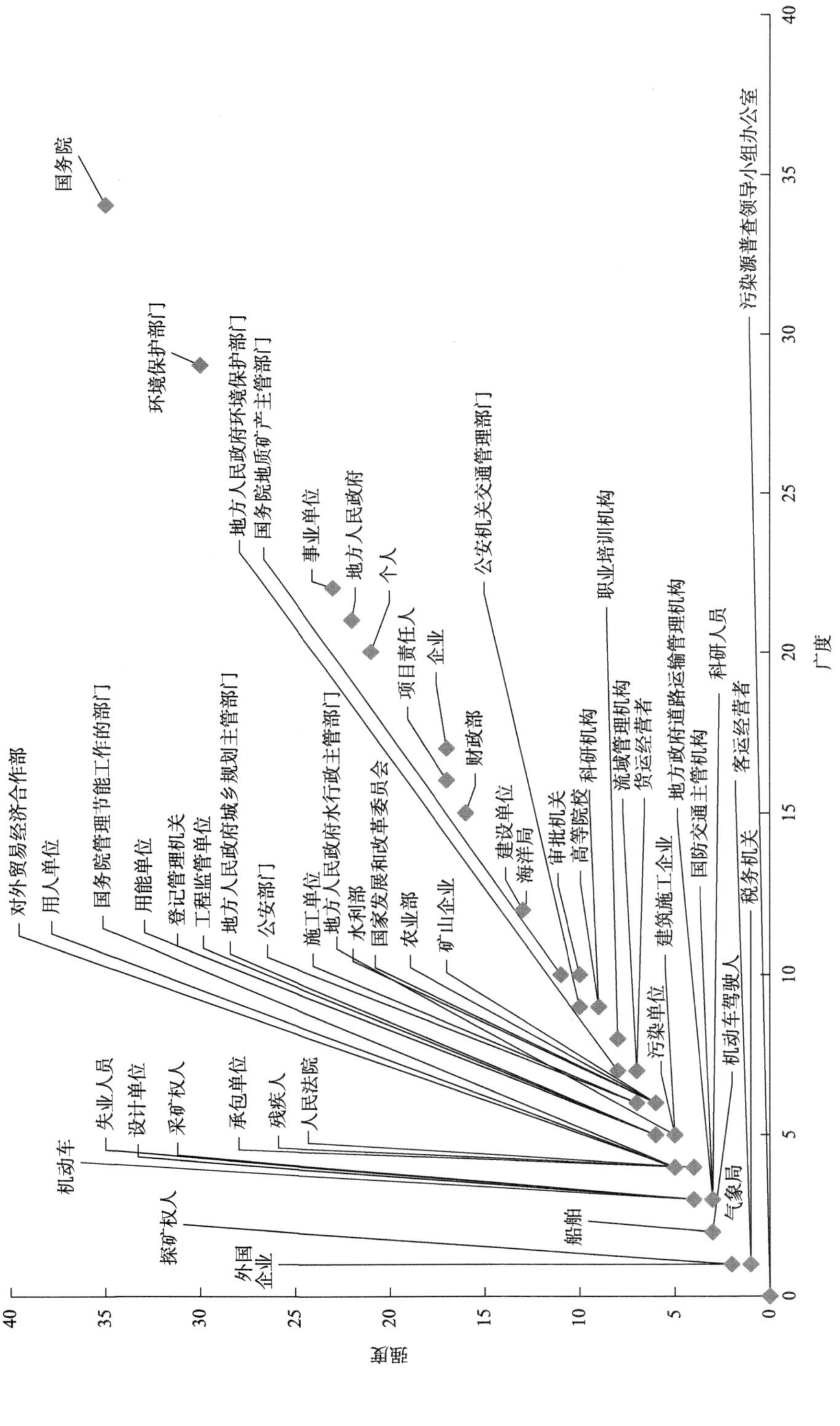
国务院
环境保护部门
地方人民政府环境保护部门
国务院地质矿产主管部门
事业单位
地方人民政府
个人
公安机关交通管理部门
职业培训机构
污染源普查领导小组办公室
项目责任人
企业
财政部
建设单位
海洋局
审批机关
高等院校
科研机构
流域管理机构
货运经营者
地方政府道路运输管理机构
国防交通主管机构
科研人员
客运经营者
税务机关
对外贸易经济合作部
用人单位
国务院管理节能工作的部门
用能单位
登记管理机关
工程监管单位
地方人民政府城乡规划主管部门
公安部门
施工单位
地方人民政府水行政主管部门
水利部
国家发展和改革委员会
农业部
矿山企业
建筑施工企业
污染单位
机动车驾驶人
失业人员
设计单位
采矿权人
承包单位
残疾人
人民法院
机动车
探矿权人
船舶
气象局
外国企业
强度
广度
（b）1995～2007年

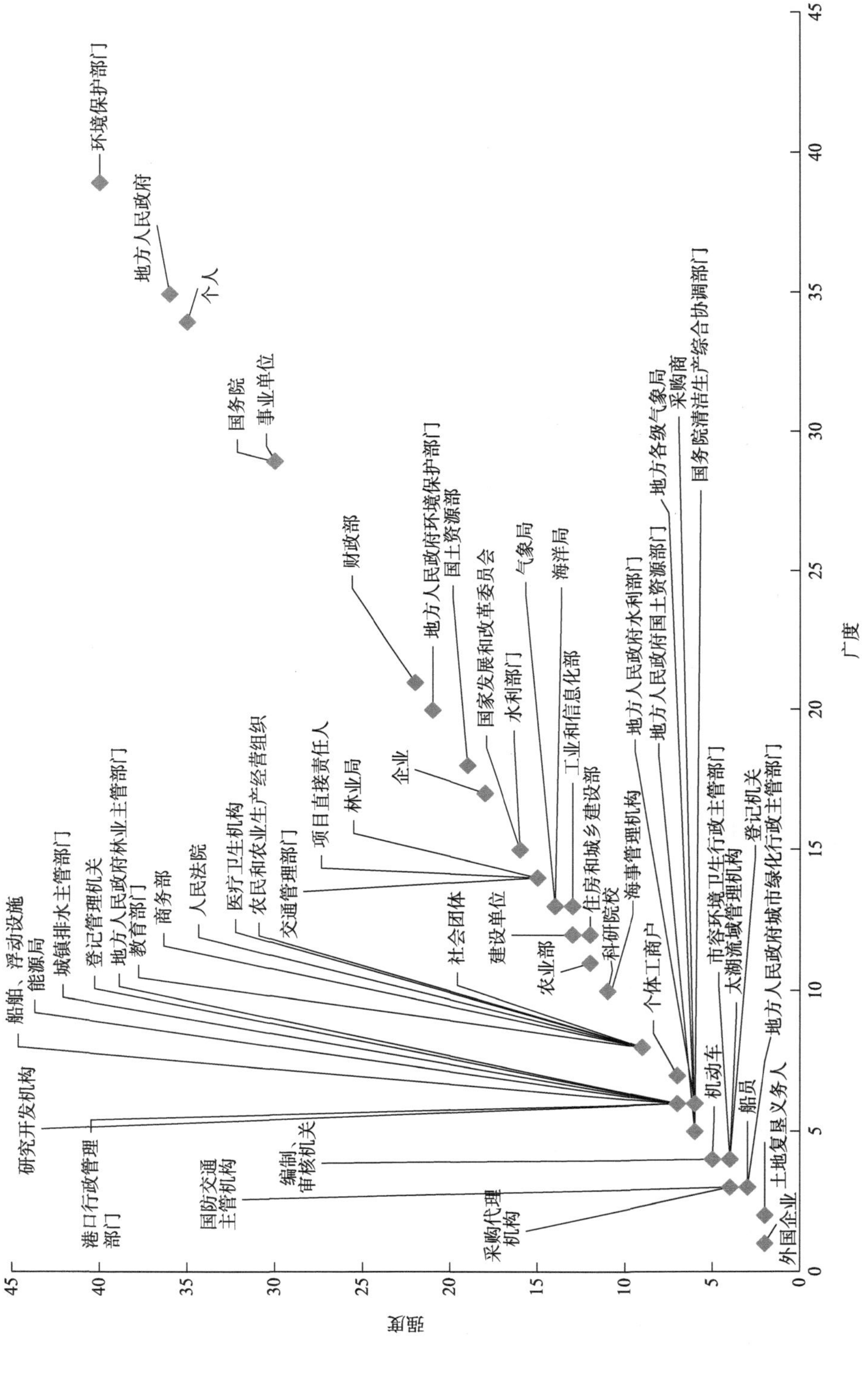
环境保护部门
地方人民政府
个人
国务院
事业单位
国务院清洁生产综合协调部门
采购商
地方各级气象局
财政部
地方人民政府环境保护部门
国土资源部
国家发展和改革委员会
气象局
海洋局
水利部门
工业和信息化部
地方人民政府水利部门
地方人民政府国土资源部门
企业
住房和城乡建设部
海事管理机构
项目直接责任人
林业局
农民和农业生产经营组织
医疗卫生机构
人民法院
交通管理部门
商务部
教育部门
地方人民政府林业主管部门
登记管理机关
城镇排水主管部门
船舶、浮动设施
能源局
社会团体
建设单位
农业部
科研院校
个体工商户
市容环境卫生行政主管部门
太湖流域管理机构
登记机关
地方人民政府城市绿化行政主管部门
研究开发机构
港口行政管理部门
机动车
编制、审核机关
船员
国防交通主管机构
土地复垦义务人
采购代理机构
外国企业
广度
强度

（c）2008～2015年

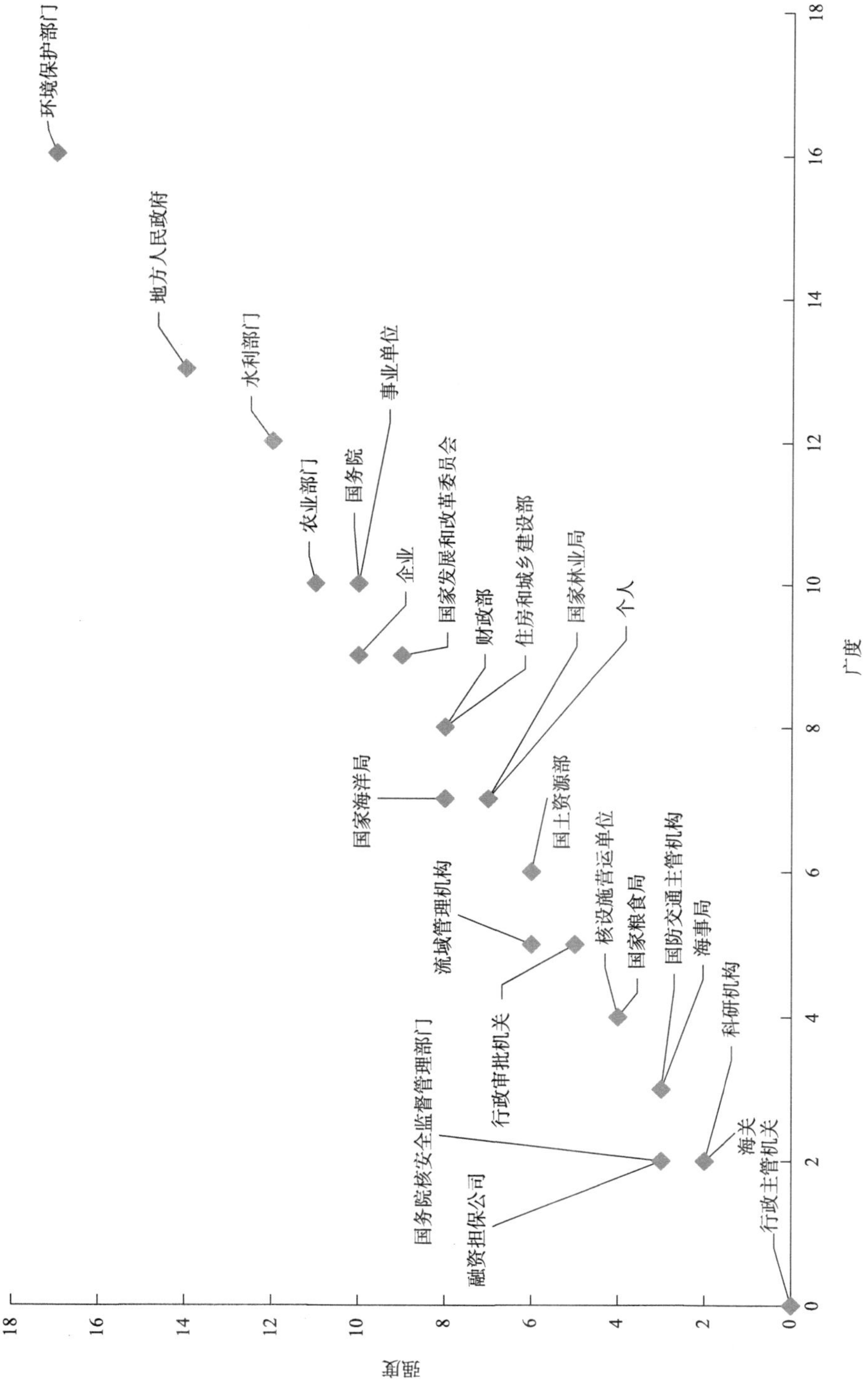

（d）2016~2017年

图7-4　1979~2017年中国绿色增长政策主体在协同网络中的角色分布

政策启动阶段（1979～1994 年）：虽然此阶段网络整体较分散，但受计划经济体制影响，少数几个主体对政策执行有较大调控作用。由图 7-4（a）可知，国务院、事业单位和地方人民政府等在协同网络中的广度和强度较高，属于 HH 型［以（15，15）为界］，说明与其协同合作的对象广泛，合作行为频繁且持续性强。而企业、环境保护部门和个人处于 LL 象限右上角，存在有限的合作对象和有限的交流频次，在整体网络中发挥作用不明显。这反映了绿色增长政策实施初期主要依靠政府部门，政府对经济发展过程中的污染行为予以预防、监控和整治。

政策细化阶段（1995～2007 年）：在这一阶段，国务院、环境保护部门等八个主体位于 HH 象限[以（15，15）为界]，属于网络中的核心节点。其中，国务院仍处于绝对的控制地位，协调多方利益主体。环境保护部门在协同广度和强度方面提升明显，合作对象愈发广泛且频繁，部门影响力逐步加强。个人、企业在绿色增长政策中的作用亦得到强化。财政部跃迁至核心节点地位，意味着此阶段实施绿色增长政策不仅依靠行政监管，同时也充分发挥财政、金融等多元化政策工具。

政策转折阶段（2008～2015 年）：环境保护部门、地方人民政府等九个主体属于 HH 类型[以（15，15）为界]，在协同网络中发挥重要的核心作用。环境保护部门在协同广度和强度上领先其他主体，成为最权威的核心主体。个人行为受到政策监管和其他主体协调影响增强，说明此阶段绿色增长政策越发重视“人”的主观意志。财政部、国土资源部、水利部门和国家发展和改革委员会的地位提升明显，表明这一时期政府部门权责明确，既有合理分工又强调部门协作。

政策系统化阶段（2016～2017 年）：这一时期，环境保护部门仍旧处于网络中绝对的核心地位，说明其被赋予了更多政策权限和职能效力，在绿色增长政策的制定、执行过程中具有绝对的控制和协调权力。

总体来看，主体间的协同效应在逐渐增强，协同合作的趋势稳步上升。虽然不同时期的核心主体不尽相同，但国务院、环境保护部门、地方人民政府、个人和事业单位等主体在协同网络中的核心地位趋于稳定。财政部在协同网络中地位得到提升，财政工具充分融入绿色增长政策实践。国土资源部、水利部等部门职能愈发专业化，强化了与其他主体的协调能力。此外，由图 7-4 可见，主体协同合作情况差异明显，多数主体集中于 LL 和 HH 象限，极少表现为 HL 型和 LH 型，且位于 HH 象限的主体以政府部门为主，这说明当前绿色增长政策执行仍是政府主导。多数主体的协同强度/广度比值接近 1，反映出各主体虽然合作广泛，但是两两主体的交流频率较低。

7.5.2 核心主体功能演变分析

通过政策主体网络角色演变分析，可以发现不同时期影响中国绿色增长政策主体协同网络演变的核心主体，有必要进一步探讨这些核心主体在协同网络演变过程中功能的变化。为更好探究中国绿色增长政策主体核心地位，在上述角色演变分析的基础上，采用节点度数和度数中心性指标对网络主体进行排名（表7-15），结合绿色增长政策实践情况及现实意义进行核心主体辨识。

表7-15　1979～2017年中国绿色增长政策主体度数中心性TOP10

排名	1979～1994年		1995～2007年		2008～2015年		2016～2017年	
	政策主体	节点度数（度数中心性）	政策主体	节点度数（度数中心性）	政策主体	节点度数（度数中心性）	政策主体	节点度数（度数中心性）
1	国务院	20（0.122）	国务院	34（0.085）	环境保护部门	39（0.069）	环境保护部门	16（0.098）
2	事业单位	17（0.104）	环境保护部门	29（0.072）	地方人民政府	35（0.062）	地方人民政府	13（0.079）
3	地方人民政府	16（0.098）	事业单位	22（0.055）	个人	34（0.06）	水利部门	12（0.073）
4	政府地质矿产主管部门	15（0.092）	地方人民政府	21（0.052）	国务院	29（0.051）	事业单位	10（0.061）
5	企业	13（0.079）	个人	20（0.05）	事业单位	29（0.051）	国务院	10（0.061）
6	环境保护部门	12（0.073）	企业	17（0.043）	财政部	21（0.031）	农业部门	10（0.061）
7	个人	10（0.061）	项目责任人	16（0.04）	地方人民政府环境保护部门	20（0.035）	企业	9（0.055）
8	采矿权人	6（0.037）	财政部	15（0.038）	国土资源部	18（0.032）	国家发展和改革委员会	9（0.055）
9	政府土地管理部门	6（0.037）	海洋局	12（0.03）	企业	17（0.03）	财政部	8（0.049）
10	地方人民政府环境保护部门	5（0.03）	建设单位	12（0.03）	国家发展和改革委员会	15（0.027）	住房和城乡建设部	8（0.049）

由表7-15可知，国务院和地方人民政府的度数中心性基本稳定在前五名，其中，1979～2007年的两个阶段，国务院的度数中心性分别高达0.122和0.085，位于首要控制和协调地位。这说明在绿色增长政策实施前期，国务院发挥了巨大作用，主要因为改革开放伊始政府职能不完善、政策理念不成熟，国务院充分发挥统筹兼顾的作用。而地方人民政府一直是绿色增长政策的主要贯彻者和执行者，

在政策落实过程中的核心地位维持稳定。环境保护部门的度数中心性逐步攀升，2008～2015 年，度数为 39，成为网络中最关键的核心主体。随着政府各部门的职责分工趋于完善，交流合作活动越发频繁，环境保护部门的核心地位得到巩固和提升。绿色增长政策强调“以人为本”，个人的度数值呈上升趋势，2008～2015 年增长到 34，说明个人在主体协同网络中的地位不断提升。在后续研究中将不考虑事业单位这一政策主体，虽然其度数中心性较高，但是这一概念过于宽泛和笼统，无法辨别具体政策部门，对绿色增长政策主体研究无显著意义。

基于上述分析，本书认为在不同发展阶段中国务院、环境保护部门、地方人民政府和个人都是极为重要的核心主体。通过剔除某一节点后相关网络结构指标的变化，可以探讨该主体在网络中的作用和功能演变。这里分别讨论四个阶段中从网络中剔除国务院、环境保护部门、地方人民政府和个人后，网络联结频次、网络凝聚力指数和节点平均距离的变化情况，见表 7-16。

表 7-16　1979～2017 年剔除网络核心主体后网络结构指标变化率

时间段	剔除的网络核心主体	网络联结频次	网络凝聚力指数	节点平均距离
1979～1994 年	国务院	−12.07%	−16.52%	1.21%
	环境保护部门	−6.90%	−2.15%	1.63%
	地方人民政府	−9.77%	−3.77%	3.21%
	个人	−6.32%	−1.62%	1.10%
1995～2007 年	国务院	−8.14%	−8.82%	6.78%
	环境保护部门	−6.98%	−3.92%	4.25%
	地方人民政府	−5.12%	−1.57%	1.17%
	个人	−4.88%	−1.37%	1.07%
2008～2015 年	国务院	−4.93%	−4.55%	0.81%
	环境保护部门	−6.58%	−3.37%	4.19%
	地方人民政府	−5.92%	−2.19%	2.20%
	个人	−5.76%	−2.19%	2.36%
2016～2017 年	国务院	−5.81%	−1.76%	1.37%
	环境保护部门	−9.88%	−6.34%	8.04%
	地方人民政府	−8.14%	−3.70%	4.07%
	个人	−4.07%	−0.70%	0.74%

政策启动阶段（1979～1994 年）：网络联结频次总体是受剔除核心节点影响最大的网络结构指标，四个主体在网络中的协同强度最大，对网络结构的稳定作用最强。剔除国务院后的网络联结频次下降了 12.07%，网络凝聚力指数下降了 16.52%，相对剔除其他主体后的变化率尤为明显，说明这一阶段国务院在网络关系中发挥绝对的稳定和主导作用。剔除地方人民政府对节点平均距离的影响超过

其他三者，表明其在网络中具有重要的沟通功能。总体来看，这四个主体在网络中的重要程度依次是国务院、地方人民政府、环境保护部门和个人。

政策细化阶段（1995～2007 年）：与上一阶段相比，虽然剔除国务院对网络联结频次和网络凝聚力指数的影响程度有所下降，但超过同时期其他三个主体，说明其在网络中的主导作用仍非常显著。此外，剔除国务院使节点平均距离上升了 6.78%，较上一阶段提升明显，表明此阶段国务院同时发挥重要的沟通功能。剔除环境保护部门对网络联结频次、网络凝聚力指数和节点平均距离的影响程度超过地方人民政府和个人，说明环境保护部门在该时期网络中的协同作用仅次于国务院，在网络关系中表现出重要的协调和组织功能。总体来看，这四个主体在网络中的重要程度依次是国务院、环境保护部门、地方人民政府和个人。

政策转折阶段（2008～2015 年）：与前两个阶段不同，剔除国务院对网络联结频次、网络凝聚力指数和节点平均距离的影响程度变小，说明国务院在网络中的主导作用降低，对网络节点间的信息传递无显著影响。剔除环境保护部门较其他三个主体对网络影响较大，说明环境保护部门逐步替代国务院，在网络中发挥主导功能。这与 2008 年国务院机构改革有必然联系，此次机构改革在精简国务院统一效能的同时，强化了环境保护部门的职责。而剔除其他两个主体后的结构指标变化率与前两个阶段无显著差异，表明这两个主体在网络中的功能维持不变。综合来看，这四个主体在网络中的重要程度依次是环境保护部门、地方人民政府、国务院和个人。

政策系统化阶段（2016～2017 年）：较上一阶段，剔除环境保护部门对网络联结频次、网络凝聚力指数和节点平均距离的影响有显著提升，说明网络协同联系主要依赖环境保护部门。剔除地方人民政府对三个结构指标的影响上升明显，表明地方人民政府在网络关系中维持重要的组织和沟通功能。剔除个人对网络凝聚力指数和节点平均距离几乎没有影响，说明这两年间个人对协同网络无显著连通作用。总体来看，这四个主体在网络中的重要程度依次是环境保护部门、地方人民政府、国务院和个人。

通过上述分析可以发现，剔除核心节点后网络整体变得松散，信息交流效率降低，说明这些核心主体对网络的紧密程度和协同效应尤为重要。国务院在前期对网络协同发挥绝对的主导作用，后期影响逐渐降低，主要起到协调支持作用。随着政府职能转变，环境保护部门行政权力提升，其在绿色增长政策主体协同网络中的影响力逐步上升，由前期的组织协助转变至牵头主导地位。地方人民政府对网络的协调连通作用也越发明显。而个人对协同网络的影响总体较小，主要发挥支持配合的作用。

7.6 发现与启示

本章基于政策主体视角，立足 1979 年至 2017 年中国绿色增长政策数据集构建主体协同网络，运用社会网络分析法对网络整体结构特征、节点角色及核心主体功能演变情况进行分析，得到以下相关结论。

（1）中央政府和地方政府要科学地制定绿色增长相关税率，高税率虽然会在某种程度上降低来自政策社群和府际网络的执行阻滞，但是却会引发企业强烈抵制。不仅如此，高税率背景下环境损害将会增加，违背了绿色增长的初衷。因此，政府在拟定合理税率范围时，要加强环境监管力度，才能既实现环保目标，又减小执行阻力。此外，政府需要培育消费者的环保意识，提高消费者的绿色支付意愿，这将是各方共赢的长远之计。要对消费者的绿色支付偏好进行跟踪调查，为政策制定及企业生产提供相关信息参考。在企业污染治理比例较高的情况下，要积极协调利益各方降低政策执行阻滞，同时要针对新问题采取相应政策措施。企业需要加大自身环保研发力度，形成良好的环保产品消费市场。提高企业的污染治理率，扩大环保产品的市场份额。这将降低企业对绿色增长政策的执行阻力，同时也将提高企业效益。

（2）通过对网络整体结构分析可知，样本数量、网络规模逐渐扩大，即中国绿色增长政策颁布数量不断增加，实施政策的主体数目增长明显。网络联结频次、网络凝聚力指数和网络密度呈总体上升趋势，节点平均距离总体下降，说明在实施绿色增长政策过程中主体间的协同合作愈发频繁，网络稳定性和信息传递速率提升。此外，中国绿色增长政策主体协同网络整体结构从独立松散向集中稳定转变，由极度依赖核心主体向多主体均衡协调发展。

（3）通过对网络节点特征分析发现，越来越多的政策主体在协同网络中发挥重要作用，其中国务院、环境保护部门、地方人民政府和个人都是极为关键的核心主体。随着政府体制改革的推进和绿色发展的时代要求，环境保护部门逐渐替代国务院在网络中发挥主导功能，而国务院逐渐转变为协调支持地位，地方人民政府的协助沟通作用得到彰显，个人在网络中主要发挥支持配合的作用。值得注意的是，在新一轮国务院机构改革中，在环境保护部基础上组建了生态环境部，这意味着进一步扩大了该部门职责，负责统筹协调处理绿色发展过程中的各项问题。随着政策工具越发多元化，绿色增长政策体系中除了包含大量命令控制型政策工具，更融合了越来越多的经济激励型和公众参与型政策工具，使得财政部、农业部等主体积极加强与其他主体的协同合作能力。各核心主体不断明确自身职能权限和功能定位，形成了绿色发展战略下合理的分工协作机制，促进了整体网络结构的稳定和高效。

基于上述结论，本书认为中国绿色增长政策主体协同网络越发稳定和高效，主体的协调合作行为将越能得到强化，其根本原因是受到政府体制改革和绿色增长政策内涵深化的双重影响。因此，一方面在体制改革中充分明晰各级主体的职责和权限，使其在实施绿色增长政策时能够正确调整自身角色定位。另一方面需要保证中国绿色增长战略的科学性和政策内容的合理性，加强对政策工具选择及组合，促进政策主体在政策实施过程中协同的广度和强度。此外，继续发挥核心主体在网络中的主导、组织和连通功能，提升生态环境保护部门和地方人民政府的协调作用，在保证整体稳定性的同时推动网络向多主体均衡协调方向发展。

7.7　本章小结

强化主体协同合作是提升绿色增长政策执行效率的有效措施，有助于加快实现绿色增长战略转型。本章运用社会网络分析法，绘制不同阶段中国绿色增长政策主体协同网络图谱，构建协同“广度—强度”二维矩阵，分析政策主体协同网络的整体结构特征及主体角色演变规律，探究不同核心主体对网络运行的影响趋势。结果表明，在中国绿色增长政策主体协同网络演变过程中，整体网络规模扩大，网络稳定性和信息传递速率提升，网络结构从独立松散向集中均衡转变；国务院、环境保护部门、地方人民政府和个人等核心主体发挥主导、组织、协调和连通功能，形成了绿色增长战略下的分工协作机制，进一步促进了整体网络结构的稳定和高效。

7.8　参考文献

[1] Jordan G. Sub-governments，policy communities and networks：refilling the old bottles?[J]. Journal of Theoretical Politics，1990，2（3）：319-338.

[2] 李宪海. 基于政策网络理论的我国煤炭地区绿色发展政策研究[D]. 北京：中国地质大学，2014.

[3] 李玫. 西方政策网络理论研究[M]. 北京：人民出版社，2013.

[4] Katzenstein P J. Between power and plenty：foreign economic policies of advanced industrial states[M]. Madison：University of Wisconsin Press，1978.

[5] 刘海燕，李勇军. 政策网络影响政策产出的模式分析[J]. 经济问题，2015，(2)：46-51.
[6] 冯贵霞. 大气污染防治政策变迁与解释框架构建——基于政策网络的视角[J]. 中国行政管理，2014，(9)：16-20，80.
[7] Börzel T A. Organizing Babylon-on the different conceptions of policy networks[J]. Public Administration，1998，76（2）：253-273.
[8] van Waarden F. Dimensions and types of policy networks[J]. European Journal of Political Research，1992，21（1/2）：29-52.
[9] Rhodes R A W，Marsh D. New directions in the study of policy networks[J]. European Journal of Political Research，1992，21（1/2）：181-205.
[10] 龚虹波. "水资源合作伙伴关系"和"最严格水资源管理制度"——中美水资源管理政策网络的比较分析[J]. 公共管理学报，2015，12（4）：143-152，160.
[11] 王春梅，黄科，郭霖. 基于社会网络分析的南京创新政策研究[J]. 科技管理研究，2014，34（15）：25-28.
[12] 周国雄. 政策执行阻滞中的执行主体要素浅析[J]. 党政论坛，2011，(7)：30-32.
[13] 金婧. 我国房地产宏观调控的政策网络分析[D]. 杭州：浙江大学，2008.
[14] 陈劲，王飞绒. 创新政策：多国比较和发展框架[M]. 杭州：浙江大学出版社，2005.
[15] 郭玲玲，武春友，于惊涛，等. 中国绿色增长模式的动态仿真分析[J]. 系统工程理论与实践，2017，37（8）：2119-2130.

第 8 章　中国绿色增长政策目标、措施的协同演变

8.1　本章研究脉络

8.1.1　理论基础

1. 协同理论

1976 年，联邦德国斯图加特大学教授赫尔曼·哈肯（Hermann Haken）提出了协同理论，该理论自问世以来，其发展应用便取得了很大成就，研究范围日益变得宽广，从自然科学系统至社会科学系统，哪里有有序结构的形成，哪里就有协同，哪里就有协同学的研究对象[1]。协同理论就是要研究系统与要素之间、要素与要素之间、系统与环境之间协调、互补、合作一致的关系。

该理论有如下几个核心概念，首先是序参量，指的是一种结构和功能的参数，主导系统演变的整个过程，代表一个系统有序的程度。找出系统的序参量，整个系统的行为就可以由一个或者几个序参量的变化来决定。其次是控制变量，是外部环境为系统走向的有序提供必要的物质流和信息流，但是系统在相变前后并没有发生质的变化。自组织理论，是协同理论的核心理论，是指系统从无序状态转向有序状态、从有序状态转向新的有序状态，是依靠系统内部自己组织起来的。在此理解上，协同可分为三个层次[2]，序参量来源于子系统的协同合作，同时序参量又支配子系统行为。子系统之间的协同产生宏观的有序结构，这是协同的第一层含义。系统的宏观结构是由几个序参量共同决定的，序参量之间的协同合作决定着系统的有序结构，这是协同的第二层含义。随着控制变量（外部环境）的继续变化，原本处于协同合作的几个序参量地位和作用会发生变化。当控制变量达到阈值（耗散条件），将导致只有一个序参量单独主宰系

统的格局，这时候从原来的有序变到了无序，其实是新的，更高级的有序的开始。序参量由合作到竞争，竞争促进发展，从有序到新的有序这是协同的第三层含义。

该理论认为，复杂系统的结构、特性和行为不是其子系统的结构、特性和行为的简单相加，而是通过子系统之间的相互作用，整个系统将形成一个整体效应或者一种新型结构，形成协同效应，使系统从无序变为有序，从混沌中产生某种稳定结构[3]。因此，协同理论强调系统发展过程中其内部各子系统之间的合作性、集体性的状态和趋势。

2. 政策协同

1）政策协同的内涵

政策协同多被视为综合了多个政策制定术语的宏观概念[4]，如“政策协同”（policy coordination）[5]“政策整合”（policy integration）[6]“政策合作”（policy cooperation）[7]“政策一致”（policy coherence）[8]“政策组合”（policy-mixes）[9]“整体政府”（joined-up government）[10]等。尽管上述政策术语在表述上存在细微差异，但是抽象到政策协同这一宏观概念时，彼此具有一些共性特点，即“在处理跨部门问题时，各级组织进行通力合作，追求政策的一致性、综合性，并实现彼此协作兼容的结果”[8]。

政策协同的概念可以从状态（status）、过程（process）和能力（ability）三个角度进行思辨[9]。状态论认为政策协同是政策实施所达到的一种理想状态，Peters[10]和 Hogl[11]将政策协同定义为政府部门的政策和政策计划最终达到最少冗余、最低不一致、最轻缺失的一种有序状态。换言之，政策协同取决于政策要素、政策子系统之间相互配合所形成的不同于单独微观子系统简单加总的宏观系统功能，是一种实现整体功能、产生新质的理想状态[10]。

过程论则强调政策协同不是一种静态表达，而是政策要素相互配合的动态过程，Mulford 和 Roger[12]认为政策协同是两个及以上组织创建新规则或者使用现有的决策规则，共同应对相似任务环境的一个过程。Hughes 等[13]指出政策协同是指为了共同的政策目标，各个政策活动实现同步发展的一个过程。此外，彭纪生等[14]、张国兴等[15]在过程论的指导下，将政策协同定义为“政策的制定、实施主体利用不同政策措施相互协调，以实现不同的政策目标”。可见，过程论更加侧重为实现政策协同目标而进行决策上的动态推进。

不同于状态论和过程论，能力论则更偏向于把政策协同视为一种内生能力，Metcalfe[16]认为政策协同是使政策实施的整体表现优于部分的总和，或至少防止解体和碎片化的一种能力。OECD[17]指出政策协同就是使政府政策形成一个整体的能力。Matei 和 Dogaru[9]认为政策协同是使公共政策具有战略特征，并确保决策模式具有一致性的能力。

显然，这三种定义范式之间存在一定的承接关系，无论是强调最优状态、决策过程还是内生能力，都包含“政策一致性和整体优越性”这一核心思想。

2）政策协同的外延

政策协同概念具有丰富的外延特征，可以从单要素、多要素及系统的维度展开。Meijers 和 Stead[18]从政策部门这一单要素展开，认为政策协同超越了现有的政策领域边界和单个部门的职责范围，需要横向部门间的协同及纵向政府间的协同。OECD[17]将政策协同拓宽到“时间维度”，即确保当今政策在可预见的未来具有持续效力。彭纪生等[14]把上述研究细化到政策力度、措施、目标三个要素层面的协同。周志忍和蒋敏娟[19]从政策体系的维度展开，强调政策战略、目标协同的宏观层面要素，跨不同政策领域协同的中观层面要素，涉及具体部门协同的微观层面。此外，已有学者基于系统学理论，提出了政策协同研究是要素、子系统、系统间的协同[20, 21]。

综上，政策协同是一个主体众多、视角多元，涉及时间、空间多个维度的宏观概念，初期的研究多聚焦于特定层面，如政策主体之间的协同。当前政策多要素协同成为研究主流，特别是政策主体、政策措施、政策目标三者之间的协同。此外，也有极少部分学者开始尝试研究系统视角下的政策协同问题。不过，从整体的视域来看，政策协同的研究都是一个按照“要素协同—子系统协同—系统协同”不断演进的过程。

决策演进，即决策主体对政策信息进行收集、加工和分析，并根据结果、行为、适当性三个逻辑不断进行决策优化的过程，政策协同决策演进机理模型见图 8-1。随着决策环境的日趋复杂，公共政策决策演进实质已成为多个政策要素输入的过程，具有动态、多元、开放等复杂特征，而政策协同作为新兴的政策管理模式，其问题界定、议程设置、政策工具选择等各个阶段，都是围绕决策演进这个核心问题展开。因此，本书基于决策演进的视角，分别从协同效果、协同演变、协同阻滞、协同途径、协同实践五个方面探讨政策协同的相关研究。

3）政策协同效果

政策协同的有效性分析是理论探索的前提。从经济角度出发，政策协同带来的并非直接利得，而是抑制了损失的扩大，即通过经济领域政策协同，达到有效应对金融冲击、降低金融道德风险、规避流动性陷阱、减缓产业跨区转移的效果等。同样，一些学者也对政策协同的环境效益进行了验证，通过多案例分析法得出政策战略、目标、工具及彼此协同有助于减少二氧化碳气体排放、实现绿色技术创新、提高能源的使用效率，推动国家向低碳增长轨道转变。值得注意的是，政策协同与环境效益之间并不总是正相关，过于复杂的政策组合反而会给环境带

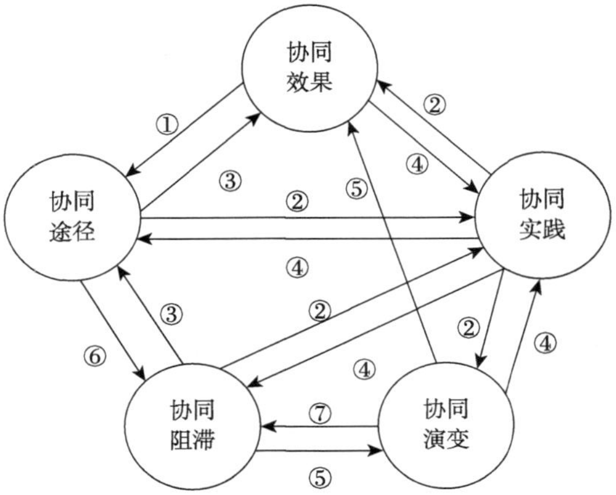

图 8-1　政策协同决策演进机理模型

① 评估前提　② 基础设计　③ 执行反馈　④ 专业指导　⑤ 设计优化　⑥ 识别依据　⑦ 协调沟通

来负面效应[22]。此外，随着研究的深入，部分学者利用经济学模型评测政策协同与社会福利绩效之间的关系，Kwon 和 Kim[23]利用经济学模型评测援助政策协同福利效果时发现，援助国政策协同能够实现整体福利效果提升，但是如果援助国之间经济关系不对称，一致的援助政策协同反而会造成援助数量减少、收入转移等不利影响。

衡量政策协同现状的研究，应用最多的是“Metcalfe 量表”，该量表以规模为维度划分了政策协同过程中 9 个不同层次的效率水平[16]。沿着这个研究框架，部分学者对 Metcalfe 量表进行修订，使其评估的范围更广泛、结果更准确，Boonekamp[24]在 Metcalfe 量表基础上研发了一个定性矩阵，用于评估 15 种政策措施之间相互作用的效率。除此之外，其他学者从应用维度对政策的协同现状进行评估，Hughes 等[13]使用联合国提出的 8 项善治原则和 35 项标准进行应用程度评级，评估澳大利亚药物政策协同现状。国内学者则受整合观的影响，以政策文本的量化为研究基础，立足于政策内容本身对政策协同现状进行多维评估，探讨政策力度、政策措施、政策目标间的协同情况[7, 8]。

如前所述，目前的研究主要探讨了政策协同与经济效益、环境效益和社会福利效益之间的关系，研究结论大多表明政策协同带来的效果整体向好，能够促进经济增长、优化生态环境、提升社会福利，但是要注意特殊情境下政策协同可能带来的负效应。此外，受制于研究领域的局限性，分析效果往往带有明显的行业属性，对于整体政策协同环境缺乏代表性，研究方法也多以案例和统计分析为主，呈现出描述性和特殊性相结合的特点。学者们在探究政策协同现状评估维度时经历了政策规模、政策流程、政策应用及政策内容的变化，测量指标越来越丰富，测量的方法也由定性分析转向定量分析。值得注意的是，虽然政策文本的量化研究为更全面地评估政策协同程度提供了可能性，但是目前的政策量化还只是局限在创新政策领域，需要得到更广范围的推广和应用。

4）政策协同演变

近些年，针对政策领域的协同演变问题，研究最多的是通过文献资料法和案例分析法对某一类政策协同的模式、演变、路径、有效性等进行定性分析[25-27]，也有学者通过半结构化访谈等质性研究方法探讨政策的协同演变效应、发展路径等问题，运用构建政策网络计量学方法，结合原始数据对个别政策间协同演变进行实证研究[23, 28]，极个别学者还尝试构建仿真模型模拟政策间的协同演变效果及构建政策网络探讨政策主体的演变问题[28, 29]。国内学者偏向运用政策内容量化探讨政策内部要素的协同演变问题，彭纪生等[14]、张国兴等[15]学者都通过政策文本量化相继探讨各自领域政策协同演变问题，特别是彭纪生等[14]开发的政策量化标准操作手册，率先探讨了对政策内容进行量化方法的可行性，构建并运用协同度测量模型进行政策协同演变分析，对本项研究产生了深远的影响。

既有研究对政策协同的研究维度、分析过程并没有形成普遍共识，但都认为政策协同要追求政策的一致性和整体的优越性。Meijers 和 Stead[18]基于单一政策主体视角研究政策的协同关系具有明显的局限性，必须站在多要素及系统的视角才能全面反映政策协同。彭纪生等[14]虽然站在了多要素的视角，但其研究重点并没有偏重要素之间的协同关系，仍是单一视角的拓展。Mieńkowska-Norkienė[21]开始尝试研究系统视角下的政策协同问题，但仅局限于部分特殊性的政策。对政策协同演变分析研究主要是通过开发量表进行定性分析，分析质量的高低取决于量表指标是否具有全面性和针对性，但是往往受制于研究领域的局限性，分析效果带有明显的主观及行业属性。虽然彭纪生等[14]的政策文本量化研究为更全面地评价政策协同演变提供了可能性，但是目前的政策量化还只是局限在单一政策领域，缺乏代表性。

5）政策协同阻滞

学者们从政策协同现状中识别出很多阻滞因素，剔除其中特殊性论述外，本书归纳出两个一般性的协同阻滞：政治制度归因和政策外部性问题。

（1）政治制度归因。从政治制度视角分析，政策实施阻滞可进一步归于纵向阻滞、横向阻滞、政策集中、信任缺失四个方面。政治体制的结构性分层使政策纵向主体存在治理逻辑的差异，导致了政策目标的分化、背离，产生了政策协同的纵向阻滞问题[30]。政策协同横向阻滞则主要归因于缺乏政策协同评价标准及监控机制。也有学者提到了政策集中化的问题，以及对应的法律、权限和治理结构碎片化问题，都给政策协同带来很大的局限性。此外，体制背后的信任缺失也是特别值得关注的因素，有时政策协同失败的关键因素并非固有的政策冲突，而是对彼此政策选择缺乏信心。

（2）政策外部性。除了政治制度对政策的内生影响外，政策外部性问题也是影响政策协同的重要因素。国家（各级政府）规模的不对等、政策形势分歧都会加剧政策外部性效应，阻碍政策协同的实现[31]。政策外部性主要从三个方面阻碍政策协同的实现：①政府间的政策外部性，即一个政府的政策行为对另一个政府的影响；②政策间的政策外部性，如不同政策之间的功能、长短期效应间的摩擦；③公共政策的制定和实施所导致的利益群体外部性[32]，指利益群体因政策行为而额外收益或受损。例如，政策对特定产业设立进入壁垒有利于现存企业获得额外租金，却可能使一部分消费者面临产品价格上升的风险。

6）政策协同途径

目前，学者们主要从政策协同机制和对策建议两方面探索政策协同的实现路径。政策协同机制为指导政策协同实践搭建了一个宏观理论框架，分为结构性协同机制和程序性协同机制两大类。结构性协同机制侧重于通过设计组织载体来实现政策协同，即结构性安排。例如，薛泽林和孙荣[33]构建了包括政治中心、执行中心、技术中心、行动参与主体在内的政策协同网络。程序性协同机制则更看重实现政策协同的程序性安排和技术手段，美国海洋政策的协同框架，就是涉及评估、监督、执行、多方参与的程序性协同机制[34]。除了文献中常出现的协同机制，其他学者多给出了一般性的对策建议，Matei 和 Dogaru[9]提出五条实现公共政策协同的建议：培育促进合作的行政文化、加强政府部门间系统的对话、完善公共政策战略框架、建立冲突解决机制、促成利益相关者的积极磋商。朱光喜[35]指出政策协同的持续效应并不具有普适性，在某些特殊领域政策协同反而会产生一些自身的负面作用，此时需要通过“中心突破、外围剥离、双向改革”三个途径进行改革。

7）政策协同实践

政策协同的理论探索是为了更好地指导社会实践，通过源文献的统计量化，聚类政策协同研究领域，有助于揭示政策协同实践的作用机理和应用偏好。通过对 1982～2017 年被 SSCI 和 CSSCI 引用的文献进行检索，发现政策协同的应用偏好呈现集中化趋势，研究占比最高的是以能源、环境为轴心的绿色增长研究（33%），强调绿色技术创新、生态优化、节能减排、环境治理等。以财政、货币政策为手段的宏观经济研究占比次之（23%），强调通过财政、货币两个政策工具的协同来调节社会总需求。此外，以深化合作为目标的区域一体化研究也备受学界青睐（18%），特别是欧盟、东盟等区域一体化组织及国内京津冀协同发展、长江经济带发展、“一带一路”建设三大发展战略，将政策协同视为应对经济冲击、实现区域一体“对接”的有效途径。近几年，聚焦福利视角的社会管理研究逐渐增多（17%），吸引了众多学者的广泛关注，开始探讨政策协同带来的社会福利优化及公共服务均等化问题。从研究内容来看，已有的政策协同实践突出了跨界性、专项性、创新性三个特征。

（1）跨界性。政策协同表现为统筹不同的职能主体，或利用不同的政策措施解决交叉领域问题的顶层制度设计，因此具有明显的跨界性。我国中央层面便设有 36 所跨部门议事协调机构，涵盖经济、医疗、教育等多个领域，涉及政策制定、实施等。总之，从目标确定到结果反馈，跨目标、跨部门、跨领域、跨国界的特征贯穿政策协同全过程，跨界性成为政策协同实践最显著的特征。

（2）专项性。专项性体现在为完成某些特殊性或临时性任务而设立的政策性专项机构，负责整合相关政策、建立新的跨部门协同框架及确立政策协同的实施方案。东盟成立了东盟与中日韩宏观经济研究办公室来处理经济领域政策的协同问题，澳大利亚相继成立三个政策咨询机构来协助药物政策的协同。此外，美国设立跨部门海洋政策专项小组、欧洲议会和欧洲理事会制定《欧盟海洋战略框架指令》、我国成立的"一带一路"建设工作领导小组都是用来处理相关政策的协同问题。这些实践表明，在中央层面设立专项部门来解决某个领域政策协同问题，已经成为国内外政策协同实践的主要方式。

（3）创新性。政策协同隶属于政府管理模式的应用范畴，需要充分发挥高校、科研院所的创新凝聚优势，为制度革新提供持续的智力支持。加拿大设立了应对跨界问题的政策研究所，提供未来政策开发所需的信息数据，我国各大高校纷纷搭建政策类科研基地，建立政策类协同创新平台，如陕西省政府与西安交通大学共同设立的省级智库——社会治理和社会政策协同创新研究中心，中央财经大学设立的文化经济与政策协同创新中心等。

政策协同的研究已取得了一些进展，学者们在内涵、类型、方法、实践等方面都做了初步探索，但依然存在概念边界模糊、视域集中、主题零散、方法局限等不足。基于当前国内外经济背景、政策活动特点及既有研究的不足，未来研究可以从以下四个方面展开：首先，基于协同理论的原始内涵，研究系统视域下的政策协同问题应尝试将各种政策要素融合到一个系统框架下，按照系统论的分析视角进行研究，呈现出完整的政策协同运行机理；其次，对于政策协同效果、政策协同现状评价的研究不应停留在静态分析的层面，而是向政策协同的动态演进分析过渡，应尝试模拟仿真、政策文本量化、构建复合协同度函数等多种方法的结合应用，并采用多个产业的大样本数据对某领域的政策协同进行实证考察；再次，政策协同未来的研究还需要更多地关注人民福祉，特别是协同治理贫困、瘟疫、恐怖袭击等全球性问题；最后，如何激发非政府组织和普通民众的参与力度，如何建立完善的政策协同参与路径，也是未来研究可延展的内容。

3. 政策量化

以理性分析为根据的定量分析是当代公共政策分析的主流。政策分析的量化是根据研究目的收集相关的资料及信息，运用统计学、数学、计量经济学等学科的理论和方法，通过构建政策分析的计量模型，然后借助电子计算机等工具进行大量的计算，得到解决方案及各种能达到预期目标的方法、技术的总称。

对于政策的量化研究，国外不少学者采取了全新的分析方法。1978 年，加里 · D. 利贝卡普（Gary D.Libecap）对政策内容量化研究做出了开创性的尝试，通过对法律文本的分析，将 1859～1895 年美国内华达州关于矿业权的活动提炼为可量化的法律变革指标，具体政策的量化操作主要通过以下几个步骤开展，第一，根据企业运营的经验和对法律规定的研究，提取出描述矿产权的 15 类范畴；第二，快速阅读矿产权相关的法律，将每项法律都精准定位到所属的 15 类范畴中；第三，在各自所属的范畴内，将每一项法律同以前的法律进行比较，如果其中涉及的规定在权利的定义上比以前更为详细和精确，则为该范畴增加一个分值；第四，核算的全部政策的总得分构成法律的变革指数，进而对政策的效率进行数理上的统计分析[36]。

沿着加里的研究思路，国内学者开始了对政策内容本身进行量化分析的研究。殷华方等[37]以外资产业政策及其投资目录为研究对象，按照相应的标准对投资目录进行产业代码归类，赋予政策类别以相应的权重，据此对外资产业政策指数进行测量并研究对外资产业政策的有效性问题。孙玉涛和曹聪[38]通过对 1980～2005 年颁布的 287 项创新政策的主体进行量化分析，阐明了在不同的战略情景下中国创新政策主体合作结构的演进过程。纪陈飞和吴群 [39]从政策内容出发对城市土地集约利用政策进行量化，构建城市土地集约利用政策效率指数，综合评价了 2004～2012 年南京市城市土地集约利用政策效率。同上述研究相比，彭纪生等[14]给出了更具体的政策量化标准操作手册，并通过对技术创新政策的量化分析，探讨了政策之间的协同问题及政策协同与技术绩效之间的关系。张国兴等[15]将政策量化的方法应用到节能减排领域，对相关政策的协同及有效性进行了研究。

既有研究对政策量化的研究思路多集中于政策效率评价上，个别学者已经开始重视将政策量化应用到政策关系研究上，但其研究的领域和方向还需要进一步扩展。本书将政策文本量化方法应用到中国绿色增长政策协同的研究，通过确立更具全面性、稳定性的量化标准，强化政策协同研究的科学性，结合政策协同度测量函数进一步研究政策协同演变及路径问题。

8.1.2　研究方法

1. 专家评价法

专家评价法也称之为德尔菲法，是研究人员采用邮件等背对背通信方式征询领域权威的学者或专家的意见，通过学者或专家反馈的材料进行多轮征询和匿名意见交流，最终对研究客体做出趋于一致的评价和意见的方法。本书在辨识绿色增长目标及措施时，对子目标的确定及措施的分类规整，均采用专家评价的方法进行了适当的增减调整，最终形成了完整科学的政策目标、措施体系。此外，在设计政策量化初始标准时，广泛征集了生态环境部、工业和信息化部、国家发展和改革委员会、中国科学技术协会及政策研究所专家学者的意见，极大增加了政策量化标准的科学性。

2. 内容分析法

内容分析法是社会科学研究方法中的一种对文本内容进行编码、分类、语义判断并形成可供统计分析之用的量化分析方法，实质是对研究文本中的关键特征进行辨识，将用“文字”表示的文本内容转换成用“数值”表示的资料，基于对文本内容“量”的统计数值分析，获得研究结论。一般而言，内容分析的过程分为六个部分：确定研究目标、选择样本、确定分析维度、量化分析材料、对量化数据进行信度检验、分析数据得出推论。内容分析法的应用前景十分广阔，特别是在公共管理领域的应用比较突出：①采用内容分析法概述公共管理领域某个学科的整体发展情况；②采用内容分析法探寻某一政策的演变情况或整体运作过程；③采用内容分析法对议程设置进行分析[40]。本书基于政策量化视角，运用内容分析法的研究思路，设计中国绿色增长政策的量化标准，分别从政策整体与目标措施两方面来分析探讨中国绿色增长政策协同程度，步骤如下：确定政策协同演变探寻的目标，将中国绿色增长政策样本数据作为分析样本库，确定量化分析的三个维度及标准，对量化数据进行信度检验，最后得出结论，本书通过对政策文本进行量化分析，探讨绿色增长政策协同演变的情况，与内容分析法的本质特征、应用方向均一致。

本书的研究对象是中国 1979～2017 年中央及地方各级立法机关制定和颁布的以法律法规为代表的规范性文件，原因是本书立足于政策本身，一方面政策量化赋值标准的设定都是将广泛的规范性文件作为原始样本，另一方面政策协同的后续演变分析也需要对不同类型的规范性文件进行全面解读。因此，将政策文本置于绿色增长的研究框架之下，设计科学的政策量化流程，是进行政策协同分析的基础前提。第 7 章构建的绿色增长政策样本数据确立了量化的基础样本，本章通过内容分析法的研究范式，按照“维度—标准—量化—协同度”的流程进行中国绿色增长政策文本量化研究。基于内容分析法研究范式建立科学的政策量化标准，从“维度—标准—信度—核对”设计中国绿色增长政策量化流程。

8.1.3 逻辑框架

本章研究逻辑：①政策协同量化维度。39 年的政策文本构成了中国绿色增长政策分析的数据样本。为了满足对这些文本数据的量化要求，首先需要根据文本的内容属性将其划分成不同的维度。参考已有创新政策、科技政策、节能减排政策的量化维度，确立“政策目标”和“政策措施”两个核心维度。此外，将政策力度作为政策目标和措施的辅助参量，纳入政策协同的量化维度，形成“政策力度—政策目标—政策措施”三个政策协同量化维度。②政策量化赋值标准。按照不同的标准对每项绿色增长政策的政策力度、目标和措施进行量化赋值。③量化赋值标准信度检验。信度检验是对政策量化标准的信度分析，信度指数越高，信度就越高，通过多轮预测试并结合会议讨论逐步提高量化标准的信度指数。④量化数据修正、核对。这一阶段的工作分为冲突修正和数据核算两部分。⑤政策整体、目标及措施协同度测量。本书参考彭纪生等的科技政策协同度的度量模型，采用政策力度、目标、措施三要素指标乘积的形式来表示政策的协同状况，并在政策力度维度下新增联合颁布部门数量这一测度指标，修正设计中国绿色增长政策协同度测量模型，计算政策整体、目标及政策措施的协同度。⑥政策协同演变分析。通过定量研究从政策数量、政策力度、政策平均力度、政策目标、措施整体协同度等角度对中国绿色增长政策整体的协同演变情况进行分析，具体从政策目标间、政策措施间的协同度展开，准确描述其演变轨迹，结合经济情况、节能减排、绿色技术发展等多个方面，综合分析评价不同年份政策协同的演变情况。如图 8-2 所示。

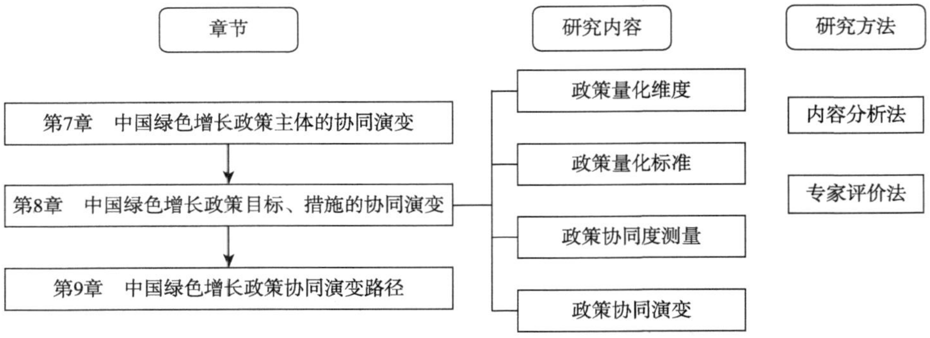

图 8-2　第 8 章研究框架

8.2　政策量化研究

8.2.1　政策量化维度的确定

1. 政策量化维度选取

基于 39 年的政策文本构建了中国绿色增长政策样本，将其作为分析的样本。为了进一步满足对这些文本的量化要求，首先需要根据文本的内容属性差异将其划分成不同的维度。内容分析法中分析的维度，是根据研究目的将文本内容进行分类的标准。陈振明的《公共政策分析》认为“一个完整的政策包括问题认定、政策规划、政策执行、政策效果评估四个阶段。其中，问题认定、政策规划、政策执行阶段，通过设定政策目标和设计、组合政策措施为政策行动梳理出一个基本框架”，即对于一项政策，其政策目标、政策措施是居于政策体系的核心地位，理应成为政策量化的核心维度。此外，通过文献梳理发现，在现有研究中，彭纪生等[14]、张国兴等[15]也主要是基于政策目标和政策措施维度分别对中国科技政策、节能减排政策进行量化分析，得出了较为科学的研究结论。因此，本书选择这两个要素作为基础维度是科学有效的。

此外，根据《中华人民共和国宪法》相关规定，我们发现，政策效力等级和政策制定部门的级别密切相关，即越高级别的制定部门出台的政策，其政策效力得分越高。但由于其宏观属性使其设计的政策目标、政策措施具有抽象性，这意味着其政策目标、政策措施的得分就相应低一些，为此只有把“政策目标和政策措施”与“政策力度”叠加才能最大限度地反映出政策内容的效力。因此，将政策力度作为描述政策效力的指标，同时作为政策目标、政策措施量化的辅助参量纳入量化分析维度，可以有效弥补单一指标在衡量政策内容上的缺失。

综上，本书基于现有其他政策划分的量化维度，选取政策力度、政策目标、政策措施作为政策量化的三个维度对中国绿色增长政策进行量化分析。

2. 政策目标维度

可持续发展是一个将经济、社会和环境联系起来的理念，而绿色增长则提出了一个可操作的政策框架。在这个意义上，绿色增长更具体，更注重结果。韩国绿色增长政策提出适应气候变化、创建新经济增长点和改善社会民生三大目标，涵盖能源、绿色技术、绿色文化、绿色就业四个方面。土耳其的绿色增长政策目标集中在实现经济和环境的互补效应、高效利用能源资源、以绿色投资带动就业三方面[41]。关于国内绿色增长政策的目标，胡鞍钢和周绍杰[42]认为中国绿色增长旨在通过进步性的制度安排提升社会资本，鼓励绿色技术创新和制度创新，降低自然资本的消耗，提升人力资本，进而提升实体资本的生产率。张旭和李伦[43]认为中国绿色增长通过“政策支持、技术变革和投资保证”实现经济增长和环境保护两大基本目标。渠慎宁等[44]通过对国外绿色增长理论的研究，特别指出绿色技术创新是实现我国绿色增长追求的重要目标。

虽然关于绿色增长政策目标并没有一致的规定，但其涵盖的基本内容是一致的，都由环境、经济、民生三大主题构成。基于国际绿色增长政策目标比较和中国绿色增长相关文献叙述，中国的绿色增长政策目标在于：首先，适应气候变化，应对环境危机，调整宏观经济和产业结构，缓解温室气体排放，发展和使用清洁资源、能源，以及提高资源、能源效率。其次，通过创新、投资来驱动产业改革，创建新的经济增长极。绿色化经济链、产业链、传统农业和制造业，发展新兴产业、环保产业、服务业等，依靠绿色投资、清洁技术实现全要素生产率增长和集约增长，实现投资与产业结构的合理平衡。最后，在社会民生环节，重点转向绿色建筑、绿色交通等基础建设项目，逐步发展绿色就业、扶贫及生态旅游项目，促进绿色消费，倡导绿色生活。特别值得一提的是，发展绿色建筑和绿色交通的目标。据统计，当前中国建筑领域中的高耗能建筑占比高达 95%，单位建筑面积能耗特别高，是发达国家的 2～3 倍。据估计到 2020 年底，全国新增城市建筑面积将会超过 130 亿平方米，假设这些新增的城市建筑实现 50% 的节能，即可为我国每年节省 1.6 亿吨标准煤[45]，占全国能源消费总量的 3.5%，这无疑会大大优化当前高污染化石能源的利用结构。同样，交通基础设施投资也是绿色增长的重要推动力。中国交通基础设施对区域经济增长的产出弹性为 0.05～0.06[46]，对经济增长具有很强的拉动作用。绿色建筑和绿色交通体系的建设和发展，不仅将有利于全面推进社会公众追求绿色的生活方式，降低住房和城乡建设部、交通部门的能源消耗和污染物排放，还将为绿色增长提供持续稳定的发展动力。

参照国际绿色增长政策内容并结合我国绿色增长实践分析，得出中国绿色增长政策目标的三个基本维度及九个子目标维度（表 8-1）。

表 8-1　中国绿色增长政策目标维度及综合评价

战略目标	子目标	综合评价
适应气候变化，应对环境危机	控制温室气体排放 发展清洁资源、能源（新能源） 提高资源、能源利用效率	自然领域，改善气候环境，通过再生资源和发展新能源，提高资源、能源的利用效率，降低碳排放，解决环境问题
产业改革，创建新的经济增长极	鼓励技术创新，实现清洁生产 绿色化改造，发展循环经济 培育新兴绿色产业	经济领域，绿色增长寻求通过技术创新和财政投入培育绿色产业，驱动经济的稳步发展
改善社会民生，提升人民福祉	绿色就业、生态扶贫、生态旅游 绿色建筑和绿色交通 绿色消费融入生活	社会领域，实现绿色建筑和低碳出行，提升人类福祉

3. 政策措施维度

通过第 7 章检索标准的确定，得知国际组织建议的绿色增长政策措施以市场化工具为主，涉及财政税收、金融投资、碳排放交易等，而各国在具体的政策执行上，除了核心的市场化政策措施外，还积极纳入人才培养、公众参与、教育宣传等社会化措施予以辅助。政策措施有多种分类形式，Woolthuis 等[47]将政策措施划分为权威型、组织型、信息型、财政型措施。Phaal 等[48]将政策措施分为自愿型、强制型、综合型措施。在分类基础上，土耳其将实现绿色增长的政策措施分为监管类、市场类、信息技术类措施[49]。韩国将绿色增长政策措施归纳为技术创新类、财政税收类、文化建设类及制度建设类措施[50]。国内学者通过文献研究归纳出命令–控制型、经济激励型和自愿型三大类城市绿色增长政策措施。本书通过研究大量法律法规及相关文献，参考以上国家、组织、学者对绿色增长政策措施的归纳和总结，借鉴 Elmore“命令性、激励性、能力构建、系统变迁”四种政策措施分类形式[51]，并在绿色增长政策领域专家的建议下进行适当增删、重分类，按照政策的工具属性将我国绿色增长政策措施分为五种类别，分别是“命令–控制措施”“市场激励措施”“能力构建措施”“引导辅助措施”和“其他措施”，每个类别下属具体政策措施指令见表 8-2。特别选取“绿色采购、贸易”和“绿色资本市场”两个新兴的政策措施指令进行详细解读。

表 8-2　中国绿色增长政策措施维度

政策措施	具体的政策措施指令
命令–控制措施	标准制定、环境许可、环境区划、环境配额、适用限制、限期治理
市场激励措施	环境税费、有害环境补贴、环境押金–返还、环境交易、生态补偿等
能力构建措施	绿色采购、贸易、绿色资本市场、基建和投资行为等
引导辅助措施	环境信息公开、环保认证、环保声明、环境宣传、环境教育等
其他措施	绿色会计核算处理等

政府的绿色采购、贸易措施，《中国环境报》给出的数据显示：在 2013 年，中国各级政府在采购方面的支出达到 1.63 万亿元人民币，占国家总支出的 11.7%，其中有 29%的采购是按照绿色采购法规进行的，并且这其中的 80%是专门用于能效和环境标识产品支出[52]。这意味着政府正在依靠其强大的采购能力推进绿色产品市场的建设和发展，同样，面对出口贸易的隐含高能耗现状，中国正在通过调整外贸结构逐步逆转贸易中的环境逆差。显然，绿色采购、贸易措施正在成为我国政府主导的，以绿色增长能力构建为导向的重要政策措施，为企业投资和创新清洁产品和服务提供良好的环境。

特别指出绿色资本市场这一新兴政策措施，自 2014 年绿色资本市场措施对绿色增长的贡献程度越来越高，截至当年六月份，中国主要银行机构对节能环保项目及服务的贷款余额高达 4.16 万亿元，占各项贷款额度的 6.43%。而这种贷款力度还在持续加大，各家商业银行纷纷通过绿色基金、绿色证券等新的金融产品支持过剩产能行业的退出。此外，中国在碳交易市场也取得显著成绩。可见绿色资本市场在绿色增长政策措施体系中的贡献程度越来越高。表 8-2 是中国绿色增长政策措施的五个维度，具体的政策措施指令的定义解释见表 8-3～表 8-6。

表 8-3　命令-控制政策措施

政策措施指令	释义
标准制定	依据环保法及有关政策，对有关环境的各项工作所做的规定，包括环境空气质量标准，废气排放标准，水环境质量标准，水污染物排放标准等
环境许可	对于从事有害或可能有害环境行为的企业，必须向有关管理机关提出申请，经审查批准，发放许可证后，方可进行该活动的行政措施，包括防止环境污染许可证，防止环境破坏许可证和整体环境保护许可证等
环境区划	在制定区域经济发展和生产建设布局规划时，提出保护和改善环境的目标和措施，统筹规划，合理布局，保护环境
环境配额	政府制定强制的能源配额目标，并依赖市场机制降低开发成本，形成能源的高效发展模式，从而改善能源结构，实现环境保护，环境配额包括碳配额，可再生能源配额等
适用限制	环保部门必须严格执行国家关于环境信息公开的法规，不应委托无环境知情权的第三方进行监测，包括生态环境质量监测、污染源监测、项目竣工环境保护验收监测、生态安全监测等
限期治理	对污染严重的污染源，由国家机关依法限定责任人在一定期限内治理并完成治理任务，达到治理目标的行政行为

表 8-4　市场激励政策措施

政策措施指令	释义
环境税费	环境税费是将环境污染和生态破坏的社会成本内化到生产成本和市场价格中去，再通过市场机制来分配环境资源的一种经济行为。环境税费为污染防治费和污染损害费的总和
有害环境补贴	政府对生产者或消费者给予财政支持以调整私人成本与社会成本之间的偏差，包括税收减免、有补贴效果的管制等
环境押金-返还	在进行可能造成环境污染的活动时，需要预先缴纳一定数额的押金，如果在活动中未出现破坏的情形，押金将退回，否则就将其作为生态环境恢复治理费用
环境交易	涉及环境类的一切权益交易活动，旨在利用经济手段解决环境问题，包括碳交易、排污权交易、污染许可证交易等
生态补偿	对生态系统和自然资源保护所获得效益的奖励或破坏生态系统和自然资源所造成损失的赔偿，包括生态修复补偿机制和生态建设补偿机制等

表 8-5　能力构建措施

政策措施指令	释义
绿色采购、贸易	政府通过采购行为，或者在贸易中预防和制止由于贸易活动而威胁人民的生存环境及人民的身体健康的损害，实现可持续发展
绿色资本市场	通过创新性金融制度安排，引导和激励更多社会资本投入绿色产业，同时有效抑制污染性投资，构建绿色信贷、绿色债券、绿色股票指数等资本市场，为绿色增长服务
基建和投资行为	通过绿色基础建设投资，提高基础性能源、资源利用效率，实现可持续的清洁生产，包括绿色建筑和绿色交通

表 8-6　引导辅助政策措施

政策措施指令	释义
环境信息公开	依据和尊重公众知情权，政府和企业及其他社会行为主体向公众通报和公开各自的环境行为，以利于公众参与和监督
环保认证	一种产品的证明性商标，表明产品不仅质量合格，而且在生产、使用、处理过程中也符合特定的环保要求
环保声明	中国质量认证中心开展的自愿性认证项目，包括重金属类环保认证，室内空气质量环保认证等
环境宣传、环境教育等	运用各种符号传播环境保护观念，以影响人们的思想和行动的社会行为，包括环境宣传、环境教育、表彰等

8.2.2　政策量化标准的确立

本书采用专家评价的方法确立政策目标、措施的量化赋值标准。在选择专家时，本书综合考虑专家的权威性和合理性，基于政策的利益相关者的角度，引用瑞典政策科学研究者 Evert 对利益相关者的界定，即公民、决策者及主管官员、学者、不同政见者、中介机构、用户，确认专家的选择范围。鉴于确立政策量化赋值标准需要较强的专业背景，故专家的选取排除公民、中介机构、用户。此外，通过梳理相关文献发现，现有研究认为将专家组的人数选定为 10～30 人是合理的。最终，本书确定将决策者及主管官员、学者共计 20 人组成专家组，专家组的主要工作是通过匿名方式讨论确定政策量化赋值的标准，其中还会从专家组中选择两人参与后续政策打分工作。

关于决策者及主管官员，本书从中央和地方两个层级选取了国家工业和信息化部、中国环境科学研究院、大连市人大、大连市环境科学设计研究院、大连市发改委、大连市环保局的专家 10 名，这些专家直接或间接参与过国家和地方与绿色增长相关的政策的制定工作，对政策的研究十分专业。此外，还选取了大连理工大学从事法律研究、公共政策研究及绿色增长研究领域的学者 10 名。具体专家成员构成见表 8-7。

表 8-7　专家组成员构成

专家组成员类型	层级	工作单位	人数
决策者	中央	工业和信息化部	1
		中国环境科学研究院	1
	地方	大连市人大	1
		大连市环境科学设计研究院	3
主管官员	地方	大连市发改委	2
		大连市环保局	2
学者	高校	大连理工大学	10

1. 政策力度量化赋值标准

政策力度是描述政策法律效力的指标，其数值大小取决于政策的类型和政策制定部门的行政级别。根据前面提到的《中华人民共和国宪法》的明确规定，政策制定部门的级别越高，其政策力度越大，这一法律标准为政策力度量化提供了赋值依据。一般来说一项政策制定部门的级别越高，其政策力度越大。本书在详细参阅国务院《规章制定程序条例》的基础上，按照政策制定部门的行政级别和政策的类型，以“政策制定主体级别越高，政策法律效力越高”为依据，对政策力度维度进行 1～5 分的赋值。具体政策力度量化赋值标准见表 8-8。

表 8-8　中国绿色增长政策力度量化标准

得分	政策力度量化标准
5	全国人大及其常务委员会颁布的法律条款
4	国务院颁布的行政法规、条例及其各部委的部令
3	国务院颁布的暂行条例、办法等及各部委条例、规定
2	国务院通知、各部委的意见、办法、暂行规定
1	通知、公告

2. 政策目标量化赋值标准

政策目标是指一项政策所要实现的基本目的，是对公共问题的进一步明确，也是政策执行和政策评估的依据和标准。对于政策目标的量化，主要是从明确性、针对性、协同性及翔实程度等方面进行综合考虑，以政府相关部门对目标的重视程度、实施的办法和实施方案的可执行性为评价依据。为此，以“目标叙述越明确，配套实施方案越详细，则政策目标的实现程度越高”为依据，对政策目标维度进行 1～5 分的赋值。

对于初步制定的政策目标量化标准，采用专家评价法对其进行修订。首先，将初始政策目标量化标准通过邮件方式征询专家组的意见。其次，将反馈的意见进行整理，再次发给专家组进行匿名意见交流。最终，通过三轮意见交换，专家组对政策目标量化标准做出趋于一致的评价，极大增加了政策目标量化标准的科学性。

鉴于绿色增长政策涉及的子目标过多，为便于赋值人员对量化标准的精确把握，降低复杂操作带来的研究风险，本书设定了 5，3，1 三个量化分值，其中 4 分及 2 分的量化值分别介于其上下数值之间，具体的量化标准见表 8-9。

表 8-9　中国绿色增长政策目标量化标准

政策目标	子目标	得分	政策目标量化标准
适应气候变化，应对环境危机	控制温室气体排放	5	从立法的角度明确该目标的法律地位；带有强制性且翔实的行动方案
		3	明确提出该目标的内涵；有较为翔实的行动方案
		1	仅突出该目标的重要性，并未单独制定相应的实施细则
	发展清洁资源、能源	5	从立法的角度制定发展新能源长短期计划；全方位的财税、金融支持计划
		3	制定了新能源研发、应用的方案、办法；给予一定的财税、金融扶持
		1	仅突出该目标的重要性，并未单独制定相应的实施细则
	提高资源、能源利用效率	5	从立法角度制定明确的能耗限制执行和改造目标；全方位的财税、金融支持政策；提出详细的量化改造目标
		3	制订了节能、淘汰落后产能、设备改造等相应方案、办法；给予一定的财税、金融扶持
		1	仅突出该目标的重要性，并未单独制定相应的实施细则
产业改革，创建新的经济增长极	鼓励技术创新、实现清洁生产	5	从立法角度鼓励技术创新；给予全方位财政、税收优惠；保护知识产权
		3	出台鼓励技术创新方案；给予一定财政税收优惠；强调知识产权
		1	仅突出该目标的重要性，并未单独制定相应的实施细则
	绿色化改造、发展循环经济	5	全方位财政税收支持产业结构优化、合并重组等；制定了行业的强制性准入标准；实施严苛的淘汰机制
		3	给予一定的财政金融支持；设定相应的绿色标准，要求进行产业结构优化；制定了行业的相应管理办法
		1	仅突出该目标的重要性，并未单独制定相应的实施细则
	培育新兴绿色产业	5	给予全方位财政税收优惠；鼓励积极进入该行业，无门槛；加大政府采购力度
		3	给予一定的财政税收优惠；简化行政审批和准入程序；由政府采购
		1	仅突出该目标的重要性，并未单独制定相应的实施细则
改善社会民生，提升人民福祉	绿色就业、生态扶贫、生态旅游	5	出台详细的绿色就业指导培训方案；鼓励发展生态扶贫和生态旅游项目的具体实施细则；
		3	合理引导就业流向、发展生态扶贫、生态旅游 明确提出该目标的内涵；有较为翔实的行动方案
		1	仅突出该目标的重要性，并未单独制定相应的实施细则
	绿色建筑和绿色交通	5	制订了绿色基础建设发展规划；严苛的建筑、交通执行标准
		3	突出了相关的政策目标和任务条款
		1	仅突出该目标的重要性，并未单独制定相应的实施细则
	绿色消费融入生活	5	从立法、宣传、执行方面进行全方位指导
		3	制订了绿色消费意识的宣传方案；制定了公众参与、监督、表彰办法
		1	仅突出该目标的重要性，并未单独制定相应的实施细则

资料来源：作者整理、专家评价

3. 政策措施量化赋值标准

政策措施被概括为旨在实现一定政策目标的各种策略、方法、技术、行动及配置的人力、资金、设备、资源等手段。本书借鉴 Elmore 的划分标准，将中国绿色增长政策措施按照政策工具属性划分为命令–控制措施、市场激励措施、能力构建措施、引导辅助措施和其他措施。以“措施内容描述越详细，政策措施的执行力度越高”为依据，对政策措施维度进行 1～5 分的赋值，对于初步制定的政策措施量化标准，同样采用专家评价法对其标准进行确立。经过专家学者三轮意见交流，对政策措施标准做出趋于一致的评价，极大增加了政策措施量化标准的科学性。具体的量化标准见表 8-10。

表 8-10 中国绿色增长政策措施量化标准

政策措施	得分	政策措施量化标准
命令–控制措施	5	严格的行政审批；明确的许可标准；强制性的执行要求；严厉的惩戒手段
	4	较为严格的行政审批；较明确的许可标准；有一定的执行强制性；警示性的惩戒手段
	3	有一定的行政审批限制和许可标准；没有执行强制力；警示性的惩戒手段
	2	宽松的行政审批和许可标准；没有执行的强制性；不涉及惩戒
	1	仅提及审批、许可等词汇，未做详细阐述
市场激励措施	5	给予多种财政税收优惠，如专项基金、预算、补贴、免税、贴息等；支持力度大，作用范围广；涉及的优惠具有翔实的明细名录和实施指导；未涉及申请限制
	4	明确提出要给予多种优惠，优惠力度较高；未涉及申请限制
	3	明确提出要给予某一种优惠，优惠力度一般；并附有一定的申请条件限制
	2	提出要在财政、税收等方面给予某一种优惠，优惠力度较低；设置了严格的申请条件
	1	仅提及财政、税收等相关词汇，未做详细阐述
能力构建措施	5	制订详细的绿色贸易、绿色资本市场和鼓励投资行为的实施方案
	4	涉及多个方面的阐述，至少制订一个详细的实施方案
	3	涉及某个方面的阐述，如绿色投资，且有详细的阐述
	2	强调政策采购、贸易、市场、投资的重要性，缺少详细的阐述
	1	仅提及绿色贸易、市场、投资等相关词汇，未做阐述
引导辅助措施	5	制订详细的宣传、人事方案；明确且完备的信息公开系统；对于遵守的企业（个人）有明确的奖励体系
	4	涉及多个方面的阐述，至少制订一个详细的实施方案
	3	涉及某个方面的阐述，比如宣传，且有详细的阐述
	2	强调宣传、人事安排、信息、表彰的重要性，缺少详细的阐述
	1	仅提及宣传、人事安排、表彰等相关词汇，未做阐述

续表

政策措施	得分	政策措施量化标准
其他措施	5	制定详细的支持办法、监管机制；从核算等具体实践领域提倡绿色增长，制定某些具体的会计处理办法；其他上述未涉及的措施
	4	在核算等方面给予支持，有相应的实施办法 ，但不具体；其他上述未涉及的措施
	3	明确提出对费用核算给予支持，但是没有明确的实施办法；其他上述未涉及的措施
	2	强调了核算对绿色增长的重要性，缺少具体的执行细则；其他上述未涉及的措施
	1	仅涉及相关词汇，未做阐述；其他上述未涉及的措施

资料来源：作者整理、专家评价

8.2.3　政策量化实施

政策量化实施分为四个阶段，按照制定的政策量化标准对 354 篇中国绿色增长政策文本的内容进行打分。

1. 准备阶段

准备主要涉及政策量化的基础性工作，包括对政策量化人员的选择和培训。根据地域性及研究的需要，经由专家的同意，从专家组中选择大连市人大从事法规、规章制定的专家及大连理工大学法律方向专家共两名，与在校的课题组四名硕士生和六名本科生共同组成政策打分小组，参与政策打分工作。

政策打分人员选取两名专家与在校的课题组学生共同参与打分，既能够适应周期长、任务量大的政策打分工作，又能够确保打分结果的可靠性。首先，本书打分的对象是 354 篇政策文本，任务艰巨，而在校课题组学生时间充裕、灵活，能够适应时间周期长、任务量大的工作。其次，两名专家成员的打分结果作为预测试的参考标准并由两名专家全程参与指导，可以确保打分结果的科学性。按照政策量化测试的规范步骤，通过多轮预测试可以实现两名专家与课题组学生打分结果一致性超过 90%，基本消除专家和课题组人员对标准理解的主观差异，即无论是两名专家还是 10 名专家课题组成员进行打分，其打分结果都高度一致，其中，有 5.2%的数据存在方向冲突，故对其重新进行打分，最终保证打分结果的信度符合学术研究需要。

培训是通过召开研讨会的形式集中解读政策量化赋值的标准，经过多次商讨确定所有的政策打分成员，特别是在读课题组硕士（本科）生对政策量化赋值标准不存在理解上的障碍。

2. 信度检验

信度检验是对政策力度、目标、措施量化标准的信度分析，得出的信度指数越高，标准的可信度就越高。

首先，对绿色增长政策量化标准进行预测试，随机从搜集的政策样本中抽取共计 20 篇政策文本，分别由两组量化小组独立进行量化赋值，随后通过比对赋值的结果计算冲突率，挑选出引发冲突的量化标准；其次，组织研讨会分析量化赋值差异的原因，并对冲突的政策量化标准进行优化修订，形成新的量化标准；再次，按照新修订的标准重复进行多轮预测试，直至量化赋值结果的一致率高达 90%，一般而言，当信度指数超过 0.8 时，便可认为该项标准是极为可靠的[52]，本书将信度指数设定为 0.9，即不同政策量化人员量化结果的一致性超过 90%，此时认为量化人员对政策量化标准的理解基本趋于一致，量化标准是科学的；最终，按照政策量化测试的规范步骤，通过三轮打分预测试，专家与课题组硕士（本科）生打分结果一致性为 94.8%，基本消除专家和课题组人员对标准理解的主观差异，即无论是专家还是课题组成员进行打分，其打分结果都是高度一致，而针对 5.2%冲突的数据又再次进行重新打分，最终保证打分结果的信度符合学术研究需要。

3. 正式量化

在对绿色增长政策量化标准进行信度检验之后，进入正式政策量化阶段，由政策量化人员按照政策力度、目标、措施量化标准对政策进行赋值工作，具体文本分析遵循 Gary D.Libecap 的政策量化思路，即对每项政策的规定和裁断仔细观察，逐条判断是否涉及绿色增长相关的目标和措施，然后按照相关的标准给予评分。对于同一政策文件的修订版，如果对比之前的政策，其政策力度加大、目标修订或者出台了更具体的措施，那么进行适度加分；如果前后保持一致便不加分。此外，对于政策没有涉及的政策目标、措施按零分进行赋值。

4. 数据核对

对中国绿色增长政策的内容进行量化之后，需要对政策数据进行核对工作，这一阶段的工作分为冲突修正和政策数据核算两部分。

首先，将赋值后的结果进行比对，量化结果的一致性为 94.8%的政策数据，其科学性满足科研要求，予以直接保留。其次，对仍然存在冲突的 5.2%的政策数据进行进一步的修正，由政策量化人员再次进行量化打分，逐步消除冲突。最后，全体专家对量化后的政策数据进行评议和讨论，进一步确保数据的科学性，然后取算术平均数作为本项研究的政策量化数据。

8.3 政策协同度测量

8.3.1 政策协同度测量函数

1. 政策整体协同度测量函数

一条政策需要组合使用不同政策措施以实现多个政策目标，而政策力度越大，政策目标越明确，政策使用的各个政策措施越具体，政策的协同状况就会越好。按照此设计思路，本书参考彭纪生等[15]的科技政策协同度的度量模型，在政策力度维度下新增联合颁布部门数量这一分析指标，通过式（8-1）测量中国绿色增长政策整体协同度。

$$\mathrm{GPS}_i = \sum_{j}^{N} \mathrm{pe}_j \times \mathrm{pg}_j \times \mathrm{pm}_j \qquad i \in [1979, 2017] \tag{8-1}$$

其中，i 表示年份，$i \in [1979, 2017]$；GPS_i 表示第 i 年政策的整体协同度；N 表示第 i 年颁布和修订的中国绿色增长政策总数量；pe_j，pg_j，pm_j 分别表示第 j 条政策的政策力度得分、政策目标得分及政策措施得分。

2. 政策目标、措施协同度测量函数

政策措施或政策目标的协同度是描述一条政策使用多个措施或实现多个目标的状况。政策力度越大，同一条政策使用的各个措施越具体或实现的各个目标越明确，政策措施或政策目标的协同状况就越好。通过式（8-2）、式（8-3）分别计算中国绿色增长政策目标及政策措施的协同度。

$$\mathrm{PGS}_i = \sum_{j}^{N} \mathrm{pe}_j \times \mathrm{pg}_{jl} \times \mathrm{pg}_{jk} \qquad l \neq k, i \in [1979, 2017] \tag{8-2}$$

$$\mathrm{PMS}_i = \sum_{j}^{N} \mathrm{pe}_j \times \mathrm{pm}_{js} \times \mathrm{pm}_{jt} \qquad s \neq t, i \in [1979, 2017] \tag{8-3}$$

其中，pg_{jl} 和 pg_{jk} 分别表示第 j 条政策中第 l 和第 k 项政策目标的得分情况，$l \neq k$；同理，pm_{js} 和 pm_{jt} 表示第 j 条政策中第 s 和第 t 项政策措施的得分情况，$s \neq t$。

8.3.2 函数变量及符号

为了测量具体某两个政策目标或政策措施间的协同程度，本书用 MC、MI 符号表示命令–清洁资源、控制措施和市场激励措施的协同度，GCG GDE 表示控制温室气体排放和发展清洁资源、能源目标的协同度，其他符号构成表达与此类似，如 MCMA 符号表示命令–控制措施和能力构建措施的协同度等，计量函数中涉及的具体符号名称在表 8-11 中给出了描述。基于此，政策措施协同共有 $C_5^2=10$ 种，政策目标协同共有 $C_9^2=36$ 种。

表 8-11　函数的变量及符号含义

变量符号	描述	变量符号	描述
GPS	政策整体协同度	GCG	控制温室气体排放目标
PGS	政策目标协同度	GDE	发展清洁资源、能源目标
PMS	政策措施协同度	GPE	提高资源、能源效率目标
PE	政策力度	GGT	技术创新，清洁生产目标
MC	命令–控制措施	GIU	绿化改造，循环经济目标
MI	市场激励措施	GEI	培育新兴绿色产业目标
MA	能力构建措施	GGE	绿色就业、生态扶贫、生态旅游目标
MG	引导辅助措施	GGI	绿色建筑和绿色交通目标
MR	其他措施	GGL	绿色消费融入生活目标

8.3.3　政策数据代入和处理

对政策进行量化工作，按照政策量化标准分别对政策力度、政策目标和政策措施予以赋值，将以“文字”内容形式呈现的政策文本转化为“数值”的形式。以 2017 年最新颁布的《中华人民共和国环境保护税法实施条例》（简称“环保税条例”）为例，详细展示数据的代入和处理工作。对环保税条例进行量化，依次得到政策力度（PE 4 分）、政策目标（GCG 3 分、GDE 1 分、GPE 1 分、GGT 2 分、GIU 1 分、GEI 1 分、GGE 1 分、GGI 0 分、GGL 2 分）、政策措施（MC 1 分、MI 5 分、MA 0 分、MG 0 分、MR 1 分）。

按照式（8-1），采用政策力度、目标、措施得分的乘积来表示政策 2017 年环保税的整体协同度得分 $\mathrm{GPS}_i=\sum_j^N \mathrm{pe}_j\times \mathrm{pg}_j\times \mathrm{pm}_j=4\times(3+1+1+2+1+1+1+0+2)\times(1+5+0+0+1)=336$；按照式（8-2），对政策目标中任意两个不同的政策目标进行赋值，二者分数的乘积表示目标间的协同度。控制温室气体排放目标和发展清洁资源、能源目标的协同度就可以表示为 $\mathrm{GCG\ GDE}=\sum_j^N \mathrm{pe}_j\times \mathrm{pg}_{jl}\times \mathrm{pg}_{jk}=4\times3\times1=12$。

同理，其他目标之间的协同度也是这么代入计算的。按照式（8-3），采用任意两个不同的政策措施，以乘积的形式来表示两项政策措施的协同度。命令–控制措施和市场激励措施的协同度就可以表示为 $\text{MC MI}=\sum_{j}^{N}\text{pe}_{j}\times\text{pm}_{js}\times\text{pm}_{jt}=4\times1\times5=20$ 。

以上是对单条政策的数据处理，每年所有政策的协同度累加所得即为当年政策协同度的得分情况。按照上面的数据代入及处理过程，本书将 1979～2017 年 354 条政策文本量化后的数据全部进行协同度计算，得出每年绿色增长政策整体、措施、目标间、措施间的协同度数值，构成第 9 章中国绿色增长政策协同演变路径研究的基础数据。

对每年所有政策的政策力度得分累加所得即为当年政策力度的得分情况，将每年政策力度与当年政策数量相除，得到当年政策平均效力度，为后续分析提供数据支撑。

8.4　政策协同演变及应用分析

8.4.1　政策整体协同演变分析

1. 政策整体协同演变分析概述

从政策整体协同度、政策数量、政策效力、政策平均力度对中国绿色增长政策整体协同演变进行分析，图 8-3 显示了 1979～2017 年间，我国政府颁布绿色增长政策整体、目标及措施协同度的演变过程。从中可以看出，自 1979 年第一部环保类法律《中华人民共和国环境保护法（试行）》问世，我国颁布的绿色增长政策整体协同度、政策目标和政策措施的协同度虽然在个别年度会呈现出较大的波动，但就整体来而言，呈明显的上升趋势。特别是进入 21 世纪后，增长幅度明显，这意味着面对经济的高速增长及气候变暖、生态恶化等一系列全球性问题，我国对绿色增长政策的重视程度越来越高，有着明显的通过政策导向聚合各方面力量来实现经济和环境的可持续发展的倾向。

2. 政策协同度、数量、力度演变分析

具体来看，2001 年之前政策数量、政策力度的增长趋于平稳，政策协同度也处在一个较低的水平，这主要是因为这段时间处于改革开放初期，政策关注的重心主要落脚在经济发展上，对环保、生态等问题认识不足，缺少有针对性的法律法规等政策文件，特别是以“法律”或“部令”形式颁布的政策，导

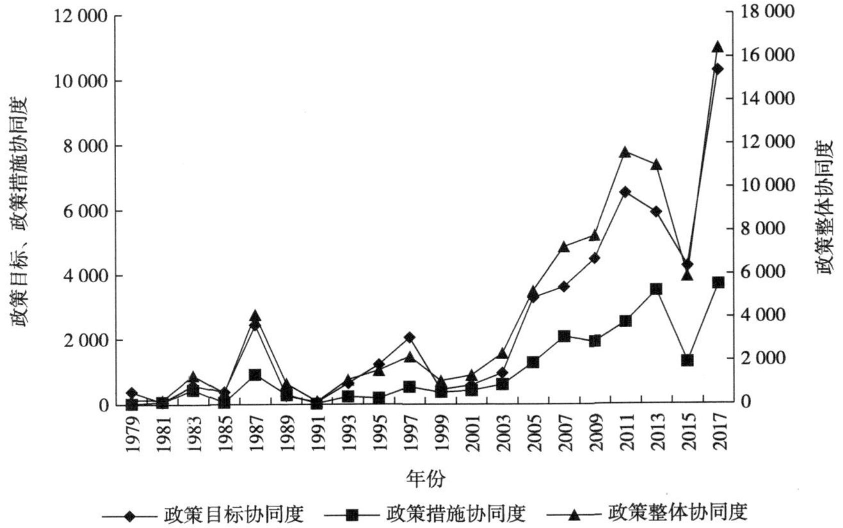

图 8-3　政策整体、目标及措施协同度演变分析

致政策效力普遍不高。基于这个理解，绿色增长目标和措施的得分也不会太高，政策协同度相应就较低。自 2001 年之后，政策数量、政策效力和政策目标、政策措施、政策整体的协同度增幅明显，特别是在 2006～2011 年期间出现了一次阶段性峰值，该时间点处于我国“十二五”规划的起点。《中华人民共和国国民经济和社会发展第十一个五年规划纲要》明确了“建设资源节约型、环境友好型社会”的战略目标，提出单位国内生产总值能源消耗降低 20%的经济社会目标①。同样，《中华人民共和国国民经济和社会发展第十二个五年规划纲要》明确提出“绿色发展”“非化石能源占一次能源消费比重达到 11.4%，单位国内生产总值能源消耗降低 16%，单位国内生产总值二氧化碳排放降低 17%”等一系列资源节约环境保护的具体指标②，在规划的指导下，我国政府颁布了一系列绿色增长政策，结合图 8-4 来看，这两个时间点后的政策数量虽然有所减少，但是幅度不大；反观 2011 年后的政策力度出现大幅下滑，这说明在十二五规划的起点，政府集中颁布了多部力度较高的文件，但是在规划执行过程中却存在政策数量相对减少，政策力度下降的现象，这不利于绿色增长政策实施的持续性。

此外，仔细观察图 8-4 中政策平均力度的演变过程，可以发现虽然政策数量和政策力度整体都在平稳增长，但是政策平均力度却在 2009 年以后，呈现出下

① http://www.gov.cn/gongbao/content/2006/content_268766.htm.

② 《中华人民共和国国民经济和社会发展第十二个五年规划纲要》，新华社，2011 年 3 月 16 日。

降趋势。特别是 2013～2017 年，随着政策数量的增长，政策平均力度却在下降，这说明 2013～2017 年单个政策的力度级别出现了下降。通过对这段时间颁布的政策类型进行分析得知，政策力度较低的通知、意见等较多，法律及条例类的政策文件数量较少，这意味着我国绿色增长政策力度逐年增长的核心因素是政策数量，而非政策类型。通过政策数量的持续增加而非政策类型的方式来推动政策力度的提升，不仅不利于确立绿色增长的战略地位，更不利于推动绿色增长实践。

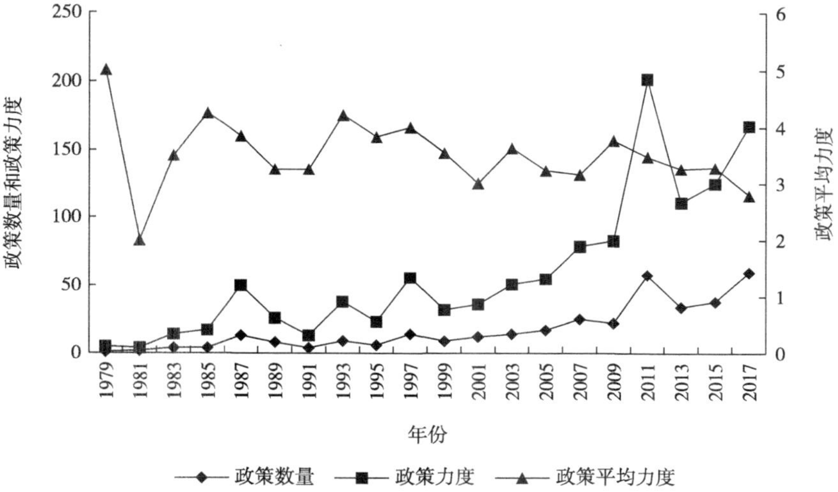

图 8-4　政策数量及力度演变分析

3. 政策整体协同演变应用分析

绿色增长政策目标、措施及政策整体协同度整体呈现增长的趋势，自 2001 年之后增幅明显，特别是 2011 年，受我国“十二五”规划的影响，无论政策数量、政策力度，还是政策目标、政策措施、政策整体的协同度都处于一个阶段性峰值，而是这个时间点后都出现大幅衰退，这说明我国绿色增长政策受中央层面规划影响十分之大，是伴随中央体制改革而逐步发展的，这样带来的弊端就是在政策数量和效力层面出现规划初期过于集中和规划中后期政策供给乏力的情况。通过政策数量和政策平均力度演变分析得知，我国绿色增长政策效力逐年增长的核心因素是政策数目，而非政策类型。这种靠政策数量而非政策类型的方式来推动政策效力的提升，不利于确立绿色增长的战略地位，更不利于实际推动绿色增长实践发展。

通过对中国绿色增长政策整体协同演变分析，得知我国绿色增长政策协同度是靠政策数量而非政策类型的方式来推动的，政策数量在低位缓慢增长，不利于确立绿色增长的战略地位，更不利于实际推动绿色增长实践发展。这些问题的产生源于缺乏一部全面应对生态环境、经济发展、社会民生问题的战略性法律及相应的法律体系。因此，我国政府应该紧跟国际绿色增长法律制度前沿，借鉴国际上绿色增长政策立法的相关经验，如参考韩国《低碳绿色增长基本法》，尽快制定一部切合中国绿色增长发展情境的基本法律，使绿色增长获得制度支持，明确政府、企业、公众应承担的责任和相应义务。此外，还应该针对不同地市、不同组织部门、机构制定绿色增长相关法律法规，构建完备的绿色增长法律体系，并逐步优化绿色增长法律体系建设，使得绿色增长的目标、措施、发展模式、实现路径等变得有法可依，切实解决政策整体协同度的提高是依靠政策数量的问题及政策实施存在的阶段性问题。

8.4.2　中国绿色增长政策目标协同演变分析

1. 政策目标协同演变分析概述

在政策协同度测量一节详细介绍了本书中的一些变量和符号组合，其中 GCG 表示控制温室气体排放目标，GDE 表示发展清洁资源、能源的目标，并将 GCG GDE 符号表示控制温室气体排放和发展清洁资源、能源目标的协同度，其他符号构成类似，得到绿色增长政策目标共计 $C_9^2=36$ 组协同关系，并计算了彼此之间的协同度，如表 8-12 所示。整体而言，控制温室气体排放是绿色增长政策最核心的目标，从发展清洁资源、能源到绿色消费的目标的实现都直接或间接影响该目标的实现，所以，控制温室气体排放目标与其他目标的协同度最高。发展清洁资源、能源和提高资源、能源效率目标都与技术创新、清洁生产的目标有较高的协同度，这表明以创新技术驱动推动资源、能源改革是我国绿色增长政策的重要导向。绿色建筑和绿色交通、绿色消费融入生活目标与其他的目标的协同度良好，特别是绿色建筑和绿色交通与其他目标的协同程度几乎都处于一个较高的水平。我们可以得到一个结论就是绿色建筑和绿色交通带动绿色增长目标的实现已经表现出强大的助推力，应该成为绿色增长政策颁布和执行的重点。绿色就业、生态扶贫及生态旅游与其他八个目标的协同度是最低的，这是因为无论是绿色就业、还是生态旅游的概念都才刚刚兴起，特别是绿色扶贫概念于 2015 年兴起，近几年才得以在政策中反映，且多以“通知”“意见”类的文件出现，这就不难理解为什么其与其他目标之间的协同度处于最低水平了。

表 8-12　政策目标间协同度计量表

目标协同	变量符号	政策协同度	目标协同	变量符号	政策协同度
控制温室气体排放与其他目标协同（GCG-8）	GCG GDE	2945	提高资源、能源效率与其他目标协同（GPE-6）	GPE GGT	2535
	GCG GPE	2925		GPE GIU	2224
	GCG GGT	2606		GPE GEI	964
	GCG GIU	2833		GPE GGE	727
	GCG GEI	1017		GPE GGI	1660
	GCG GGE	766		GPE GGL	1110
	GCG GGI	2280	技术创新、清洁生产与其他目标协同（GGT-5）	GGT GIU	1990
	GCG GGL	1199		GGT GEI	988
发展清洁资源、能源与其他目标协同（GDE-7）	GDE GPE	2782		GGT GGE	726
	GDE GGT	6233		GGT GGI	4935
	GDE GIU	1746		GGT GGL	923
	GDE GEI	805	绿化改造、循环经济与其他目标协同（GIU-4）	GIU GEI	992
	GDE GGE	487		GIU GGE	521
	GDE GGI	1440		GIU GGI	1301
	GDE GGL	782		GIU GGL	908
培育新兴绿色产业与其他目标协同（GEI-3）	GEI GGE	354	绿色就业、生态扶贫、生态旅游与其他目标协同（GGE-2）	GGE GGI	762
	GEI GGI	661		GGE GGL	513
	GEI GGL	599	绿色建筑和绿色交通与绿色消费融入生活目标协同	GGI GGL	356

2. 控制温室气体排放与其他目标协同演变分析

图 8-5 显示的是控制温室气体排放政策目标与其他绿色增长政策目标协同度随时间变化的趋势。控制温室气体排放与提高资源、能源效率目标多数时候都处于协同演变的第一序列，出现了多个时期的历史峰值，这说明控制温室气体排放目标的显著特征是高效率的，是建立在提高资源、能源效率目标上的。在 2003 年之前控制温室气体排放与培育绿色新兴产业及绿色就业、生态扶贫、生态旅游目标的协同程度很低，几乎可以忽略不计，自 2003 年起整体才开始出现上升趋势，而与绿色就业、生态扶贫、生态旅游的协同度在 2015 年出现陡峭式增长。2015 年政府工作报告中将大众创业、万众创新作为扩大就业、促进社会纵向流动和公平正义的重要方针，明确了就业的重要地位，同年中央大力度推进绿色扶贫，带动精准扶贫开发工作。上述中央决策带动了一系列围绕“就业”“扶贫”“旅游”的环境友好型政策。

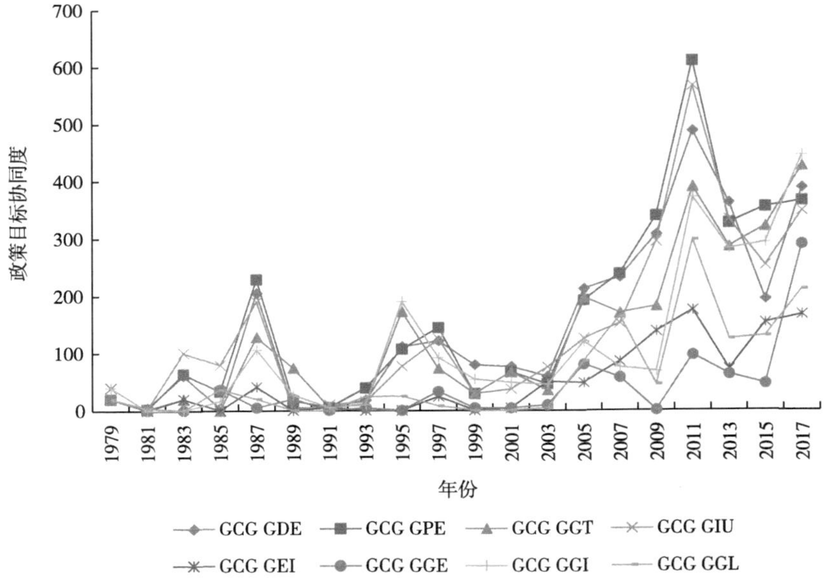

图 8-5 控制温室气体排放与其他目标协同演变分析

3. 政策目标协同演变应用分析

控制温室气体排放目标与其他目标的协同程度最高，特别是提高资源、能源效率目标大多时候处于协同演变的第一序列，这说明控制温室气体排放目标是建立在提高资源、能源利用效率上的。绿色消费与其他目标的协同程度几乎都处于一个较高的水平，这说明绿色消费对带动绿色增长目标实现已经表现出强大的推动力。绿色就业、生态扶贫及生态旅游与其他八个目标的协同度是最低的，缘于这些新兴的绿色增长概念是近几年才得以在政策中反映，政策数目少，且多以“通知”“意见”等政策效力低类型文件出现。但是控制温室气体排放目标与其的协同度在 2015 年出现陡峭式增长，这说明绿色就业、生态扶贫、生态旅游正在发挥越来越重要的作用，势必成为今后实现绿色增长政策目标的一个发力点。

通过对中国绿色政策目标协同演变分析，得知控制温室气体排放目标与提高资源能源效率的协同程度大多时候处于最高序列，其明显结论就是控制温室气体排放建立在提高资源、能源利用效率的基础上。我国想要实现控制温室气体排放这一绿色增长的核心目标，就需要在提高资源、能源利用效率上下功夫。首先，要加快节能产品和服务的技术投入和研发，将资源环保、低碳、循环和生态修复等先进技术的开发及产业化，纳入国家和地区中长期发展规划。其次，充分发挥政府机构、科研院校与大型企业的合作优势，加强产学研合作，共同研究解决污染治理与生态修复等关键技术问题。最后，应该加强对知识产权的保护力度，加大对知识产权侵权的执法力度，提高企业自主研发节能技术和产品的积极性。通过全面推动绿色技术创新，实现资源、能源的高效利用，更大程度上加强其与控制温室气体排放及其他目标的协同程度，积极推动产业层面的绿色增长。

8.4.3　中国绿色增长政策措施协同演变分析

1. 政策措施协同演变分析概述

关于绿色增长政策措施协同演变分析，本书用 MC 符号表示命令—控制措施，MI 表示市场激励措施，MC MI 符号表示命令–控制措施和市场激励措施的协同度，以此类推，绿色增长政策措施共有 $C_5^2=10$ 组协同关系。通过对 1979～2017 年搜集的中国绿色增长政策措施得分统计（表 8-13）分析发现，涉及命令–控制措施、市场激励措施、能力构建措施、引导辅助措施及其他措施的政策得分分别为 1187、485、160、480、155，分别占政策措施总得分的 48%、19.7%、6.5%、19.5%、6.3%。可见，命令–控制措施是我国绿色增长政策运用最多的一项政策措施，因此，本书通过测算 MC MI、MC MG、MC MA、MC MR、MI MG 来重点分析其他四项政策措施与命令–控制措施之间的协同演变情况，此外，市场激励措施、引导辅助措施二者得分总占比也高达 39.2%，本书也重点分析了这两项政策措施的协同演变情况。

表 8-13　中国绿色增长政策措施得分统计

政策措施	命令–控制措施	市场激励措施	能力构建措施	引导辅助措施	其他措施
得分	1187	485	160	480	155
占比	48%	19.7%	6.5%	19.5%	6.3%

2. 五组政策措施协同演变分析

如图 8-6 所示，我国绿色增长政策措施在实际应用过程中，在 2000 年之前，无论是 MC MI、MC MG、MC MA、MC MR 还是 MI MG 都维持在一个较低的水平，主要是因为当时实行的是“以计划经济为主，市场调节为辅”的经济管理原则，政策的执行主要依靠的还是过去单一的行政措施。在 1986～1987 年有了一个小峰值，这取决于两部重要的规范性文件的出台《节约能源管理暂行条例》和《中华人民共和国大气污染防治法》。自 2002 年党的十六大宣告我国社会主义市场经济体制初步建立，以行政手段出现的命令–控制措施与市场激励措施和引导辅助措施的协同状况开始保持强劲的上升趋势，这说明我国政府已由过去依靠单一行政措施转向协同使用行政措施和经济杠杆来实现经济绿色增长，经济和社会措施开始发挥越来越重要的作用。

值得注意的是，命令–控制措施与能力构建及其他措施的协同度都处在一个较低的水平线上波动，在 2010 年前后才开始出现了一定程度的增长势头。此外，市场激励措施和引导辅助措施之间的协同度也始终处于一个较低的水平，这说明我国绿色增长市场激励措施和引导辅助措施都比较被动，未能发挥联动效应，这也揭示了当前政策措施协同存在的一个短板。经济新常态下，很多企业面临产品滞销，利润低的生存困境，在这种情况下单纯推广排污权的交易、资源税等市场激励措施，并不能起到持续性的政策效果，甚至会加重企业运营的困境，应该配套寻求引导辅助机制，通过产品环保声明、生态标签等率先打破企业运营的瓶颈，而后才能更持久、更全面地落实一系列市场激励措施。综上，在市场经济体制逐步完善的情境下，政府应该更多地考虑如何实现市场激励措施和引导辅助措施及其他措施的协同，更大程度地利用市场机制推动绿色增长的实现。

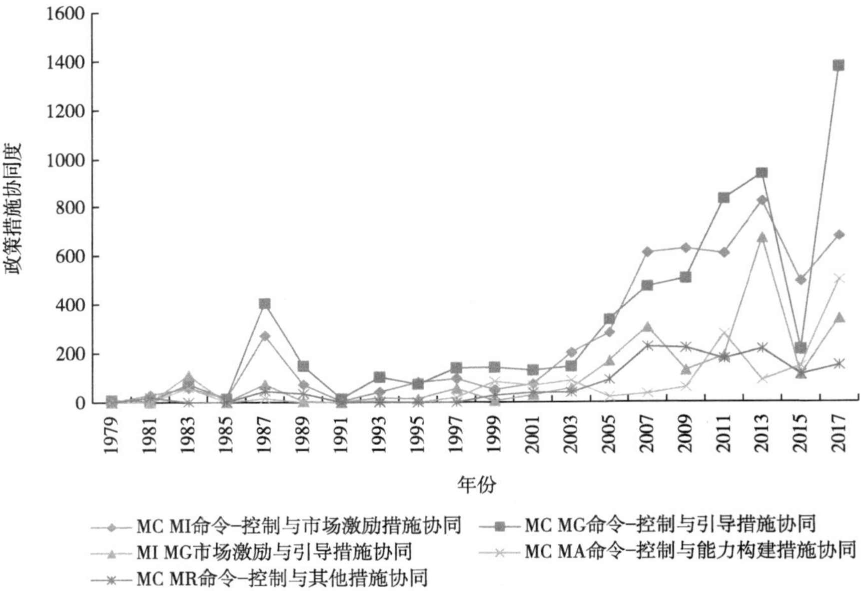

图 8-6　政策措施协同演变分析

3. 政策措施协同演变应用分析

我国绿色增长政策措施是以行政措施为主，市场及其他措施为辅，命令–控制措施是运用最多的。绿色增长政策措施协同度伴随我国社会主义市场经济改革而逐渐提高，在 2000 年之前，由于以计划经济为主的发展原则，无论是 MC MI、MC MG、MC MA、MC MR 还是 MI MG 都维持在一个较低的水平。自 2002 年，我国社会主义市场经济体制初步建立，命令–控制措施与市场激励措施和引导辅助措施的协同状况开始保持强劲的上升趋势，这说明自我国政府开始转变政策措施制定和执行观念，开始协同使用行政措施和经济杠杆来实现经济绿色增长。当前政策措施协同存在市场激励措施和引导辅助措施未能发挥联动效应的短板，政府需要考虑如何提高二者的协同程度，更大程度地利用市场机制推动绿色增长的实现。

通过对中国绿色增长政策措施协同演变分析，获知市场激励措施和引导辅助措施的协同程度较低，特别是社会类措施未能发挥应有的作用。这需要我国政府鼓励社会公众的参与，激发公众的参与热情，将绿色增长问题从政府主导转变为由政府、企业、公众等多元主体共同参与的治理模式。一方面，政府应该加大引导辅助措施实施力度，积极开展绿色增长相关的宣传、教育工作，积极听取利益企业及社会公众的意见与建议，充分发挥公众在推动绿色增长方面的作用。另一方面，政府需要继续完善市场激励措施，建立绿色增长的财政和金融体系，为绿色企业设置更低的信贷门槛，给予绿色企业财政补贴，调整资源能源任务重、技术研发难的企业的税目征收范围等。最终，政府需要落脚在积极培育需求侧的绿色消费模式上，而绿色消费的核心内容之一，就是绿色产品的标识和认证问题。通过引导辅助措施建立绿色产品的消费模式，进而利用市场规律拉动生产侧，真正实现市场激励措施和引导辅助措施的高效协同。

8.5　本章小结

本章依据内容分析法的研究范式设计出中国绿色增长政策量化的流程，是本书的核心章节。基于“维度-标准-量化-协同度”的思路，将政策目标、政策措施、政策力度作为政策文本量化三个维度，并通过专家评价和文献分析的方法设计政策量化标准，经过信度检验多次修订量化标准，进入正式的政策量化阶段。对量化的政策数据进行冲突修正和核算，然后在彭纪生等科技政策协同度测量函数的基础上核算中国绿色增长政策整体、政策目标、政策措施的协同度，作为政策协同演变及路径研究的基础依据。在此基础上对中国绿色增长政策协同演变过程进行分析。首先是中国绿色增长政策整体协同演变情况的概述，通过核算出历年绿色增长政策的数量、力度及政策目标、政策措施、政策整体的协同度，分析整体的演变趋势。其次，深度分析政策数量及政策力度随时间的演变规律。最后，对中国绿色增长政策36组政策目标协同关系和10组政策措施协同关系进行叙述，并分析控制温室气体排放目标与其他目标协同演变情况及五组重要的政策措施协同演变情况。

8.6 参考文献

[1] 郭治安. 协同学入门[M]. 成都：四川人民出版社，1988：2.

[2] Haken H. Synergetics：An Introduction[M]. Berlin：Spring-Verlag，1983.

[3] 赫尔曼·哈肯. 协同学：大自然构成的奥秘[M]. 凌复华，译. 上海：上海译文出版社，2005：12.

[4] Okano E. How important is fiscal policy cooperation in a currency union? [J]. Journal of Economic Dynamics and Control，2014，38（1）：266-286.

[5] Di Francesco M. Process not outcomes in new public management? ‘policy coherence’ in Australian government [J]. The Drawing Board：An Australian Review of Public Affairs，2001，1（3）：103-116.

[6] Flanagan K，Uyarra E，Laranja M. Reconceptualising the ‘policy mix’ for innovation[J]. Research Policy，2011，40（5）：702-713.

[7] Pollitt C. Joined-up government：a survey[J]. Political Studies Review，2003，1（1）：34-49.

[8] Challis L，Fuller S，Henwood M，et al. Joint Approaches to Social Policy：Whatever Happened to JASP?[M]. Cambridge：Cambridge University Press，1988.

[9] Matei A，Dogaru T C. Coordination of public policies in Romania. an empirical analysis[J]. Procedia - Social and Behavioral Sciences，2013，81（2）：65-71.

[10] Peters B G. Managing horizontal government：the politics of co-ordination[J]. Public Administration，1998，76（2）：295-311.

[11] Hogl K. Patterns of multi-level co-ordination for NFP-processes：learning from problems and success stories of European policy-making[J]. Forest Policy and Economics，2002，4（4）：301-312.

[12] Mulford C，Roger D. Definitions and Models[M]. Ames：Lowa State University Press，1982：9-29 .

[13] Hughes C E，Ritter A，Mabbitt N. Drug policy coordination：identifying and assessing dimensions of coordination[J]. International Journal of Drug Policy，2013，24（3）：244-250.

[14] 彭纪生，孙文祥，仲为国. 中国技术创新政策演变与绩效实证研究（1978—2006）[J]. 科研管理，2008，29（4）：134-150.

[15] 张国兴，高秀林，汪应洛，等. 中国节能减排政策的测量、协同与演变——基于1978—2013年政策数据的研究[J]. 中国人口·资源与环境，2014，24（12）：62-73.

[16] Metcalfe L. International policy co-ordination and public management reform[J]. International

Review of Administrative Sciences，1994，60（2）：271-290.

[17] OECD. Government coherence：the role of the centre of government[R]. Budapest：Public Management Service/Public Management Committee，2000.

[18] Meijers E，Stead D. Policy integration：what does it mean and how can it be achieved? A multi-disciplinary review[R]. Berlin：Conference the Human Dimensions of Global Environment Change：Greening of Policies - Interlinkages and Policy Integration，2004.

[19] 周志忍，蒋敏娟. 整体政府下的政策协同：理论与发达国家的当代实践[J]. 国家行政学院学报，2010，(6)：28-33.

[20] 杨晨，王杰玉. 系统视角下知识产权政策协同机理研究[J]. 科技进步与对策，2016，(2)：114-118.

[21] Mieńkowska-Norkienė R. Efficiency of coordination of European policies at domestic level-challenging Polish coordination system[J]. Procedia - Social and Behavioral Sciences，2014，143（8）：867-871.

[22] Kern F，Kivimaa P，Martiskainen M. Policy packaging or policy patching?The development of complex energy efficiency policy mixes[J]. Energy Research & Social Science，2017，23（1）：11-25.

[23] Kwon D，Kim Y H. Welfare effects of foreign aids policy coordination among asymmetric donor countries[J]. Procedia Economics and Finance，2015，30（11）：455-467.

[24] Boonekamp P G M. Actual interaction effects between policy measures for energy efficiency—A qualitative matrix method and quantitative simulation results for households[J]. Energy，2006，31（14）：2848-2873.

[25] Rogge K S，Reichardt K. Policy mixes for sustainability transitions：an extended concept and framework for analysis[J]. Research Policy，2016，45（8）：1620-1635.

[26] Cavallo M，Elliott M，Touza J，et al. The ability of regional coordination and policy integration to produce coherent marine management：implementing the marine strategy framework directive in the North-East Atlantic[J]. Marine Policy，2016，68：108-116.

[27] Costantini V，Crespi F，Palma A. Characterizing the policy mix and its impact on eco-innovation：a patent analysis of energy-efficient technologies[J]. Research Policy，2017，46（4）：799-819.

[28] van der Vooren A，Brouillat E. Evaluating CO_2 reduction policy mixes in the automotive sector[J]. Environmental Innovation and Societal Transitions，2015，14：60-83.

[29] 刘凤朝，徐茜. 中国科技政策主体合作网络演化研究[J]. 科学学研究，2012，30（2）：174，241-248.

[30] 蔚超. 政策协同的纵向阻力与推进策略[J]. 云南行政学院学报，2016，(1)：107-111.

[31] Ostry J D，Ghosh A R. On the obstacles to international policy coordination[J]. Journal of International Money and Finance，2016，67（10）：25-40.

[32] 李顶峰，李郁芳. 政府规制外部性及其政策涵义[J].南京社会科学，2006，(7)：21-25.
[33] 薛泽林，孙荣. 治理势能：政策协同机制建构之关键——台北与上海文化创意产业培育政策比较[J]. 情报杂志，2016，(10)：190-194.
[34] 孙迎春. 公共部门协作治理改革的新趋势——以美国国家海洋政策协同框架为例[J]. 中国行政管理，2011，(11)：96-99.
[35] 朱光喜. 政策“反协同”：原因与途径——基于“大户籍”政策改革的分析[J]. 江苏行政学院学报，2015，(4)：117-123.
[36] Libecap G D. Economic variables and the development of the law：the case of western mineral rights[J]. The Journal of Economic History，1978，38（2）：338-362.
[37] 殷华方，潘镇，鲁明泓. 中国外商直接投资产业政策测量和有效性研究：1979～2003[J]. 管理世界，2006，(7)：34-45.
[38] 孙玉涛，曹聪. 战略情景转变下中国创新政策主体合作结构演进实证[J]. 研究与发展管理，2012，24（4）：93-102.
[39] 纪陈飞，吴群. 基于政策量化的城市土地集约利用政策效率评价研究——以南京市为例[J]. 资源科学，2015，37（11）：2193-2201.
[40] 刘伟. 内容分析法在公共管理学研究中的应用[J]. 中国行政管理，2014，(6)：93-98.
[41] Bouzaher A，Sahin S，Yeldan E. How to go green：a general equilibrium investigation of environmental policies for sustained growth with an application to Turkey’s economy[J]. Letters in Spatial and Resource Sciences，2015，8（1）：49-76.
[42] 胡鞍钢，周绍杰. 绿色发展：功能界定、机制分析与发展战略[J]. 中国人口·资源与环境，2014，24（1）：14-20.
[43] 张旭，李伦. 绿色增长内涵及实现路径研究述评[J]. 科研管理，2016，37（8）：85-93.
[44] 渠慎宁，李鹏飞，李伟红. 国外绿色经济增长理论研究进展述评[J]. 城市与环境研究，2015，(1)：89-102.
[45] 张学良. 中国交通基础设施促进了区域经济增长吗——兼论交通基础设施的空间溢出效应[J]. 中国社会科学，2012，(3)：60-77.
[46] 罗志明，朱炎宁，刘军，等. 绿色建筑的发展现状及其评价型发展[R]. 南昌：2013 中国商品混凝土可持续发展论坛暨第十届全国商品混凝土技术与管理交流大会、2013 中国商品混凝土年会，2013.
[47] Woolthuis R K，Lankhuizen M，Gilsing V. A system failure framework for innovation policy design[J]. Technovation，2005，25（6）：609-619.
[48] Phaal R，O'Sullivan E，Routley M，et al. A framework for mapping industrial emergence[J]. Technological Forecasting and Social Change，2011，78（2）：217-230.
[49] World Bank. Turkey green growth policy paper：towards a greener economy[Z]. World Bank Other Operational Studies，2013.

[50] Park J. The evolution of green growth policy：an unwelcome intrusion on global environmental governance?[J]. East Asian Economic Review，2013，17（2）：207-241.
[51] Elmore R F. Instruments and strategy in public policy[J]. Review of Policy Research，1987，7（1）：174-186.
[52] 刘潇芝. 绿色采购能不能够?[N]. 中国环境报，2015-05-14（10 版）.

第 9 章　中国绿色增长政策协同演变路径

9.1　本章研究脉络

9.1.1　理论基础

王金凤等[1]对北京市山区政策自新中国成立以来的演变历程进行了梳理，根据山区发展政策特点将其分为动荡阶段、恢复发展阶段、深化发展阶段、可持续发展阶段四个阶段，对北京“十一五”时期山区政策框架从政策结构和内容方面进行分析，分析了北京市山区政策演变路径变化。张倩肖和李纪华[2]以搜集的1998～2011 年我国制造业上市公司的经验数据为分析样本，采用函数性数据分析方法，从我国制造业并购重组的动态演变特征、不同制造业子行业及制造业总体的并购重组角度，按动态演变能量的大小角度对我国制造业并购重组的动态演变路径进行了研究。钟裕民[3]以历史事实为依据，系统地研究了资本主导型政策负排斥的形成机理，发现资本主导型政策负排斥是政策主导者综合运用经济资源转化机制、阶层再生产机制、合法化机制等一系列机制的过程和结果，他分析了政策负排斥的演变轨迹、形成机理与路径等问题。董阳和陈晓旭[4]基于文本资料挖掘的方法，依托虚拟民族志，将行动者网络作为主要分析框架，对网络舆论研究过程进行深入的演变分析，率先将该案例中网络舆论演变过程解剖为极化、制衡和理性化三个阶段，进而着重刻画其中的行动者转译机制，探究网络空间中公共舆论的演变路径。万晓莉等[5]基于监管套利的视角，以商业银行、金融监管措施、影子银行的业务数据为分析依据，率先将中国影子银行的套利模式，具体分为单一通道与多重通道模式，并详细剖析了其监管套利的动因，最终得出中国影子银行监管套利演变路径。张小宇[6]通过对泰勒规则的非线性机制进行理论分析，探究中国货币政策规则演变路径，通过构建时变平滑迁移回归模型对可能存在的非线性特征进行描述和刻画，结果发现中国人民银行的利率操作针对通货膨胀存在明显的非对称反应；同时人民银行的利率规则还存在明显的结构转变。罗辉[7]将美国外语教育政策的发展经历分为以国防安全为目的阶段、基于多元文化的发展阶段及基于全球视野下的发展阶段三个阶段，梳理了美国外语教育政策制定的过程，揭示了美国外语教育政策的驱动力，探究第二次世界大战结束后美国外语教育政策的演变路径。

9.1.2　研究方法

第 8 章采用内容分析法对 1979～2017 年中国绿色增长政策进行量化，通过政策协同度测量函数对中国绿色增长政策的整体及目标间、措施间的协同度进行测量，进而描绘其随时间变迁的演变趋势，本章在其协同演变分析的基础上探究中国绿色增长政策协同演变路径。

9.1.3　逻辑框架

研究脉络：①政策协同演变分析。第 8 章通过定量研究从政策数量、政策效力、政策平均效力、政策目标、措施整体协同度等角度对中国绿色增长政策整体的协同演变情况进行分析，然后具体从政策目标间、政策措施间的协同度展开，准确描述中国绿色增长政策协同演变的轨迹，并结合经济情况、体制改革方向等多个方面，综合分析评价不同年份政策协同的演变情况，这是本章探究中国绿色增长政策协同演变路径的分析基础和来源。②政策协同演变路径研究。实现绿色增长是未来中国政策发展的主导方向，如何测量中国绿色增长政策协同度及预测今后绿色增长政策协同演变的方向、趋势，发现中国绿色增长政策协同演变路径是当今亟须研究的重大课题之一，中国绿色增长政策协同演变路径研究的就是绿色增长政策系统的要素（政策数量、政策效力、政策目标、政策措施）等随着时间变迁的演变动力、特征、方向，即通过分析政策要素协同演变过程中存在的动力因素探讨中国绿色增长政策协同演变特征，得出中国绿色增长政策的演变方向。

以历年政策协同度高低为标准划分中国绿色政策协同演变的阶段是研究政策协同演变路径的起点和分析基底。本书将中国绿色增长政策协同演变趋势划分为中国绿色增长政策的初步协同阶段（1979～2001 年）、中国绿色增长政策协同发展阶段（2001～2013 年）、中国绿色增长政策协同网络阶段（2013～2017 年），进而着重刻画每个阶段绿色增长政策协同演变路径，如政策协同演变的动力机制、政策要素协同的演变特征。其中，中国绿色增长政策协同演变动力探讨的是不同阶段中国绿色增长政策要素协同演变过程中存在的核心驱动因素及这些因素是如何影响绿色增长政策主体、目标、措施进行协同演变的。中国绿色增长政策协同演变特征分析的是政策主体、目标、措施在协同演变动力的驱动下呈现何种特征。最后，得出未来中国绿色增长政策协同演变的方向。本章逻辑框架图见图 9-1。

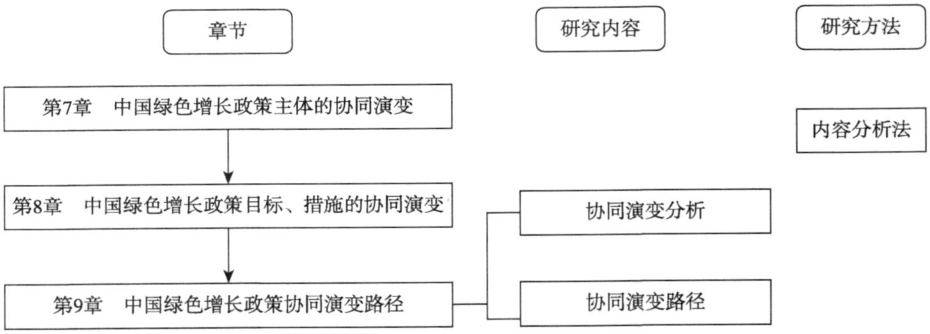

图 9-1　第 9 章逻辑框架图

9.2　中国绿色增长政策协同演变的阶段划分

中国绿色增长政策目标、措施及政策整体协同度呈逐年增多的趋势，其演变过程伴随着对外部生态环境问题的重视、社会制度改革和一系列国民经济规划的出台，根据第 8 章中国绿色增长政策协同度演变趋势变动情况，中国绿色增长政策协同演变历程可划分为三个阶段。

9.2.1　中国绿色增长政策的初步协同阶段（1979～2001 年）

这一阶段中国绿色增长政策协同度呈现低水平平缓演变的特点，在 1987 年前后有了一次小幅度提升，这主要是源于该时间段内颁布了几部重要的规范性文件，如《中华人民共和国水污染防治法》、《节约能源管理暂行条例》和《中华人民共和国大气污染防治法》。这一阶段的绿色增长政策零散地分布在其他综合性政策之中，如以“城市规划”为主题的《中华人民共和国城市规划法》里面就提过保护环境的问题；以“矿产资源开发”为主题的《中华人民共和国矿产资源法》也提过在开采矿产的时候要注重生态修复等环境保护的要求。此外，绿色增长政策主体合作网络的稳定性较差。这一阶段政策要素之间的协同只集中在某一项或几项政策上，其功能分布比较分散，不具有代表性。

9.2.2　中国绿色增长政策协同发展阶段（2001～2013 年）

这一阶段中国绿色增长政策协同度演变趋势加快，绿色增长政策的种类得到了日益完善，实施颁布了《中华人民共和国清洁生产促进法》《中华人民共和国环境影响评价法》《中华人民共和国可再生能源法》等专门性法律，实现绿色增长不再是其他政策的附属目标，而是在一系列专门性法律中作为核心目标出现，并具有可实施的政策措施来引导、鼓励、促进绿色增长的实现。此外，伴随颁布的绿色增长政策种类和数目的逐渐增多,绿色增长政策的总体效力也得到了持续加强，特别是以“法律”“法规”形式出现的政策越来越多。而绿色增长政策主体协同稳定性并未有明显改善，四个核心主体在网络中的重要程度排序与上一阶段相同，网络联结频次仍然是受剔除核心节点影响最大的网络结构指标，四个主体在网络中的联系强度较大，稳定作用较强。与上一阶段相比，剔除环境保护部门对网络凝聚力指数的影响更为明显，而剔除财政部对网络凝聚力指数的影响逐渐减小，说明环境保护部门的连通功能越来越突出，而财政部的主导作用逐渐减弱。综上，这一阶段的绿色增长政策，其主体合作深入，且其类型、数量、效力上都得到极大的丰富，呈现蓬勃向上的发展态势。

9.2.3　中国绿色增长政策协同网络阶段（2013～2017 年）

自 2013 年以来绿色增长政策协同演变依旧保持较为强劲的增长势头，颁布实施了一系列严苛的环保立法，在 2015 年开始实施被称为史上最严的“新环境保护法”，还分别于 2016 年、2017 年颁布了《中华人民共和国环境影响评价法（2016 年修订）》及《中华人民共和国环境保护税法实施条例》这两部致力于环境影响评价和环保税务核算的法律。同时，这一阶段的绿色增长政策协同演变相较于快速发展阶段的持续性增长，出现了一定的起伏。部分年份（如 2015 年）颁布和实施的政策主要是以“意见”“通知”类形式出现，虽然数量上得到了增加，但是政策的效力出现了下降，进而导致中国绿色增长政策的协同度出现了小幅度衰退。而中国绿色增长政策主体协同网络的稳定性明显增强，四个核心主体在网络中的重要程度提升。与上一阶段不同，剔除环境保护部门对网络关系数和网络联结频次都产生了较大影响，但是网络凝聚力指数的变化明显减小，剔除其他三个主体对网络凝聚力指数几乎没有影响，说明整体网络的关系越来越紧密，主体之间的连通并不主要依赖核心节点。总体而言，这一阶段颁布和实施了更专业、目标更微观的政策，中国绿色增长政策得到了极大的丰富和完善。

9.3 中国绿色增长政策协同演变动力

9.3.1 计划经济管理模式

中国绿色增长政策的初步形成阶段实行的是“以计划经济为主”的经济管理模式，受计划经济体制的影响，绿色增长政策实施主要依靠政府的计划安排，多数政策由国务院直接颁布，或由国家经济贸易委员会①等部门单独颁布，由于气候变暖、环境污染等问题尚不明显，颁布的政策多以发展经济为主，缺少针对性的绿色增长政策。政策主体之间缺乏应有的沟通与合作，政策主体处于孤岛节点，只有少数主体之间存在联合颁布政策的情况，而且联合颁布的次数很少，导致这一时期中国绿色增长政策主体协同处于“个体-松散型”的网络形态。

9.3.2 社会主义市场经济模式

中国绿色增长政策协同度在中国绿色增长政策快速发展阶段增幅明显，核心因素是我国经济体制正由计划经济向市场经济转变，社会主义市场经济体制初步建立，开始重视经济发展中的环保、生态问题，绿色增长政策总效力提高、政策数量需求增加。中国绿色增长政策协同度稳步增加的直接因素则是受我国“十二五”规划的影响，特别是 2011 年，绿色增长政策目标、措施、整体的协同度处于一个阶段性峰值。具体来看，随着经济体制改革的深入，财政补贴、税收调节和对外开放等政府宏观调控手段被用于实现绿色增长，相关部门逐渐由单独颁布政策转为联合互动，由于绿色增长政策所包含的经济和社会利益越来越广泛，更多的主体积极参与政策制定并有序分工协作。

9.3.3 经济与环境问题严峻

中国绿色增长政策丰富完善阶段，绿色发展已经上升到国家宏观战略层面，气候变暖、环境污染、生态破坏等问题已十分严峻，直接影响经济发展和社会民生，中国对绿色增长政策的重视程度越来越大。为满足国家绿色增长战略的需求，绿色增长政策措施逐渐多元化，这在很大程度上驱动了各政府部门之间的统筹协调。这一阶段共颁布了多项绿色增长政策，涉及的主体数量大幅增加，越来越多

---

① 2003 年国务院机构改革中，撤消对外经济贸易部和国家经济贸易委员会，设立商务部。

的与绿色增长活动不直接相关的政府部门也参与绿色增长政策的制定与实施。政策主体协同程度实现跨越式发展，网络关系数与联结频次分别达到 421 条和 808 次。网络凝聚力指数的大幅度提升说明在该阶段以少数节点为核心的政策主体之间建立了稳定良好的合作关系。

显然，中国绿色增长政策前期受制于计划经济的发展模式，中期受中央层面规划影响十分之大，并伴随中央体制改革而逐步发展，当期则是气候、污染、生态等问题成为绿色增长协同演变的核心驱动。

9.4　中国绿色增长政策协同演变特征

9.4.1　政策主体同步演变性

中国绿色增长政策主体协同演变过程中，整体结构优化与主体功能提升相互促进，并呈现出同步演变特征。其中，政策主体演变的三个核心主体——环保部、发改委、财政部，根据科学技术发展的总体目标不断明晰自身的功能定位，形成了基于调控目标和政策措施的分工合作机制，网络节点职能的完善又在一定程度上促进了网络结构的整体优化。

9.4.2　政策主体双重驱动性

中国绿色增长政策主体协同网络演变具有体制改革推动和绿色增长发展需求拉动的双重驱动模式特征。一方面，体制改革使不同职能部门的角色（功能）发生变化，同时不断调整各职能部门间的协同关系，从而使网络结构得到优化。总体来看，各个部门的协同作用在不断加强，环保部、发改委、财政部成为政策合作网络的核心主体。环保部在不同的时期都发挥了巨大的作用，始终处于高广度—高强度的核心节点位置，并且其核心主体地位不断增强，与其他部门的协同合作力度越来越大，环境保护部门的力量逐渐渗透到各个部门，形成了很好的引导和支撑作用。另一方面，绿色增长战略需求对政策措施选择及政策措施组合方式提出新要求，政策主体间的深度合作与高度协同是对政策制定实践新需求的积极响应。

9.4.3　政策效力数量依赖性

就绿色增长政策数量及力度演变分析得知，虽然中国绿色增长的政策数量和政策力度都在平稳增长，但是政策平均力度却在 2009 年以后，呈现出下降趋势。特别是 2015 年之后，随着政策数量的增长，政策平均效力下降趋势明显，这说明这一阶段绿色增长单个政策的效力级别出现了下降，我国绿色增长政策效力逐年增长依赖于政策数目的驱动，而非政策类型。依靠政策数量而非政策类型的方式推动政策总效力的提升，从短期来看，在较短的时间段内密集颁布多部绿色增长政策，能够迅速促进绿色增长政策的贯彻实施；从长期来看，效力低的政策对政策实施效果的影响是逐渐降低的，这不仅不利于确立绿色增长的战略地位，更不利于推动绿色增长的持续性实践。综上，中国绿色增长政策协同演变呈现出政策效力数量依赖性的特征。

9.4.4 政策目标交叉互动性

就绿色增长政策目标而言，九个子目标之间均存在较强的协同性，彼此相互促进，共同推动绿色增长政策的协同演进。具体而言，首先，控制温室气体排放是绿色增长政策最核心的目标，无论是发展清洁资源、能源的政策目标，还是实现绿色消费融入生活的政策目标都直接或间接影响该目标的实现，表现在协同度数值上就是控制温室气体排放目标与其他目标的协同度最高。其次，发展清洁资源、能源和提高资源、能源使用效率目标都与鼓励技术创新清洁生产的目标保持特别高的协同度，这表明以创新技术驱动推动资源、能源改革是我国绿色增长政策的重要导向。再次，绿色建筑和绿色交通、绿色消费融入生活目标与其他的目标的协同度良好，特别是绿色建筑和绿色交通与其他目标的协同度几乎都处于一个较高的水平。我们可以得到一个结论就是绿色建筑和绿色交通带动绿色增长目标的实现已经表现出强大的助推力，应该成为绿色增长政策颁布和执行的重点。最后，绿色就业、生态扶贫以及生态旅游与其他八个目标的整体协同度较低，但发展势头良好，与其他目标的协同度在 2015 年出现陡峭式增长，绿色就业、生态扶贫、生态旅游正在发挥越来越重要的作用。综上，中国绿色增长政策协同演变呈现出政策目标交叉互动性的特征。

9.4.5 政策措施多方联动性

就绿色增长政策措施而言，我国绿色增长政策措施以引导辅助措施为主，市场及其他措施为辅，命令–控制措施与其他措施联合实施最多。自 1992 年我国社会主义市场经济体制初步建立，政府开始转变政策措施制定和执行观念，命令–控制措施与市场激励措施和引导辅助措施联动实施的次数越来越多，彼此的协同状况开始保持强劲的上升趋势。当前政策措施协同存在市场激励措施和引导辅助措施联动不足的短板，政府需要考虑如何提高二者的协同度，更大程度地利用市场机制推动绿色增长的实现。综上，中国绿色增长政策协同演变呈现出政策措施多方联动的特征。

9.5　中国绿色增长政策协同演变方向

9.5.1　丰富政策类型，完善中国绿色增长政策体系

通过对中国绿色增长政策整体协同演变分析，得知我国绿色增长政策协同度主要依靠政策数量而非政策类型方式推动，呈现政策效力数量依赖性，而且政策数量主要体现在国民经济规划初期，存在后续乏力的情况，这不利于确立绿色增长的战略地位，更不利于实际推动绿色增长行动的实践。

较为单一的政策类型也和国际经验不符，完善中国目前绿色增长政策体系的当务之急，是要丰富政策类型以适应全面应对生态环境、经济发展、社会民生问题的战略性立法的迫切需求，应该紧跟国际绿色增长立法前沿，借鉴国际绿色增长政策立法的相关经验，如参考韩国《低碳绿色增长基本法》，尽快制定一部切合中国绿色增长发展情境的基本立法，使绿色增长获得制度支持，明确政府、企业、公众应承担的责任和相应义务。

此外，还应该针对不同地市、不同组织部门、不同机构制定相关绿色增长法律法规，构建完备的绿色增长法律体系，并逐步优化绿色增长法律体系建设，使得绿色增长的目标、措施、发展模式、实现路径等变得有法可依，切实解决政策整体协同度过于依靠政策数量的问题以及政策实施存在的阶段性问题。

9.5.2　突出政策核心主体地位

绿色增长政策主体协同网络有明显的阶段性特征。总体上看，主体合作网络规模不断扩大，经历了由整体松散-集中个体向整体稳定-区域协调的转变。网络密度呈现下降的趋势，各发文主体合作沟通依然有很大的空间。从发文效力级别来看，部门规章比重最大，具体的执行操作比较困难，没有形成效力级别的金字塔结构。从政策发文主体的合作广度和强度分析可知，不同部门在网络中的地位都是处在变化中的，环保部在网络中的作用整体有所下降，发改委作用有所起伏，科技部的核心作用不断增强，财政部对于网络结构的影响力在后续阶段才凸显出来。未来中国绿色增长政策主体在对绿色增长持续关注的同时，也要做出一些有

针对性的应变。首先，政策各部门应该加强合作，保证政策制定的高效，防止资源的浪费。其次，在做好宏观规划的同时，也要加强具体政策——行业规定的制定及落实，保证政策的金字塔结构。最后，政策发文的核心主体要继续发挥应有的带头作用，进而保证中国绿色增长政策协同网络的持续稳定。

9.5.3 重视提高资源、能源利用效率

通过对中国绿色政策目标协同演变分析，得知控制温室气体排放目标与提高资源能源效率的协同度始终处于最高序列，其明显结论就是控制温室气体需要建立在提高资源、能源利用效率的基础上。我国想要实现控制温室气体排放这一绿色增长的核心目标，就需要在如何提高资源能源利用效率上下功夫。

首先，要加快节能产品和服务的技术投入和研发，将资源环保、低碳、循环和生态修复等先进技术的开发及产业化，纳入国家和地区中长期发展规划。

其次，充分发挥政府机构、科研院校与大型企业的合作优势，加强产学研合作，共同研究解决污染治理与生态修复等关键技术问题。

最后，应该加强对知识产权的保护力度，加大对知识产权侵权的执法力度，提高企业自主研发节能技术和产品的积极性。通过全面推动绿色技术创新，实现资源、能源的高效利用，更大程度上加强其与控制温室气体及其他目标的协同度，积极推动产业层面的绿色增长。

9.5.4 颁布针对性的绿色消费政策

绿色消费与其他目标的协同度几乎都处于一个较高的水平。我们可以得到一个结论就是绿色消费带动绿色增长目标的实现已经表现出强大的助推力，应该成为绿色增长政策颁布和执行的重点。绿色消费与其他目标的协同度处于较高的水平，很大一部分原因要归于其他目标的协同度得分。反观现下的绿色消费，无论是政策数量还是效力都相对不高，且多以“通知”“批复”“意见”类型的政策出现，特别是缺乏专门性的调整政策，专门性的立法还远远不够。接下来的中国绿色增长政策协同演变应该重点针对绿色消费颁布和实施法律法规层面的政策，释放绿色消费对促进绿色政策的潜力。

9.5.5 推动市场激励措施和引导辅助措施的联动效应

通过对中国绿色增长政策措施协同演变分析，获知中国绿色增长政策的市场激励措施和引导辅助措施的协同度较低，呈现联动不足的特征，特别是社会

类措施未能发挥应有的作用。这需要我国政府鼓励社会公众的参与，激发公众的参与热情，将绿色增长问题从政府主导转变成由政府、企业、公众等多元主体共同参与的治理模式。一方面，政府应该加大引导辅助措施实施力度，积极开展绿色增长相关的宣传、教育工作，积极听取利益相关企业及社会公众的意见与建议，充分发挥公众在推动绿色增长方面的作用。另一方面，政府需要继续完善市场激励措施，通过建立绿色增长的财政和金融体系，为绿色企业设置更低的信贷门槛。例如，给予财政补贴，调整资源能源任务重、技术研发难的企业的税目征收范围等。

最终，政府需要落脚在积极培育需求侧的绿色消费模式上，而绿色消费的核心内容之一，就是绿色产品的标识和认证问题。政府应通过发挥引导辅助措施，建立绿色产品的消费模式进而利用市场规律拉动生产侧，真正实现市场激励措施和引导辅助措施的高效协同。

9.6　本章小结

本章在第 8 章对中国绿色增长政策协同演变分析的基础上，探究中国绿色增长政策协同演变路径（图 9-2），从绿色增长政策要素（政策目标、政策措施、政策效力）等随着时间变迁的演变动力、特征、方向三个角度展开。其中，根据历年政策协同度高低为标准划分中国绿色政策协同演变的阶段是研究政策协同演变路径的起点和分析基底。本书将中国绿色增长政策协同演变趋势划分为中国绿色增长政策的初步协同阶段、中国绿色增长政策协同发展阶段、中国绿色增长政策协同网络阶段。进而着重刻画每个阶段绿色增长政策协同演变动力因素，即中国绿色增长政策前期受制于计划经济的发展模式，中期受中央层面规划影响十分之大，并伴随中央体制改革而逐步发展，当期则是气候、污染、生态等问题成为绿色增长协同演变的核心驱动。通过分析政策要素协同演变过程中存在的动力因素探讨中国绿色增长政策协同演变特征，得出中国绿色增长政策协同演变的五个特征：①政策主体同步演变性；②政策主体双重驱动性；③政策效力数量依赖性；④政策目标交叉互动性；⑤政策措施多方联动性。最后，得出中国绿色增长政策协同应该向着丰富政策类型，完善中国绿色增长政策体系；突出政策核心主体地位；重视提高资源、能源利用效率；颁布针对性的绿色消费政策；推动市场激励措施和引导辅助措施的联动效应演变。

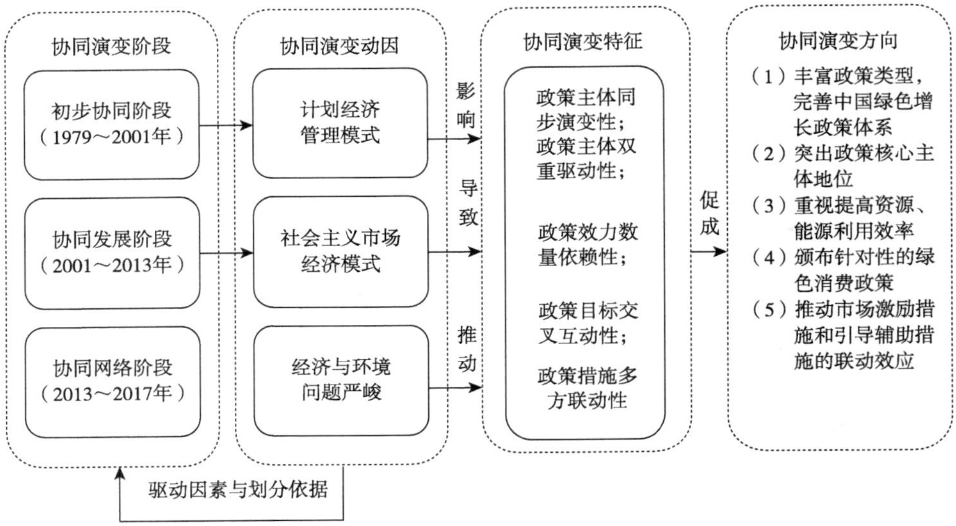

图 9-2　中国绿色增长政策协同演变路径

9.7　参考文献

[1] 王金凤，李平，贺旭玲，等. 北京山区政策演变历程、路径及框架分析[J]. 农业经济问题，2012，33（9）：86-91.

[2] 张倩肖，李纪华. 中国制造业并购重组的动态演变路径及变异性分析——来自上市公司的经验证据[J]. 当代经济科学，2013，35（3）：44-53，125.

[3] 钟裕民. 资本主导型政策负排斥：演变轨迹、形成机理与治理路径——以当代中国为视角[J]. 经济体制改革，2014，（6）：5-9.

[4] 董阳，陈晓旭. 从“极化”走向“理性”：网络空间中公共舆论的演变路径——百度百科“PX词条保卫战”的启示[J]. 公共管理学报，2015，12（2）：55-67，155，156.

[5] 万晓莉，郑棣，郑建华，等. 中国影子银行监管套利演变路径及动因研究[J]. 经济学家，2016，（8）：38-45.

[6] 张小宇. 中国货币政策规则演变路径分析[J]. 金融经济学研究，2017，32（4）：3-13，47.

[7] 罗辉. 从国防安全到全球视野：二战后美国外语教育政策的演变路径及启示[J]. 外语研究，2018，（2）：54-59.

第 10 章　中国绿色增长政策：建议与展望

10.1　政 策 建 议

10.1.1　尽快完善中国绿色增长政策体系

绿色增长是实现可持续发展战略的重要手段，建立并健全我国绿色增长政策体系，具有极其重要的理论价值和实践价值。从理论价值上来讲，可以更加明确和丰富绿色增长及绿色增长政策的内涵和外延，使得学界对绿色增长及绿色增长政策的研究有更加坚实的依据，有利于该领域研究的长足发展。从实践价值上来讲，建立并健全我国绿色增长政策体系可以系统地引导我国整个绿色增长政策网络向可持续发展的战略方向发展。第一，通过识别中国绿色增长政策主题群，与国际增长政策构成框架相比,发现中国绿色增长政策体系在很多方面仍有待完善。第二，加大绿色产业、绿色国土、绿色就业、绿色教育、绿色建筑、绿色基础设施建设等的政策力度，发挥政策在整个绿色增长政策体系中的引导作用。第三，不断完善主题群内政策结构，实现能源、绿色金融等主题群内结构的不断完善，发挥主题群在单一领域的政策功能。通过资源的合理配置，实现绿色增长政策在行政导向性过强和功能性缺失间的平衡，健全中国绿色增长政策体系，驱动绿色增长目标的实现。

10.1.2　提升执行主体的权责利匹配意识，深化理解绿色发展战略布局

在保证整体稳定性的同时推动网络向多主体均衡协调方向发展。制度变革和

战略调整对政策执行发挥重要作用，结合国务院机构改革历程，尤其是 1998 年、2008 年和 2018 年环境保护部门的职责变迁，导致国务院在绿色增长政策主体协同网络中的主导地位迅速下降，环境保护部的统筹协调功能大幅提升，其他部委在网络中的组织沟通作用得到强化。此外，绿色发展战略内涵日益丰富，作为其重要实施手段的绿色增长政策的调节范畴逐步扩大，繁杂的执行主体对协同网络的稳定性和信息传递的高效性产生影响。因此，一方面在体制改革中充分明晰各级主体的职责和权限，做到权责利匹配平衡，在实施绿色增长政策时能够正确调整自身角色定位。另一方面需要保证中国绿色发展战略的科学性和政策内容的合理性，加强对政策工具选择及组合的优化，促进政策主体在政策实施过程中协同的广度和强度。

10.1.3 提高沟通效率，降低政策主体执行阻滞

在制定绿色增长相关政策时，除了考察政策目标群体的承受能力以外，还要考察政策执行的难度，即政策执行阻滞。政策的有效执行和政策目标的实现不仅关系着政策效果，更关乎政府公信力，而公信力是政府执政的根基。因此，建议政府在执行政策前系统地估计政策执行阻滞大小，并估计现有的政策推行方案能否克服政策执行阻滞。在政策执行的过程中，政策执行者要想方设法降低执行阻滞，使政策能够达到预期效果。降低政策执行阻滞的方式主要为分析政策网络中各个行动者前后利益的变化，通过改变模型参数，如税率、消费者绿色度支付系数等来策略性地降低政策执行阻滞。在绿色增长政策执行的过程中，通过预测政策执行阻滞的大小也可以判断出政策网络主体间进行共谋的动机，如地方政府与企业的共谋。一旦出现政策执行阻滞过大且政策又不得不推行的情况时，应考虑相应对策降低共谋概率，如将政策执行的权力分散。

研究发现,政策网络中中心度最大的行动者对政策的执行有着更大的影响力，其产生的政策执行阻滞也会随着其影响力的增加而加速增大。为避免某个主体(如地方政府)对某项绿色增长政策的执行阻碍作用过大，必须考虑建立合理的制度均衡政策网络主体间的影响力，如赋予公民更多的监督权、促进司法机关在政策执行中的参与度等。

国务院相关部门、地方各级政府有关部门和地方环保行政主管部门等政策主体对绿色增长政策体系内其他主体有较强的控制力和影响力，因此政策社群和府际网络的专业化程度对绿色增长政策的制定、执行和评估有重要意义。一方面需要对各部门人员加强培训，提高部门整体专业能力，加深对绿色增长的理解。另一方面需要强化政策社群、府际网络、生产者网络、议题网络和专业网络的交流沟通，及时反馈各项信息以制订应对方案。

在绿色增长政策的制定、执行和评估过程中，除了考察政策目标群体的承受能力以外，还要考察政策主体间的沟通难度。尤其在政策执行的过程中，政策主体要想方设法降低执行阻滞使得政策能够达到预期效果。提高政策主体沟通效率的主要方式是加强各政策主体间的协同效应，分析政策网络中各个行动者前后利益的变化，通过改变某些调节变量强化政策主体的利益协同关系，如调节税率、消费者绿色度支付系数等来策略性地降低政策主体沟通难度。

10.1.4　发挥核心主体主导和组织功能，强化薄弱主体连通功能

在政策协同网络中，需要提升整体网络的协同程度。一方面，继续发挥核心主体在网络中的主导、组织和连通功能，尤其需要强化环境保护部（现生态环境部）在政策体系中的统筹主导地位。通过联合执行、参与监督、共同评估等方式，加强环境保护部与其他主体的合作交流，融入绿色增长政策涉及的各领域。而地方人民政府作为政策信息交流的中流砥柱，需充分发挥其连通和协调作用，提升协同网络信息传递速率。另一方面，强化协同薄弱主体的网络连通功能，合理的财政分配是实现中国绿色发展战略的资本力量和强力支撑，财政部在协同网络中的协调作用较弱，需要增加财政政策工具多样性以此加强与其他主体的交流。此外，企业理应是绿色增长政策的最直接对象，但当前协同网络中企业的协调功能不显著，后续应重视企业与其他主体的联动作用。

10.1.5　优化中国绿色增长政策工具与战略的协同效应

中国绿色增长政策间存在功能性重叠现象，因此政策制定者在出台绿色增长政策的过程中，应当从政策措施、政策目标、政策执行过程考虑绿色增长政策间存在的协同现象，采取不同的政策措施来实现中国绿色增长政策目标。中国绿色增长政策分别隶属于自然、经济、社会领域的三个战略目标和九个子目标，分别是适应气候变化，应对环境危机（控制温室气体排放，发展清洁资源、能源，提高资源、能源使用效率）；产业改革，创建新的经济增长极（鼓励技术创新、实现清洁生产，绿化改造循环经济，培育新兴绿色产业）；改善社会民生，提升人民福祉（绿色就业、生态扶贫、生态旅游，绿色建筑和绿色交通，绿色消费融入生活）。梳理、归纳出中国绿色增长政策的“命令–控制型”“市场激励型”“能力构建型”“引导辅助型”“其他”五大类政策措施及 23 项具体的政策措施指令，具体包括标准制定、环境许可、环境区划、环境配额、适用限制、限期治理、环境税费、环境补贴、环境押金–返还、环境交易、生态补偿、绿色采购、贸易、绿色资本

市场、基建和投资行为、环境信息公开、环保认证、环保声明、环境宣传、环境教育、绿色会计核算处理、其他等。当务之急是要丰富政策类型以适应全面应对生态环境、经济发展、社会民生问题的战略性立法的迫切需求，针对不同领域、不同区域制定符合实际的政策工具类型，满足绿色增长战略目标，使得绿色增长的目标、措施、发展模式、实现路径等变得有法可依，切实解决政策整体协同度过于依靠政策数量的问题以及政策实施存在的阶段性问题。

10.1.6 加快中国绿色财政、金融政策改革

绿色财政与绿色金融作为中国绿色增长政策的基础性政策，是实现中国绿色增长目标的资本力量，因此加快中国财政和金融政策改革尤为重要。未来绿色财政改革过程中，增加财政工具多样性，以“绿色税收”“绿色采购”驱动企业绿色转型，以“绿色补贴”扶持环保、生态产业的发展，建立完整的绿色产业链，创造更大的经济效益；绿色金融市场已经出台了绿色信贷、绿色债权、绿色股票等金融工具，但仅在广州市、贵州贵安新区等少数几个地区进行试点，在中央层面只出台了 8 个部门规章，绿色金融政策未来需要进行不断的完善，不断健全绿色金融体系，在绿色资本市场实现资源优化配置。

10.1.7 企业在绿色增长政策规制下展开经营行为

中国绿色增长政策共包括 12 个主题群，其中环境保护、清洁生产、能源、生态文明、节能主题群的一些标准和规定是企业生产过程中必须遵守的，而绿色金融和绿色财政是企业重要的投融资环境。因此，在国家逐渐重视绿色增长的宏观法律环境下，企业要根据绿色增长政策的规定不断地调整生产经营行为，提升企业的经营效益，从而实现中国绿色增长战略目标。

10.2 研究展望

习近平总书记在十九大报告中特别强调，“构建人类命运共同体”“积极促进‘一带一路’国际合作”“中国将继续发挥负责任大国作用，积极参与全球治理体系改革和建设，不断贡献中国智慧和力量”[1]。绿色增长政策涉及经济、环境和社会三方面，目前，中国正在大力提倡绿色增长，并以此为契机探索更开放、更包容、更绿色的经济发展模式，为世界各国做好示范。

在社会发展不同阶段，政府需要对政策活动要素和机制进行更新优化，以解决面临的社会问题。政策理念和政策工具的革新需要面对复杂的社会现实，极大地考验了政府治理能力。如何实现政策内容和治理方式的创新成为横亘在各级政府面前的难题。自 20 世纪 60 年代末起，以美国各州政府间的创新实践为对象的政策扩散研究逐渐得到重视。经过半个多世纪的发展，政策扩散理论在概念特征、理论界定等方面得到丰富和延伸，有效解释了政策创新的行为模式和运行机理。一项成功的政策创新方案，被其他地区政府或部门采纳和推广，不但能够提高政策制定和执行效率，而且降低了政策试错成本，防止资源浪费。

中国幅员辽阔、国情复杂，仅依靠中央政府的行政指令对全社会各领域实现有效调控，并不现实。因此，地方政府应在政策制定和执行过程中充分发挥自主权，通过学习、模仿和竞争等方式实现管辖区域内的政策创新。此外，中国社会长期非均衡发展，如东西部经济差距、城乡二元化差异等，使得后进地区的政策创新主要来源于学习和模仿发达地区的政策实践，尤其体现在经济和公共服务等领域。中国特色的“政策试点”，本质上就是政策扩散，其扩散路径表现为“局部地区试点—全面推广”。这种扩散方式能够为政策全面推行提供经验和借鉴，降低了政策执行阻力和实施成本，是中国改革开放取得显著成效的重要法宝。当前“互联网+”背景下，各项社会热点能够迅速引起公众、媒体和政府部门的重视，在解决问题、协调各方利益过程中，促使各级政府部门加快政策交流和学习，推动政策扩散机制的高效运作。随着我国不断深化改革，中央政府和地方各级政府间的政策扩散活动日益频繁，这要求广大学者能准确把握我国政策扩散的基本特征和规律，逐步构建并完善符合我国国情的政策扩散理论。

考虑到地区间信息交流频繁等因素[2]，Walker[3]对政策创新重新界定，认为不论政策时效和传播广度如何，只要对采纳它的政府来说是新的即可。政策创新概念不局限于政策本身的原创性，而是聚焦于政策交流过程，这对于各级政府的政策实践有重要启发[4]。Rogers[5]在此基础上，指出创新扩散是一项创新随着时间流逝通过某种渠道在社会系统内传播沟通的过程。Lucas[6]也提出创新扩散的本质是组织间的互动与沟通，并据此定义政策扩散是一项政策方案从一个部门或地区传输到另一个部门或地区，并被新政策主体采纳和推行的过程，他认为政策扩散能够充分解释区域政策变革与创新。

目前，国内已有学者对政策扩散进行了探索性研究。朱亚鹏[7]、陈芳[8]介绍了政策扩散的基本概念和内涵；王浦劬和赖先进[9]探讨了中国情境下的政策扩散模式；张剑等[10]基于文献量化研究了中国科技成果转化政策扩散的过程和特点；朱旭峰和赵慧[11]以中国城市低保制度为例分析了社会政策在各级政府间的扩散机制。与国内研究相比，国外关于政策扩散的研究更加丰富多样，但主题零散、观点不一，对政策扩散概念、内涵、影响因素、机制等诠释存在较大差异。鉴于此，有必要对政策扩散相关研究进行系统总结和归纳，并结合中国情境对相关问题展开研究。

本书以“政策扩散”“policy diffusion”为关键词在检索平台中国知网和 Web of Science 引文数据库中检索，通过对文献摘要逐篇阅读后剔除无关文献，共计得到 485 篇相关文献，作为本书研究归纳、展望的文献库。对这些文献统计发现，从趋势上看，政策扩散得到学术界越来越多的关注（图 10-1）。基于以上文献的归纳分析，本书从以下四个方面对政策扩散进行梳理，包括：①政策扩散的定义内涵；②政策扩散的影响因素；③政策扩散的作用结果；④政策扩散的机制模式。本书在文献梳理基础上，联系中国社会实践，提出未来研究展望。

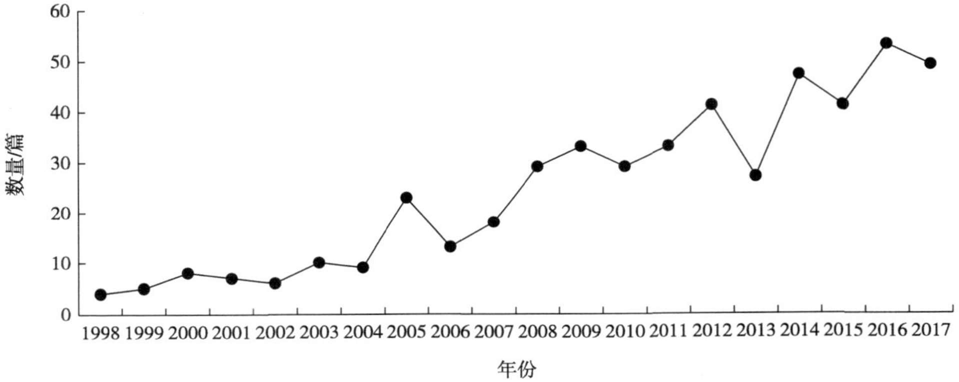

图 10-1　政策扩散文献趋势图

10.2.1　理论突破：政策扩散内涵外延的多元演变

1. 政策扩散的定义多元化

既有研究从不同研究视角和研究层次对政策扩散的界定差异明显。有学者立足单因素理论，通过解释影响扩散的因素来探究政策扩散含义。也有研究结合系统论，整合提出政策扩散概念框架。本书借鉴 Shipan 和 Volden[12]的定义，在 Lucas[6]的基础上，基于政策过程理论，立足当前社会系统内部信息交流频繁的现状，将政策扩散界定为一个政府受到其他政府选择影响，将外来的政策经验、信息与理念吸纳到本土政策的过程。

政策扩散并不是相似政策的区域转移，政策主体需要结合实际进行调整、维护和再造[13]。相较于技术扩散主体间的“位势差”现象，政策扩散包含无意识无组织的自然传播，扩散路径呈现双向流动，扩散过程与政策系统的整体结构高度相关[14]。Weyland[15]从政策主体视角总结出政策扩散特征，即在时间维度上采纳新政策的主体数量呈现 S 形曲线，在空间维度上政策主体表现为邻近效应，并且在区域内出现“领导—追随”的层级效应[16]。对政策扩散特征和途径的深入研究[17]，进一步丰富了政策扩散理论。

2. 政策扩散的内涵双重性

政策扩散的内涵和外延随着时代发展而不断演变，但焦点仍集中于政策扩散结果和过程两方面。扩散结果是政策主体受到邻近效应影响而进行政策选择的行为。Berry[18]采用事件史分析，以“事件/发生时间”为基本单位，关注政策主体采纳和执行政策的情况。对扩散结果的测量，能够有效解释政策扩散的决定性因素[3]。扩散过程关注新的政策措施被纳入议程并通过怎样的决议得以实施，在时间、空间和层级结构等方面均呈现一定特点。研究扩散过程能够帮助理解政策扩散原因及机制等政策活动的焦点问题。

研究发现，政策扩散需要结合扩散结果和扩散过程来理解。尽管政策扩散的客体是新政策，类比政策内容能够表示扩散及采纳速度[19]，但政策主体的行为、政策趋同及政策工具更能代表扩散结果[20]。政策扩散作为政策过程理论的一种，通过研究扩散动因、障碍、机制等，能够揭示政策扩散的本质特征，奠定政策扩散的理论基础。结果和过程是研究政策扩散相辅相成的两个维度，加强两个维度的补充和合作，可以更深刻地揭示政策扩散的核心。整合政策扩散各变量到一个系统框架下[21]，探究政策主体、政策内容及政策环境间的内在互动过程，通过测量政策结果的期望效益[22]，构建连贯规范的政策扩散理论。

10.2.2　定量研究：政策扩散影响因素的新趋势

政策扩散影响因素的相关研究主要从个体层面、组织层面、政策属性和环境因素四个维度展开讨论。

（1）个体层面的影响因素主要包括个体特质、个体能力和个体行为三个方面。从个体特质的角度看，Arnold[23]认为，具有创新精神的政策主体对政策扩散作用明显。这种创新精神迫使他们寻求突破，影响政策变革[24]。从个体能力视角看，拥有充沛资源和广足人脉的政策主体有利于政策扩散[25]。Brown[26]认为具有强权政治手腕的政策主体能够有效推动政策本土化。基于个体行为视角，政策主体通过参与内部政治活动构建交流网络，加快政策扩散速度。Zhu 和 Zhang[27]认为地方官员的政治流动性可以促进政策扩散，以此而产生的官僚间高度谨慎的处事行为，影响了政策扩散的传播渠道[28]。

（2）组织层面的影响因素主要集中在组织结构、组织文化和组织能力三个方面。对于有专业智囊团的政府来说，政策扩散更容易实现[29]。Guisinger 和 Brune[30]认为政策在结构化、依赖性强的政府组织间扩散更快。相较于民主化的组织，专制集权下的政策扩散特征有显著不同[31]，行政命令作用明显[32]。组织的政治文化是推动政策扩散的另一因素[33]，“形式化”和“制度化”作为组织规范，在政策扩散中发挥作用[34]。此外，Fox 等[35]认为国家意识形态的相近性更能促进扩散过程。在组织能力方面，Biedenkopf 等[36]认为可通过设置区域接受性和杠杆率来引导能力建设，进而提高政策扩散速度。组织能力研究，以扩散目标为核心，构建组织使命和卓越驱动导向体系[37]。

（3）政策属性对政策扩散速度及政策扩散机制都会产生影响。Makse 和 Volden[38]将 Rogers[5]的属性类型应用于政策扩散，将政策属性划分为相对优势、相容性、复杂性、可观察性和可适用性，实证研究其对政策扩散的影响。Nicholson-Crotty 等[4]将政策属性划分为凸显性和复杂性，指出政策主体为实现短期收益，偏好推动政策扩散。然而意识形态差异导致对政策属性的理解容易出现分歧，这对政策扩散影响也将产生差异，需要进一步探索[39]。

（4）除了上述三个层面的影响因素，政策主体所处环境会影响政策扩散[40]。在内部决定因素和外部区域扩散因素共同作用下，政策相关利益方通过信息网络展开博弈，影响政策扩散[41]。Biggers 和 Hanmer[42]研究发现内外部政治环境和人口结构影响政策扩散。其中，区域内受教育人数越多，实施政策扩散越容易[43]。此外，政策主体处于竞争环境下，为争取区域内民众支持、获取更多资源，将会积极向邻近区域展开政策学习和模仿[44]。

综上所述，个体和组织层面因素及政策属性和环境因素都会对政策扩散产生影响（表 10-1）。个体、组织层面自身禀赋和政策属性的多样性，以及扩散过程中内外部环境的不确定性，促使政策主体在推动政策扩散时采取有限理性决策，在局部认知内取得短期满意收益。除此之外，一些研究探讨了政策传播渠道[45]、资源的可获取性[46]等相关因素对政策扩散影响。随着对政策扩散实践的深入研究，我们发现，不仅需要探索新的影响因素，更需要定量研究各类因素对政策扩散的作用机理，将政策扩散与作用结果的关系量化，这将是未来研究的重点。

表 10-1　政策扩散的影响因素

维度	方面	具体因素	部分文献作者
个体层面	个体特质	创新精神等	Arnold[23]、Adam 和 Raschzok[24]
	个体能力	人脉、政治手段等	Arnold 等[25]、Brown[26]
	个体行为	网络构建、官员流动等	Zhu 和 Zhang[27]
组织层面	组织结构	专业化、结构化等	McCann 等[29]、Guisinger 和 Brune[30]
	组织文化	制度、意识形态等	Balsiger 和 Nahrath[34]、Fox 等[35]
	组织能力	目标导向等	Biedenkop 等[36]、Benner 等[37]
政策属性	—	政策属性类型等	Makse 和 Volden[38]、Nicholson-Crotty 等[4]
环境因素	—	政治、经济、人口结构等	Biggers 和 Hanmer[42]、Einstein 和 Kogan[44]

10.2.3　分类细化：政策扩散结果变量的新方向

在政策扩散研究初期，多数学者较少关注扩散结果，同时缺乏量化分析，使得政策扩散研究面临瓶颈[20]。后续研究中，学者们将作用结果设置为政策采纳或不采纳的二分变量，并逐步针对单政策展开定量研究[3]。Howlett 和 Rayner [20]认为这种政策结果划分过于简化现实，忽视政策特征和工具属性，模糊了不同层次政策扩散的因果解释。Strebel 和 Widmer[47]基于可见性和事实性原则，将政策采纳二分变量划分为四种类型，即工具性采纳、观念性采纳、象征性采纳和消极采纳，使测量结果更符合事实。Hall[48]将扩散结果划分为政策工具的设置、类型和政策目标，后续进一步细化，将政策工具进行组合研究。Boehmke[49]指出，在政策扩散中，会出现政策主体仅采纳政策部分构件的情况，因此需要对政策构件进行划分，划定扩散结果取值为采纳政策全部构件、不采纳全部构件和采纳 K 项构件。同时，EHA（event history analysis，事件史分析）在政策扩散领域的应用，有效推动了结果变量的量化研究。

另外，政策扩散导致的政策趋同现象引起了学术界的关注，被作为政策扩散结果展开研究，如 Lee[50]通过研究韩国和欧盟的政策趋同，探讨扩散模式差异。但是目前多数学者仅通过案例研究政策趋同影响因素，缺少对趋同程度及层次的深入探讨，这在未来研究中需要重视。

10.2.4　协同合作：政策扩散机制模式的新实践

1. 政策扩散机制合作渗透

政策扩散机制是沟通扩散原因与结果的中介步骤。政策扩散过程受到情境变量的调节效应，在区域距离[51]、国际建议[52]、公民舆论[53]、媒体[54]等内外部因素影响下，政策主体将会选择不同的扩散机制和扩散模式，表现不同的扩散特征。

虽然既有研究已经提出 100 多种扩散机制术语，如社会化、契约化等[55]，但我们认为最主要的扩散机制是学习、竞争、模仿和强制[56]。这些扩散机制并不是独立运作的，而是在一定程度上相互结合、相互支持[55]。学习机制是政策主体有选择地向其他政策主体学习政策经验，本质上是获取、接受信息，进而改造政策理念的过程[57]。学习作为主要扩散机制[58]，能够被广泛接受，主要原因是成功的政策经验能够降低新政策的制定和执行成本。区域政府特质[59]、社会制度[60]等因素被纳入政策主体考虑范畴，影响政策扩散的学习过程。政策扩散的学习机制能够保证良好的政策经验被传播，降低政策错误风险，如改革开放初期中国向国外学习各项政策实践经验。竞争机制是政府间由于政治、经济等原因存在竞争关系形成的政策调整[56]。各地政府为争夺资源而展开的竞争行为都会体现在政策上。意识形态[35]、政党[61]等均会对政策主体产生压力，迫使其开展政策竞争。模仿机制是政策主体对其他地区政策活动的复制和克隆，能够增强公众对政策认可度，降低执行成本[9]。但政策模仿具有极大风险，只有在政治、经济、文化等各领域存在高度相似性时才能够实现。强制机制是政策在外在力量的压迫下进行扩散，政策主体不得已而实行政策，主要手段包括制定规章制度、进行政府间拨款和实施优惠政策等[38]。各种机制相互协作，通过合理组合能够极大提高政策扩散速度及政策采纳概率。

不同的政策扩散机制产生的扩散结果不同。McCann 等[29]认为竞争机制能够影响政策采纳和政策扩散，而学习机制主要影响政策主体的政策采纳行为。在政策扩散机制的定量研究中，Maggretti 和 Gilardi[62]指出地理距离、网络结构、政策前后采纳者数量等六项指标能够有效衡量四种政策扩散机制。这些衡量指标需强化协调机理，累积产生其他组合变量，丰富政策扩散机制的测量范畴[63]。

2. 政策扩散模式的垂直化和水平化协同

政策扩散在时间、空间和主体等多维度上存在明显特征[14, 15]，通过分析在这些维度上的政策扩散过程，概括出政策扩散模式。朱亚鹏[7]在总结国内外研究后提出全国互动模式[19]、区域传播模式[64]、领导—跟进模式[3, 17]和垂直影响模式[18]等四种扩散模式。王浦劬和赖先进[9]结合中国政策扩散实践，将政策扩散模式划分为自上而下的层级扩散模式、自下而上的吸纳辐射扩散模式、同一层级的区域或部门间扩散模式和不同发展水平区域间政策跟进扩散模式。在两种垂直扩散模式中，上级政府设置政策目标和内容，运用强制权力保证政策扩散实现[65]。而两种水平扩散模式中，地方政府的横向互动能够刺激各区域的政策变革，使政策体系更为紧凑和活跃[66]。政治环境、经济水平和社会结构[67]是影响政策扩散模式选择的重要因素。现实生活中，政策扩散模式多表现为混合扩散模式，即垂直、水平的政策扩散同时发生，保证政策在社会系统内准确快速传播[64]。

10.2.5 未来方向

政策扩散涉及政策主体、执行、创新等多个层面，正逐渐成为政策研究的热点。中国正处于重大转型机遇期，社会矛盾凸显，政策活动异常活跃。如何有效解决各项社会问题，如何快速推动新政策在不同地区、不同政府部门之间的传播，如何将“政策实验”结果进行全国范围的推广[68]，成为中国政府面临的关键问题。政策扩散对解决这一关键问题效果显著。虽然既有研究对政策扩散内涵、影响因素、扩散机制等做了一定探索，但仍存在不足和局限。本书总结当前研究现状（图10-2），针对既有研究局限，结合中国转型期的政治、经济背景及中国政策活动特点，提出以下亟待探索的研究方向。

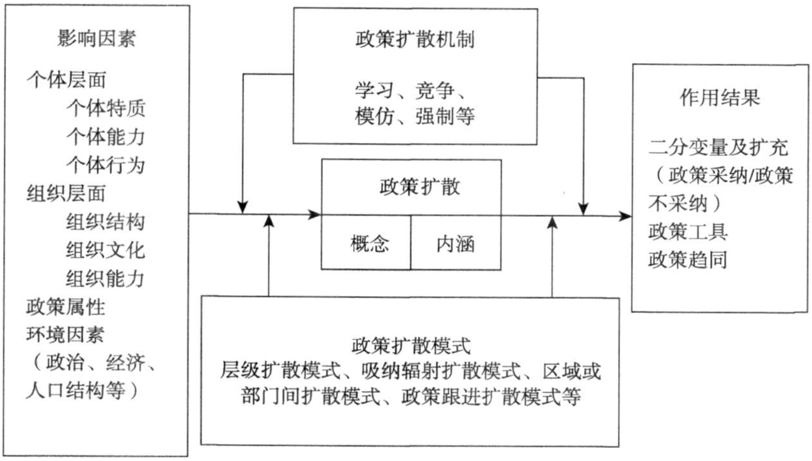

图 10-2　政策扩散研究框架

（1）既有研究对政策内涵及理论依据表述模糊，未来需明确“政策扩散”边界。部分学者对政策扩散与政策创新、政策学习、政策转移等概念不加区分，虽在某种程度上其概念有相近之处，但政策扩散的传播形式及逻辑结构与上述概念仍有区别[21]，需要明确界定。此外，在界定政策扩散时需强调目标对象与分析维度一致性。从理论视角来说，目前研究虽已确定了研究框架和模型，但对于连接框架和模型之间的理论构建却没有合理阐释，政策扩散理论缺乏缜密且系统的逻辑概念。尤其注意的是，政策扩散理论源自西方国家，由于制度、文化等因素不同，中国政策扩散理论的定义、内涵需根植于中国背景和实践，这对政策扩散理论是很好的补充。

（2）既有研究对政策扩散影响因素的讨论多集中在个体和组织层面，忽视了网络结构、传播渠道等变量。随着全球化的深入，政策扩散活动日益频繁，可以采用定性定量结合法对新的影响因素展开探索。政治具有很强的层次观念和网络特质，尤其对中国社会来说，网络结构影响政策扩散机制的选择。Guisinger 和 Brune[30]认为政策扩散更容易在结构化、制度化的环境中发生，而 Yukawa 等[69]指出组织密度对政策扩散产生影响。网络结构、密度等差异影响政策扩散速度和扩散机制。进一步，我们可以探讨传播渠道影响政策的扩散过程及结果。国内外环境不同、政治性质不同，对于传播渠道的选择也将不同[70]。哪些类型的渠道更利于政策扩散，不同国家将如何选择扩散渠道，这将是值得研究的问题。

（3）既有研究发现政策属性影响政策扩散，但未探究具体影响机理。目前对政策属性划分尚无统一标准，其对政策扩散，尤其是四类扩散机制的作用方向及作用机理也没有具体研究。在研究政策属性对政策扩散影响机理时，需考虑政治背景及意识形态的调节作用[39]，因此，西方的研究结论并不能照搬。此外，关于政策特质研究，目前学者多集中在政策属性角度，对于政策的其他特质（如政策层级、政策类型等）是否对扩散产生影响将是后续研究重点。

（4）既有研究对政策扩散结果界定不清。多数学者对因变量的关注仅涉及政策采纳和政策工具两方面。但政策采纳的二分变量过于简化现实，需要进一步细化[20]。政策工具随着环境改变，自身也发生了变化，并且出现组合趋势。研究发现政策工具量化需联系政治、文化背景[42]，中国情境下的政策工具量化需结合中国社会实践重新定义，而不是直接借鉴西方结论。

（5）既有研究对政策扩散机制的作用机理研究不足。扩散机制量化研究，常把个体作为研究对象，但观测数据却是系统层面的，这导致结论存在争议。此外，目前研究中多关注政策主体行为，却很少研究政策主体的目标驱动、行动规则等，这对于理解不同扩散机制的作用机理极为重要。中西方文化、制度等差异，政策主体的受教育水平、个体特质等，都会对政策主体的行为逻辑产生影响，进而形成政策扩散机制的差异性和独特性。

（6）加强政策扩散的中国化研究。为应对改革中复杂的社会问题，中国的政策实践异常活跃。政策试点、中央的行政指令等，本质上就是政策扩散。此外，随着中央政府逐渐放权，地方政府的政策活动更加自主，形成相对独立的地方利益，有了政策扩散的动力和前提条件。政策扩散是基于西方文化背景提出的，而中西方政治、经济、文化等多方面存在差异，因此需要结合中国本土政策实践展开研究，这有利于对政策扩散理论做出补充。

首先，我们需要判定西方定义的政策扩散概念和内涵是否适用于中国？中国情境下的政策扩散表现出何种扩散特征？其次，对于已经界定的影响因素，需要在中国背景下进行实证检验，以此判断是否能够发挥同样作用，对中国政策扩散实践做出合理解释。在此过程中，进一步探究新的影响因素及影响机理，使之能够充分阐释政策扩散现象。再次，鉴于目前对政策扩散效果评价的研究较少，可以通过比较研究和扎根理论等方法构建政策扩散评价指标体系，定量分析扩散效益。最后，结合中国情境研究政策扩散机制和模式创新。值得注意的是，以中国创新政策和绿色增长政策为代表的政策体系，涵盖了经济、社会、科技、环境等多重政策属性，以此为切入点研究相关政策特质及其交互效应对政策扩散的影响机制和作用路径，是丰富政策扩散理论的重要步骤。

10.3 参考文献

[1] 习近平.决胜全面建成小康社会 夺取新时代中国特色社会主义伟大胜利[N].人民日报，2017-10-28（01）.

[2] Jordan A，Huitema D. Innovations in climate policy：conclusions and new directions[J]. Environmental Politics，2014，23（5）：906-925.

[3] Walker J L. The diffusion of innovations among the American states[J]. American Political Science Review，1969，63（3）：880-899.

[4] Nicholson-Crotty S C，Woods N D，Bowman A O，et al. Policy innovativeness and interstate compacts[J]. Policy Studies Journal，2014，42（2）：305-324.

[5] Rogers E M. Diffusion of Innovations [M]. New York：The Free Press，1983.

[6] Lucas A. Public policy diffusion research：integrating analytic paradigms[J]. Science Communication，1983，4（3）：379-408.

[7] 朱亚鹏. 政策创新与政策扩散研究述评[J]. 武汉大学学报（哲学社会科学版），2010，63（4）：565-573.

[8] 陈芳. 政策扩散理论的演变[J]. 中国行政管理，2014，（6）：99-103.

[9] 王浦劬，赖先进. 中国公共政策扩散的模式与机制分析[J]. 北京大学学报（哲学社会科学版），2013，50（6）：14-23.

[10] 张剑，黄萃，叶选挺，等. 中国公共政策扩散的文献量化研究——以科技成果转化政策为例[J]. 中国软科学，2016，（2）：145-155.

[11] 朱旭峰，赵慧. 政府间关系视角下的社会政策扩散——以城市低保制度为例（1993—1999）[J]. 中国社会科学，2016，（8）：95-116.

[12] Shipan C R，Volden C. Policy diffusion：seven lessons for scholars and practitioners[J]. Public Administration Review，2012，72（6）：788-796.

[13] Deleo R A，Donnelly K P. Remodeling the model：policy transfer and the implementation of the affordable care act in Massachusetts [J]. Polity，2017，49（1）：5-41.

[14] Marsh D，Sharman J C. Policy diffusion and policy transfer[J]. Policy Studies，2009，30（3）：269-288.

[15] Weyland K. Theories of policy diffusion：lessons from Latin American pension reform[J]. World Politics，2005，57（2）：262-295.

[16] Brown L A，Cox K R. Empirical regularities in the diffusion of innovation[J]. Annals of the Association of American Geographers，1971，61（3）：551-559.

[17] Boushey G. Punctuated equilibrium theory and the diffusion of innovations[J]. Policy Studies Journal, 2012, 40 (1): 127-146.

[18] Berry F S. Sizing up state policy innovation research[J]. Policy Studies Journal, 1994, 22 (3): 442-456.

[19] Gray V. Innovation in the states: a diffusion study[J]. American Political Science Review, 1973, 67 (4): 1174-1185.

[20] Howlett M, Rayner J. Third generation policy diffusion studies and the analysis of policy mixes: two steps forward and one step back?[J]. Journal of Comparative Policy Analysis, 2008, 10 (4): 385-402.

[21] Wejnert B. Response to Kurt Weyland's review of diffusion of democracy: the past and future of global democracy[J]. Perspectives on Politics, 2015, 13 (2): 496.

[22] Braun D, Gilardi F. Taking 'Galton's problem' seriously: towards a theory of policy diffusion[J]. Journal of Theoretical Politics, 2006, 18 (3): 298-322.

[23] Arnold G. Street-level policy entrepreneurship[J]. Public Management Review, 2015, 17 (3): 307-327.

[24] Adam C, Raschzok A. Explaining trends in addictive behavior policy—the role of policy coherence[J]. International Journal of Drug Policy, 2014, 25 (3): 494-501.

[25] Arnold G, Nguyen L L A, Gottlieb M. Social networks and policy entrepreneurship: how relationships shape municipal decision making about high-volume hydraulic fracturing[J]. Policy Studies Journal, 2017, 45 (3): 414-441.

[26] Brown G W. Norm diffusion and health system strengthening: the persistent relevance of national leadership in global health governance[J]. Review of International Studies, 2014, 40 (5): 877-896.

[27] Zhu X F, Zhang Y L. Political mobility and dynamic diffusion of innovation: the spread of municipal pro-business administrative reform in China[J]. Journal of Public Administration Research and Theory, 2016, 26 (3): 535-551.

[28] Parinandi S. Conditional bureaucratic discretion and state welfare diffusion under AFDC[J]. State Politics & Policy Quarterly, 2013, 13 (2): 244-261.

[29] McCann P J C, Shipan C R, Volden C. Top-down federalism: state policy responses to national government discussions[J]. Publius: The Journal of Federalism, 2015, 45 (4): 495-525.

[30] Guisinger A, Brune N E. The diffusion of financial liberalization in developing countries[J]. Foreign Policy Analysis, 2014, 13 (1): 1-27.

[31] Richter T, Wurster S. Policy diffusion among democracies and autocracies: a comparison of trade reforms and nuclear energy policy[J]. Global Policy, 2016, 7 (4): 541-547.

[32] Zhu X F. Mandate Versus Championship: vertical government intervention and diffusion of

innovation in public services in authoritarian China[J]. Public Management Review, 2014, 16(1): 117-139.

[33] Bradford A C, Bradford W D. Factors driving the diffusion of medical marijuana legalisation in the United States[J]. Drugs: Education, Prevention and Policy, 2017, 24 (1): 75-84.

[34] Balsiger J, Nahrath S. Functional regulatory spaces and policy diffusion in Europe: the case of mountains[J]. Environmental Science & Policy, 2015, 49: 8-20.

[35] Fox A M, Feng W H, Yumkham R. State political ideology, policies and health behaviors: the case of tobacco[J]. Social Science & Medicine, 2017, 181: 139-147.

[36] Biedenkopf K, van Eynde S, Walker H. Policy infusion through capacity building and project interaction: greenhouse gas emissions trading in China[J]. Global Environmental Politics, 2017, 17 (3): 91-114.

[37] Benner M, Liu L, Serger S S. Head in the clouds and feet on the ground: research priority setting in China[J]. Science and Public Policy, 2012, 39 (2): 258-270.

[38] Makse T, Volden C. The role of policy attributes in the diffusion of innovations[J]. The Journal of Politics, 2011, 73 (1): 108-124.

[39] Volden C. Policy diffusion in polarized times: the case of the affordable care act[J]. Journal of Health Politics, Policy and Law, 2017, 42 (2): 363-375.

[40] Mitchell J L, Toner B. Exploring the foundations of US state-level anti-Sharia initiatives[J]. Politics and Religion, 2016, 9 (4): 720-743.

[41] Garrett K N, Jansa J M. Interest group influence in policy diffusion networks[J]. State Politics & Policy Quarterly, 2015, 15 (3): 387-417.

[42] Biggers D R, Hanmer M J. Who makes voting convenient? Explaining the adoption of early and no-excuse absentee voting in the American states[J]. State Politics & Policy Quarterly, 2015, 15 (2): 192-210.

[43] Adjei N K, Billingsley S. Childbearing behavior before and after the 1994 population policies in Ghana[J]. Population Research and Policy Review, 2017, 36 (2): 251-271.

[44] Einstein K L, Kogan V. Pushing the city limits: policy responsiveness in municipal government[J]. Urban Affairs Review, 2016, 52 (1): 3-32.

[45] Mitchell J L. Examining media markets' influence on the diffusion of antismoking legislation in US counties[J]. Local Government Studies, 2016, 42 (5): 665-688.

[46] Rodgers D T. Bearing tales: networks and narratives in social policy transfer[J]. Journal of Global History, 2014, 9 (2): 301-313.

[47] Strebel F, Widmer T. Visibility and facticity in policy diffusion: going beyond the prevailing binarity[J]. Policy Sciences, 2012, 45 (4): 385-398.

[48] Hall P A. Policy paradigms, social learning, and the state: the case of economic policy making

in Britain[J]. Comparative Politics，1993，25（3）:275-296.

[49] Boehmke F J. Approaches to modeling the adoption and diffusion of policies with multiple components[J]. State Politics & Policy Quarterly，2009，9（2）：229-252.

[50] Lee T. Policy convergence between Korea and the European Union in the field of chemical controls[J]. Asia Europe Journal，2015，13（4）：395-412.

[51] Ingram M C. Mandates，geography，and networks：diffusion of criminal procedure reform in Mexico[J]. Latin American Politics and Society，2016，58（1）：121-145.

[52] Gandrud C. Competing risks and deposit insurance governance convergence[J]. International Political Science Review，2014，35（2）：195-215.

[53] Pacheco J，Maltby E A. The role of public opinion—does it influence the diffusion of ACA decisions?[J]. Journal of Health Politics，Policy and Law，2017，42（2）：309-340.

[54] Breit R，Fitzgerald R，Liu S，et al. How Queensland newspapers reported public sector information reform[J]. Media International Australia，2017，162（1）：90-106.

[55] Morin J F，Gold E R. An integrated model of legal transplantation：the diffusion of intellectual property law in developing countries[J]. International Studies Quarterly，2014，58（4）：781-792.

[56] Tosun J，Shikano S. GMO-free regions in Europe：an analysis of diffusion patterns[J]. Journal of Risk Research，2016，19（6）：743-759.

[57] Gilardi F. Who learns from what in policy diffusion processes?[J]. American Journal of Political Science，2010，54（3）：650-666.

[58] Mitchell J L，Petray E. The march toward marriage equality：reexamining the diffusion of same-sex marriage among states[J]. Public Policy and Administration，2016，31（4）：283-302.

[59] Anderson R P，Jimenez G，Bae J Y，et al. Understanding policy diffusion in the US：an information-theoretical approach to unveil connectivity structures in slowly evolving complex systems[J]. SIAM Journal on Applied Dynamical Systems，2016，15（3）：1384-1409.

[60] Moyson S，Scholten P，Weible C M. Policy learning and policy change：theorizing their relations from different perspectives[J]. Policy and Society，2017，36（2）：161-177.

[61] Manwaring R. From new labor to Rudd/Gillard—transferring social policy[J]. Policy Studies，2016，37（5）：426-439.

[62] Maggretti M，Gilardi F. Problems（and solutions）in the measurement of policy diffusion mechanisms[J]. Journal of Public Policy，2016，36（1）：87-107.

[63] Gilardi F. Four ways we can improve policy diffusion research[J]. State Politics & Policy Quarterly，2016，16（1）：8-21.

[64] Go M H. Building a safe state：hybrid diffusion of building code adoption in American states[J]. The American Review of Public Administration，2016，46（6）：713-733.

[65] Liu W，Li W Z. Divergence and convergence in the diffusion of performance management in

China[J]. Public Performance & Management Review，2016，39（3）：630-654.

[66] Kim D R. Local government policy diffusion in a decentralised system：childbirth support policy in South Korea[J]. Local Government Studies，2013，39（4）：582-599.

[67] Gu J F. Spatial diffusion of social policy in China：spatial convergence and neighborhood interaction of vocational education[J]. Applied Spatial Analysis and Policy，2016，9（4）：503-527.

[68] Wang C，Wang L H. Unfolding policies for innovation intermediaries in China：a discourse network analysis[J]. Science and Public Policy，2017，44（3）：354-368.

[69] Yukawa T，Yoshimoto I，Yamakage S. International policy diffusion at the systemic level：linking micro patterns to macro dynamism[J]. Journal of Theoretical Politics，2014，26（2）：177-196.

[70] Ayoub P M. Contested norms in new-adopter states：international determinants of LGBT rights legislation[J]. European Journal of International Relations，2015，21（2）：293-322.